Dr. Brenda Davies

Chakras – Tore zur Seele

Dr. Brenda Davies

CHAKRAS

TORE ZUR SEELE

Aquamarin Verlag

2. Auflage 2004

Voglherd 1 • D-85567 Grafing
Aus dem Englischen übersetzt von Dr. Edith Zorn

Dieses Werk wurde vermittelt durch die Literarische Agentur
Thomas Schlück GmbH, 30827 Garbsen

Originaltitel: The Rainbow Journey
Umschlaggestaltung: Annette Wagner
Druck und Bindung: Ebner & Spiegel, Ulm

ISBN 3-89427-181-7

INHALT

EINFÜHRUNG
Die Geburt eines Buches

Diese Buch ist ein Kind, dem eine sehr lange Schwangerschaft vorausging – viele Male stand es kurz vor seiner Geburt, doch ich habe es dann wieder warten lassen und es vorgezogen, mich mit meinen Patienten zu beschäftigen. Im Spätsommer 1996 ging es mir körperlich nicht gut, was mich schließlich dazu veranlasste, den Botschaften zu lauschen, denen ich lange Zeit ausgewichen war. Ich nahm für drei Monate Urlaub von meiner klinischen Arbeit auf dem Gebiet der Psychiatrie, und das Buch wurde endlich geboren. Vergleichbar mit der Geburt meiner beiden biologischen Kinder, hat mir auch diese Geburt große Freude geschenkt und mein Leben stark verändert. Damals ahnte ich nicht, dass ich mich bald teilweise aus meinem Arbeitsleben an der Klinik, wie ich es bis dahin gekannt hatte, zurückziehen würde. Vielleicht hatte ich es auf einer gewissen Ebene bereits gespürt, war aber noch nicht bereit dazu gewesen. Möglicherweise zögerte ich deshalb so lange.

Die Ereignisse, die sich daraufhin in meinem Arbeitsleben abspielten, waren nicht geplant, und ich war nicht auf sie vorbereitet. Doch ich glaube fest daran, dass Gott - oder das Universum - weise handelt, und wie gewöhnlich war es auch diesmal der Fall.

Im Frühjahr 1996 besuchte ich nach mehr als zwanzig Jahren wieder mein geliebtes Sambia, wo ich in den Siebziger Jahren gelebt und als Ärztin gearbeitet hatte. Während ich den Sicherheitsvorkehrungen lauschte, mit denen uns der Lehrer vor Antritt unserer Kanufahrt auf dem Sambesi vertraut machte, ging es mir durch den Kopf, dass seine Worte eine Lebenslektion waren.

»Wenn ihr aus dem Boot fallt«, meinte er, »hebt eure Füße hoch, legt euch zurück und entspannt. Eure Schwimmweste kennt den Weg nach oben. Lasst euch vom Fluss tragen. Ihr werdet nicht ertrinken.« Ich bin sicher, Gott sandte mir diese Botschaft, um zu bestätigen, was ich immer gelehrt hatte, und weil er wusste, dass ich sie bald selbst benötigen würde.

Das Ergebnis der verschiedenen Schritte, die ich nach dieser Reise unternahm, ging weit über meine Pläne hinaus. Ich wurde daran erinnert, zu leben, was ich lehrte – in der Gegenwart zu leben, Liebe und Heilung bedingungslos dorthin zu senden, wo sie benötigt wurden und für die Gelegenheiten zu danken, die das Unerwartete bot. In jener Zeit erkannte ich, dass auch ich auf meine innere Stimme hören musste, und zwar auf allen Ebenen – Körper, Verstand, Emotionen und Geist – um meinen Werten treu zu bleiben und mich zu weigern, mit einem Kompromiss zu leben, der mich daran hinderte, ich selbst zu sein.

Der Wunsch, meine Tätigkeit mit den Leuten, die ich liebe und respektiere, mit der Belegschaft und den Patienten, wie bisher fortzuführen, hatte mich den Blick für mein eigenes Wachstum und die Möglichkeit, eine gesündere Lebensweise zu wählen, verlieren lassen. Diese Erkenntnis erleichterte alles Übrige.

An dem festzuhalten, was wir *glauben* zu wollen, ist nicht immer das Beste. Das anzunehmen, was das Universum uns in seiner großen Weisheit anbietet, hilft uns, unseren Horizont zu erweitern und lehrt uns noch eine weitere Lektion auf unserem Weg. Die meisten Verletzungen und Schmerzen entstehen, weil wir versuchen, an dem Vergangenen festzuhalten und nicht loslassen können. Wir müssen uns vom Lebensstrom so lange tragen lassen, bis wir unsere Bestimmung gefunden haben.

Das vorliegende Buch schildert auch meine eigene Reise. Obwohl ich wunderbare Eltern hatte und gute, starke Wurzeln, die mich davor bewahrten, allzu weit vom Kurs abzukommen, besaß ich auch mein eigenes Programm, das ich lange vor dieser Inkarnation festgelegt hatte und an dem ich immer noch arbeite. Wenn ich alles gelernt, gelehrt, gegeben und empfangen haben werde, wie ich es sollte, dann wird meine Reise für dieses Leben beendet sein. Ich werde bereit sein, meinen Körper zu verlassen und zu dem Ort der Freiheit zurückzukehren, von dem ich einst kam.

Die Reise mag nicht immer einfach sein, aber sie ist aufregend, und je weiter wir gelangen, desto einfacher wird sie werden, bis wir schließlich auf zwei Ebenen gleichzeitig leben können, auf der menschlichen und auf der geistigen Ebene. Während wir den Weg frei machen, begegnen wir den erstaunlichsten Gaben, die wir entweder nicht gekannt haben, da sie unter viel Schutt vergraben lagen oder von denen wir nicht wussten, wie sie zu nutzen waren. Ich versichere dir, die Reise wird dich zu einer Stufe führen, auf der du lernen wirst, dich selbst zu verstehen und dich und andere weniger zu beurteilen. Die Freude wird dein ständiger Begleiter sein, und der Zugang zu dem, was du die höchst mögliche Kraft nennen magst, ist einfach und wundersam. Ob du nun aktiv an dir arbeitest oder anscheinend nichts tust, du wächst weiter. Warum also nicht beschließen, jeden Tag vollständig auszunutzen? Der nachstehende Sanskrit-Hymnus fasst es zusammen und hilft dir vielleicht, deinen Weg zu gehen.

Betrachte diesen Tag, denn er ist das Leben;
das Beste des Lebens.
In seinem kurzen Ablauf liegen alle Wirklichkeiten
und die Wahrheit des Daseins –
Die Freude des Wachsens,
Die Größe des Handelns,
Die Herrlichkeit der Kraft.
Denn das Gestern ist nur eine Erinnerung
Und das Morgen nur eine Vision,

Aber heute gut gelebt,
macht jedes Gestern zu einer Erinnerung des Glücks,
Und jedes Morgen zu einer Vision der Hoffnung.
Deshalb betrachte diesen Tag genau.

KAPITEL 1

Selbst-Erkenntnis

Meine medizinische Tätigkeit hat sich im Laufe der Jahre geändert. Ich bin verhältnismäßig spät zur Medizin gestoßen, nachdem ich zuvor als Apothekerin gearbeitet hatte und zu Hause bei meinen beiden Kindern geblieben war. Zuerst behandelte ich die Patienten, indem ich mich um ihren Körper kümmerte, später dann als Psychiaterin. Ich arbeitete hauptsächlich mit ihrer Psyche. Ich bin aber auch als Geistheilerin tätig.

Meine heilerische Tätigkeit pflegte ich streng von meiner medizinischen Arbeit zu trennen, um dem Spott meiner Kollegen zu entgehen und die Missbilligung des medizinischen Berufsstands im Allgemeinen zu vermeiden. Doch meine persönliche Erfahrung hat mich gelehrt, dass der heilerische Aspekt ein wesentliches und wirksames Mittel bei der Behandlung meiner Patienten darstellt, und im Laufe der letzten zehn Jahre habe ich mich sozusagen zu meiner Arbeit bekannt. Alle drei Disziplinen habe ich erfolgreich miteinander verbunden. Ich bin überzeugt, dass wir Körper, Seele und Geist behandeln müssen, um wirklich gesund zu werden, und dieser Aufgabe widme ich mich.

Die Heilungsarbeit bietet mir und meinen Patienten eine zusätzliche Dimension. Der Körper kann nicht geheilt werden, wenn der Geist unruhig bleibt, der Geist kann nicht gesunden, solange die Emotionen in Aufruhr sind, und nichts kann heil sein, wenn man nicht auch die Seele mit einbezieht. Eine ganzheitliche Annäherung beseitigt nicht nur die Symptome, die im Grunde genommen nichts weiter als die äußere Ausdrucksform eines inneren Schmerzes sind, sondern sorgt für einen breit gefächerten Fortschritt. Manchmal dauert es etwas länger, auf diese Weise spürbare Ergebnisse zu erzielen, aber die Heilung erfolgt vollständiger und die damit verbundenen Lernerfahrungen sind von unschätzbarem Wert. Wenn die Patienten ihre Schmerzen durchleben müssen, ist es oft ein weniger angenehmer Prozess, als nur einfach Medikamente einzunehmen. Doch bei guter Heilung sollten wir denselben Boden niemals mehr betreten müssen. Geistige Gesundheit ist unser natürlicher Zustand und ein Ziel, das jeder von uns erreichen kann. Unsere Aufgabe besteht einfach darin, den Weg von dem Schutt zu befreien, der die Wirklichkeit in diesem Augenblick unklar erscheinen lässt. Alles, was wir brauchen, liegt in uns. Wir sind alle weise und wunderbar, und wie jede Erziehung, bedeutet auch geistige Erziehung, neu zu entdecken, was wir bereits wissen. Es ist oft beängstigend, den Sprung zu wagen, sich einzugestehen, dass einen nichts ganz und glücklich machen kann, was außerhalb von einem liegt. Wahres Glück, Freude, Friede und Sicherheit, das alles liegt in uns. Wir müssen es nur finden.

Von liebevollen, gleich gesinnten Menschen umgeben zu sein, gestaltet unseren Weg erfüllender, aber die Stärke, die Anmut, die Macht gehören dir, dir ganz allein. Diese Macht fortzugeben, sei es dem Therapeuten, Psychiater, Geliebten, der Familie oder dem Staat, bedeutet, deinen eigenen geistigen Wert zu untergraben. Wahre Liebe heißt, den geliebten Menschen zu bevollmächtigen, während wir unsere eigene Macht feiern. Hüte dich vor Gurus, die sich weigern, ihr Wissen weiterzugeben und dadurch versäumen, den Schüler zu bevollmächtigen.

Neue Perspektiven

Das vorliegende Buch ergibt nur dann einen Sinn, wenn du bereit bist, die begrenzte und starre Denkungsweise, die den meisten von uns als Kind gelehrt wurde, loszulassen. Es fordert dich auf, alte Vorstellungen umzugestalten und neue Perspektiven anzunehmen. Man hat uns beigebracht, dass alles seine logische Erklärung haben und bewiesen werden muss, soll man daran glauben, dass etwas existiert. Aber ich glaube, es gibt den Regenbogen. Es hat ihn immer gegeben. Es gab ihn, lange bevor wir ihn verstanden. Wir brauchen nicht zu wissen, wie er sich bildet, um zu glauben, dass er da ist. Er muss auch nicht immer da sein, damit wir wissen, dass er existiert.

Wenn wir bereit sind, dann können wir beweisen, warum, wie und weshalb er existiert. Wir können etwas über das Licht lernen – wie es sich in alle Farben des Spektrums aufteilen lässt und wie sich der Regenbogen durch eine Streuung dieser Lichtfrequenzen bildet. Unser neu gewonnenes Wissen trägt dazu bei, dass wir den Regenbogen noch mehr schätzen, was aber nicht bedeutet, dass er vorher weniger wertvoll war, nur weil wir ihn noch nicht völlig verstanden. Der Regenbogen hat nicht mit seinem Dasein gewartet, bis der Mensch ihn verstand. Einige Überlegungen in diesem Buch sind ähnlicher Art.

Zuerst möchte ich dich bitten, umfassender zu denken zu versuchen und die Möglichkeit zu erwägen, dass das Leben mehr zu bieten hat, als du annimmst. Man hat uns allgemein gelehrt, methodisch zu denken und uns zu konzentrieren, was für unseren Lebensablauf gut und wesentlich ist. Was ich jedoch meine, ist, ein Bild von allen Seiten zu sehen. Im Augenblick konzentrieren sich deine Augen auf die Worte dieser Buchseite. Du blickst durch die Augen auf den Druck. Aber gleichzeitig bist du dir bewusst, was sich am Rand deines Blickfelds befindet. Du kannst lernen, das ganze Feld auf einmal zu sehen, indem du deine Fokussierung reduzierst, so dass der gesamte Bereich in dein Auge eintreten kann. Der Vorgang scheint in die andere Richtung zu verlaufen. Anstatt hinauszuschauen, fließt das Blickfeld hinein. Andere Erfahrungen können auf ähnliche Weise verstärkt werden, indem du die Konzentration abschwächst und sie in dich hineinfließen lässt.

Mit dem Denken verhält es sich vergleichbar. Erwäge andere Möglichkeiten. Entspanne dich und lasse Gedanken, Erinnerungen und Vorstellungen in deinen Geist fließen. Du wirst einen viel weiteren Blick für die Wirklichkeit bekommen als zuvor. Vielleicht vermagst du die neuen Vorstellungen zuerst nicht lange zu halten. Die Ideen kommen, aber bevor du sie ergreifen kannst, sind sie schon fort. Du magst dich frustriert fühlen, aber auch eine seltsame Erregung verspüren, weil du weißt, dass etwas anderes, etwas Besonderes geschehen ist. Das Wichtige an der Sache ist, nichts greifen oder fangen zu wollen. Was du gesehen, gefühlt oder augenblicklich verstanden hast, wird zurückkehren. Es wird erneut und mit derselben sanften Erregung in dein Bewusstsein fluten. Wenn du geschickt genug bist und es einfach geschehen lässt, wird es in dich hineinfließen und dir ein neues Verständnis geben, ohne dass du dich sonderlich anzustrengen brauchst. Schließlich werden neue Konzepte als vollkommen ausgestaltetes Wissen kommen, das dein Leben verbessern wird.

Kürzlich erhielt ich ein sehr nützliches Geschenk. Es ist ein Gerät, das Rehe vor ankommenden Autos warnt. Es gleicht einem kleinen Metallstück. Es scheint nichts anderes zu tun, als nur auf meinem Kühlergrill zu sitzen. Aber es sendet einen Ton aus, der das menschliche Gehör bei weitem übersteigt und mich und so das Wild auf diese Weise vor einem Zusammenstoß und Mensch und Tier vor Schaden bewahrt. Ich kann nicht hören, was das Gerät macht, aber ich akzeptiere, dass es etwas tut. Selbst wenn du im Moment nicht sehen oder hören kannst, wovon ich spreche, versuche einfach, es zu glauben. Ebenso wie dieser Ton, den das Gerät an meinem Wagen aussendet, geprüft und bewiesen werden kann, so verhält es sich mit den meisten Dingen, über die ich sprechen werde.

Im Laufe der letzten Jahre hat Dr. Valerie Hunt in den Vereinigten Staaten unter strengsten Bedingungen in Labors Untersuchungen durchgeführt und wissenschaftlich bewiesen, dass es die Aura und die Chakras, mit denen wir arbeiten werden, tatsächlich gibt. Doch lange vor diesen Beweisen gab es Leute, die über ihre persönlichen Erfahrungen sprachen und die Welt daran teilhaben ließen, was sie fühlten, sahen und hörten. In diesem Zusammenhang möchte ich auf den ausgezeichneten Überblick über die wissenschaftlichen Nachforschungen in »Lichtheilung« von Barbara Brennan und »Die Chakras« von Dora Kunz hinweisen.

Die Dinge, die ich in diesem Buch ansprechen werde, sind für mich ebenso selbstverständlich wie die Existenz des Regenbogens; und es gibt viele Menschen, deren Blick viel weiter reicht als meiner. Ich versuche, sie wegen ihres Fortschritts nicht zu beneiden, weil ich weiß, dass ich auf meinem Weg bin und Tag für Tag ein besseres Verständnis und einen besseren Blick als zuvor entfalten werde.

Krankheit oder Disharmonie?

Bei dem, was ich auf den folgenden Seiten ansprechen werde, handelt es sich um eine Mischung meiner über zwanzigjährigen Tätigkeit als Ärztin, Psychiaterin und Heilerin. Im Laufe der Jahre habe ich gelernt, Krankheit in einer Weise zu verstehen, die die Grenzen der traditionellen Medizin und Diagnose überschreitet. Ich betrachte Krankheit als eine Widerspiegelung des Unbehagens unserer Seele, weshalb eine Behandlung die Seele ebenso ansprechen muss wie den Körper.

Krankheit hat etwas damit zu tun, aus dem Gleichgewicht geraten zu sein. Auf irgendeiner Ebene ist nicht alles in Ordnung. Die Symptome der Krankheit können uns sehr genau sagen, um welches Problem es sich handelt, wenn wir einige neue Regeln und eine neue Betrachtungsweise erlernen, was uns unser Körper und unser Geist mitzuteilen haben.

Es kann geschehen, dass in dem Augenblick, in dem wir gewillt sind, genauer hinzusehen, bereits eine beachtliche Verschlechterung eingetreten ist, was vielleicht im Augenblick bei dir der Fall sein kann. Oft zögern wir so lange, uns mit dem, was geschieht, auseinander zu setzen, dass wir uns nicht mehr völlig von den Folgen der Disharmonie befreien können, wenn wir die Sache endlich in Angriff nehmen. Aber egal um welches Problem es sich handelt, du kannst auf irgendeiner Stufe immer eine Besserung bewirken, sobald du die Verantwortung für die Krankheit und damit für ihre Heilung übernimmst.

Die Symptome bilden dann die Wegweiser, die uns auf dem Weg, den wir zu gehen haben, führen. Wenn ich meine Hand in sehr heißes Wasser tauche, werden mich die Schmerzrezeptoren unter der Haut erinnern, dass dies wohl nicht gerade gesund ist. Schmerzrezeptoren sind sehr nützlich, und ohne sie würde ich Dinge tun, mit denen ich mir ernsthaft schaden könnte. Die Schmerzrezeptoren in meinem emotionalen Selbst sagen mir das Gleiche. Wenn ich mich in emotionale Gefahr begebe, erinnern sie mich sehr deutlich, dass dies wohl nicht der richtige Weg ist.

Obwohl ich auf physischer Ebene sehr rasch lerne und meine Hand nicht wieder in das heiße Wasser tauche, dauert es aus irgendeinem Grund länger, aus den emotionalen Zeichen zu lernen. Das trifft auch für die geistige Ebene zu. Ich mag die Warnungen, dass nicht alles in Ordnung ist und ich mich, geistig gesehen, nicht weise verhalte, schon sehr lange vernehmen, doch die meisten von uns achten zunächst nicht auf die Ermahnungen der Vorwarnsysteme.

Unglücklicherweise versäumen wir wahrscheinlich die Lektion, bis unser mentales, emotionales oder physisches Selbst die Botschaft aufnimmt und uns in einer Verschlüsselung weitergibt, die wir ohne weiteres verstehen und kaum übersehen können. Erst wenn wir physisch krank werden, hören wir auf, wirklich Warnungen zu missachten.

Aber wenn wir uns die Zeit und den Raum gönnen, um hinzuhören, können wir lernen, die Zeichen früher zu erkennen und das Risiko einer Krankheit zu verringern. Indem du die Übungen und Techniken aus diesem Buch anwendest, wirst du nicht nur die Vergangenheit klären, sondern auch neue Wege lernen, um dich selbst zu heilen und weiterzuschreiten. Sobald wir beginnen, auf geistiger Ebene zu »hören« und gewillt sind, entsprechend der Zeichen, die wir empfangen, zu handeln, werden wir nicht nur wacher und besser vorbereitet sein für das Leben, sondern wir beginnen, uns rascher fortzubewegen, Dinge in unser Leben zu ziehen, die wir uns wünschen und alles Veraltete loszulassen.

Ich weiß, ich stehe nicht alleine mit meinem Verständnis und zweifle nicht daran, dass die wesentliche Rolle, die der Geist bei unserem vollkommenen Wohlbefinden spielt, demnächst allgemein anerkannt werden wird. Viele äußerst talentierte Ärzte, Chirurgen, Gynäkologen und Psychiater vereinigen bei der Behandlung von Krankheiten bereits das Traditionelle mit dem Antiken, indem sie das Gebet als wesentlichen Bestandteil in ihre Arbeit einfließen lassen und die Anerkennung der geistigen Aspekte ihrer Patienten und der besonderen Kraft für den Heilungsprozess befürworten. Die Leichtigkeit, Dauer und Vollständigkeit der Genesung und Heilung werden durch diese zusätzliche Dimension stark gefördert.

Es bestehen tatsächlich schon Universitätsfachbereiche, die sich mit dem Phänomen des Gebets beschäftigen. Einige gut zusammengestellte Testreihen haben ergeben, dass gläubige Patienten oder solche, mit denen und für die vor der Operation gebetet wurde, sich rascher erholten als andere. Die Ergebnisse sind mehr als ermutigend, in einigen Fällen sogar erstaunlich.

Doch dieses Buch handelt eigentlich nicht vom Beten oder von dem Gebet, wie wir es üblicherweise kennen. Wenn du es aber annehmen kannst, dass freundlich und mit Integrität zu leben, ein Kind anzulächeln und ihm alles Gute zu wünschen, Sexualität in einer liebevollen Beziehung zu pflegen, dein Baby zärtlich zu streicheln oder einen liebevollen Anruf zu tätigen, ein Gebet ist, dann schließt dieses Buch wohl das Beten mit ein! Ein wenig Liebesenergie aus deinem Herzen zu senden und diese in Heilenergie umzuwandeln, um jemandem zu helfen, sich wohler zu fühlen, ist ebenfalls eine lebendige Geistesübung – also ein Gebet.

Bist du also bereit, dich für deine eigene Heilkraft zu öffnen und sicherzustellen, dass du dein Leben voll ausschöpfst? Willst du dein Potential voll ausschöpfen und friedlich, mit einem Gefühl innerer Sicherheit leben, sodass keine äußere Kraft es dir nehmen kann? Wie steht es damit, dich selbst zu heilen? Bist du bereit, eine aktive Rolle zu spielen, auf allen Ebenen gesund zu sein – und das Beste aus dir zu machen?

Dieses Buch handelt davon, dich selbst zu heilen, dabei aber nicht die Wege zu blockieren, um anderen zu helfen. Es handelt auch vom Geben und Nehmen, denn nur wenn wir diese Dynamik frei strömen lassen, wird uns die Energie, die wir alle für eine gute Gesundheit benötigen, zugänglich. Eine der Hauptkrankheitsursachen liegt darin, dass unsere Energie so blockiert ist, dass wir unfähig sind zu empfangen. Dieses Buch handelt deshalb auch von Selbstverantwortung, um für mich selbst zu sorgen und die Verantwortung zu übernehmen, entsprechend zu handeln; davon, unabhängig und weise genug zu sein, um anderen die Freude zu lassen, mir zu geben, solange das, was sie mir anbieten, gesund und gut für mich ist. Es handelt auch davon, den Mut zu haben, Nein zu sagen, wenn du glaubst, das es nicht gut ist, was man dir geben will. Es handelt davon, groß genug zu sein, den Regenbogen zu akzeptieren, auch wenn du ihn noch nicht sehen kannst, und anderen den Raum zu geben, das zu wünschen und zu sehen, was sie wollen, ohne sie zu bewerten oder das Bedürfnis zu verspüren, ihnen deine Sichtweise aufzudrängen. Am Ende kannst du genau das glauben, was du willst. Das ist dein Vorrecht. Wie aber kann man sein Urteil eine Weile aufschieben?

Du fühlst dich irgendwie angezogen, dieses Buch jetzt zu lesen und wirst feststellen, dass sich deine ganze Welt verändern wird, sobald du beginnst, dein Leben in die Hand zu nehmen und lernst, dich selbst besser zu verstehen und dich und andere mitfühlender zu betrachten. Es besteht kein Zweifel, was richtig für dich ist, wird geschehen.

Deine Reise

Du bist bereits unterwegs. Das ist es. Aber du kannst dich jetzt entscheiden, ob du in einer geplanten und wirkungsvollen Weise fortfahren möchtest oder ziemlich unkontrolliert weiterstolpern willst. Wenn du bereit bist, ein wenig zu vertrauen und dir selbst eine Chance zu geben, kannst du es anders machen. Wenn du bereit bist, einen Blick auf die üblichen Wege zu werfen, durch die du deinen Fortschritt vereitelst, kannst du lernen, diese Verhaltensweisen zu erkennen und sie zu vermeiden.

Im Laufe des Heilungsprozesses wirst du Momente der Freude und Klarheit erleben, die dir zunächst nur flüchtig zu sein scheinen, die aber schließlich alles durchdringen werden. Irgendein tief liegender Schmerz mag noch weiterer Behandlung bedürfen, das aber wird deinem zunehmenden Gefühl der Freude und Freiheit, das du jederzeit anzapfen kannst, keinen Abbruch tun.

In Krisenzeiten mögen wir vergessen, uns von einer Verletzung überwältigt fühlen und Rückschritte machen – aber auch das gehört zur Reise. Man verlangt keine Vollkommenheit. Unser Stolpern erinnert uns, warum wir noch hier sind – wir haben immer noch zu arbeiten. Zurück in einen alten Schmerz oder vergangene Verhaltensmuster zu schnellen, bedeutet, deine Arbeit entweder zunichte zu machen oder als ungültig zu betrachten. Es wird nur darauf hingewiesen, woran noch gearbeitet werden muss, wo noch ein nicht ausgeheilter Schmerz liegt und was jetzt der Aufmerksamkeit bedarf. Wir müssen uns selbst Liebe, Mitgefühl, Verständnis, Aufmerksamkeit und Zeit zugestehen, bis das Gleichgewicht wieder hergestellt ist.

Ziel der Reise ist es, diesen ausgeglichenen Zustand zu erreichen und aufrechtzuerhalten – mit einem Gefühl der Freude zu sein, wer wir wirklich sind, und das auf allen Ebenen. Wahrscheinlich möchtest du den Weg gemeinsam mit anderen gehen, die sich auf einer ähnlichen Reise befinden, was die gegenseitigen Erfahrungen bereichern wird.

Bringe dir selbst Geduld und Güte entgegen. Am Anfang ist Wachstum kein einfacher Prozess. Man soll die Aufgabe nicht unterschätzen, alte Gewohnheiten und eine lebenslange Denkweise zu ändern; sich selbst von Negativitäten zu befreien und dabei realistisch zu bleiben; eine gesunde Skepsis zu bewahren und gleichzeitig der Möglichkeit Raum zu geben, dass sich die Dinge zum Besseren wenden. Wir wollen unsere Energie wecken, reinigen, sie beleben und lernen, sie frei fließen zu lassen, uns ständig darin zu baden, während sie uns heilt, kräftigt und in einem Zustand der Harmonie und des Gleichgewichts hält.

Deine Beweggründe, diese Reise zu unternehmen, sind ebenfalls wichtig, und du solltest dir über sie im Klaren sein, bevor du beginnst. Diese Reise der Selbst-Erkenntnis wird eine gewaltige Kraft freisetzen. Diese Kraft sollst du für das höchste Gute in dir einsetzen, liebevoll und anderen dienend. Ohne sich dem höchsten Guten zu verpflichten, wird es nur Enttäuschungen geben. Vielleicht solltest du zuerst ein wenig darüber nachdenken, warum du mitmachen willst, und dann wollen wir beginnen.

Meine eigene Reise

Oft habe ich scherzhafterweise gesagt, meine Autobiographie, im Falle, dass ich sie einmal schreiben werde, unter dem Titel »Die Tochter des Rattenfängers« herauszugeben, denn die bin ich.

In diesem Leben begann meine eigene Reise in einem winzigen Dorf im Nordosten Englands, als die jüngere von zwei Schwestern. Meine Mutter war Krankenschwester, obwohl sie ihren Beruf seit unserer Geburt niemals ausübte. Mein Vater hätte gerne eine Universität besucht, aber als eines von vierzehn Kindern war dies unmöglich. Stattdessen wurde er ein sehr geschickter und begehrter Stahlbaumeister, der an hohen Kaminen und Kirchtürmen arbeitete. Sie heirateten in den Vorkriegsjahren und hegten große Hoffnungen für die Zukunft. Doch mit knapp dreißig Jahren wurde mein Vater mit schweren Kopfverletzungen im Zweiten Weltkrieg verwundet. Als er nach Hause zurückkehrte, litt er unter Temporallappen-Epilepsie und konnte seinem früheren Beruf nicht mehr nachgehen. Stattdessen arbeitete er bis zum Ende seines Lebens als lokaler Kammerjäger. Es gab kaum etwas, das er nicht konnte, und sein Bedürfnis nach Unabhängigkeit trieb ihn dazu, viele seiner Schwierigkeiten zu überwinden. Er bot uns ein Vorbild an Mut, Würde und volkstümlicher Weisheit, das mich immer noch inspiriert.

Meine Mutter war und ist eine sehr liebevolle Frau, und ich erinnere mich an süße, glückliche Tage, eingebettet in Lachen und

Zuneigung und Respekt für sie als unsere Mutter. Sie war sehr stolz auf uns, als wir heranwuchsen, und es gab keinen Zweifel, dass sie uns hoch einschätzte, was jedem von uns Selbstvertrauen schenkte, als wir in die Welt hinauszogen. Vater war weniger herzlich, berührte oder küsste uns selten, aber er zeigte uns seine große Liebe in seiner eigenen Art. Erst als ich älter wurde, ich war schon weit in meinen Vierzigern, zeigte er mir offen seine Zuneigung, obwohl er mir auch dann nur selten sagte, dass er mich liebte. Einer meiner kostbarsten Augenblicke mit ihm war kurz vor seinem Tod, als er auf meine übliche Liebesbezeugung erwiderte: »Natürlich liebst du mich. Wir alle lieben einander bis zum Ende der Zeit. Soll es denn so nicht sein?«

Meine Eltern gaben mir die bestmögliche Erziehung mit kräftigen, starken Wurzeln, guten Werten, einem gewissen Stolz auf unsere Persönlichkeiten und einer Philosophie der Selbstständigkeit und Unabhängigkeit.

Als kleines Mädchen – im Alter von vier oder fünf Jahren – begann ich ein interessantes Phänomen zu erleben, das sich nur schwerlich beschreiben lässt. Ich hatte das Gefühl, als sei ich umgeben von Liebe, die mich durchströmte und von mir ausstrahlte. Ich musste sie irgendwie erden, meistens indem ich irgendetwas oder jemanden berührte, wie eines meiner Tiere oder meine Mutter. Ein starker, fühlbarer Strom hatte begonnen, mich zu durchfließen, und lange bevor ich irgendetwas über Chakras wusste, konnte ich in mir und um mich Stellen spüren, an denen die Energie kurz Halt zu machen schien und dann weiterströmte.

Meine Spiritualität war geboren. Ich konnte die Liebe in mir fühlen. Ich konnte sie meinen Tieren schenken, was ich regelmäßig tat. Zurückblickend sehe ich, dass zu diesem Zeitpunkt das Heilen begann, obwohl weder ich noch irgendjemand sonst es als solches erkannte.

Erst später, als ich bereits verheiratet war, zwei Kinder hatte und zur Universität zurückgekehrt war, um Medizin zu studieren, machte mich ein Gynäkologe, mit dem ich damals zusammenarbeitete, darauf aufmerksam, dass ich eine besondere Art besaß, mit Patienten umzugehen. Die Frau, bei der ich saß und die ich berührte, brauchte gewöhnlich kaum Beruhigungs- oder Schmerzmittel. Doch selbst da erkannte ich noch nicht, dass das Heilen zum wesentlichen Bestandteil meiner Arbeit geworden war.

In meinen Dreißigern lebte ich in Sambia. Die Macht der traditionellen Heiler, die oft Antworten wussten, die selbst die moderne Medizin nicht kannte, faszinierte mich. Ich erinnere mich an einen Patienten, der sich bei einem Verkehrsunfall das Rückgrat gebrochen hatte. Wir schickten ihn in einem Rollstuhl nach Hause zurück, ohne Hoffnung, jemals wieder gehen zu können. Einige Wochen später spazierte er in den Krankensaal, den Stuhl vor sich herschiebend. Er dankte uns, dass wir unser Möglichstes getan hatten, doch der Dorfarzt, meinte er, wäre den bösen Zauber losgeworden und ihm gehe es jetzt wieder gut! Es gibt viele ähnliche Begebenheiten, die mich Lektionen gelehrt haben, die ich niemals vergessen werde und die mir wieder die Augen für die Heilkraft geöffnet haben.

Der Übergang von der Medizin und Chirurgie zur Psychiatrie bildete einen idealen Teil meiner Reise – vom Körper zur Seele und wieder zurück zum Geist –, während ich meinen eigenen Prozess durchlief und meinen eigenen Weg fand. Meine beiden Kinder waren erwachsen, und 1984 beschlossen mein Mann und ich, unsere lange Ehe freundschaftlich zu beenden. Nun war ich frei und konnte die werden, die ich bin.

Endlich hatte ich den Mut, aufzustehen und ungeachtet des Spotts der Kollegen als Geistheilerin »hervorzutreten«. Ich begann, meine ausgezeichnete Ausbildung als Schulmedizinerin mit den uralten, schöpferischen Fähigkeiten der Schamanen zu verknüpfen. Meine Praxis nahm einen unglaublichen Aufschwung. Vor langer Zeit, als ich mir verzweifelt wünschte, Ärztin zu werden, hatte ich ein Gelübde abgelegt, jeden Patienten zu behandeln, den Gott mir schickte. Und das tat ich, ungeachtet dessen, dass ich manchmal weder die Zeit noch die Energie dafür zu haben schien, aber irgendwie gab er mir immer beides.

Erst 1996 erkannte ich, dass die Dinge sich ändern mussten. Damals führte ich als beratende Psychiaterin eine sehr hektische Privatpraxis in London, arbeitete als Direktorin auf dem Gebiet klinischer Entwicklung in einer wunderschönen Klinik im Außenbezirk und leitete spirituelle Workshops. Zudem lehrte ich auf internationaler Ebene, wenn die Zeit es zuließ. In meiner psychiatrischen Praxis balancierte ich zwischen zwei Welten. Einerseits gab es die traditionelle, allopathische Psychiatrie und andererseits die Heilungsarbeit und Komplementärmedizin. Auch mein eigenes geistiges Wachstum rief ständig.

In meiner Praxis hatte ich jahrelang das Heilen eingesetzt, und meine Patienten liebten diesen zusätzlichen Aspekt und das Gefühl der Selbsterkenntnis und eigenen Kraft, die es ihnen vermittelte. Ich selbst durfte dadurch die sein, die ich bin, was mir Energie und Erfüllung schenkte. In der Klinik aber bemühte ich mich, nur die moderne Medizin anzuwenden und fühlte mich unbehaglich, alternative Methoden einzusetzen, von denen ich wusste, dass sie zwar wirkten, mit der Philosophie des Krankenhauses aber unvereinbar waren.

Doch in meinen Workshops, die ich fast fünfzehn Jahre lang geleitet hatte, konnte ich die spirituellen und heilerischen Grenzen berühren. Hier durfte ich mit geistiger Energie arbeiten, die uralten Heiltechniken anwenden und die Kraft der Liebe einsetzen. Ich beobachtete, wie die Menschen anders reagierten, rascher und ohne Medikamente gesünder wurden, indem sie ihre Gefühle mobilisierten, alte Wunden heilten, Energie freisetzten und voranschritten. Es war etwas Besonderes, die Liebe, die sich im Laufe dieser Workshops entwickelte, mit ansehen zu dürfen. Leider fehlten mir im Krankenhaus die Räumlichkeiten, um diese Arbeit für die vielen, die es wünschten, weiterführen zu können.

Lange Zeit kämpfte ich mit meinem Herzen und meinem Gewissen und versuchte, einen Weg zu finden, der meinen eigenen Bedürfnissen und den Bedürfnissen der Patienten und der Klinik gerecht wurde. Dies waren die geistigen Botschaften, auf die ich nicht achtete, und als ich dann auch noch dem emotionalen Schmerz auswich, den ich empfand, weil ich meine Tätigkeit nicht so ausüben konnte, wie ich sollte, sickerte der Schmerz schließlich auf die physische Ebene hinab. Ich wurde krank, und die Botschaft konnte nicht länger ignoriert werden.

Letztendlich sah ich mich gezwungen, zum ersten Mal in über zwanzig Jahren eine Pause einzulegen. Ich trat zurück und betrachtete die Ursache meines Leidens. Ich tat mir selbst das an, was ich bei vielen meiner Patienten im Laufe der Jahre beobachtet hatte. Ich versuchte, es allen recht zu machen, für meine Patienten, die Klinik mit ihrer Belegschaft, die ich sehr achtete, da zu sein, mich selbst aber vernachlässigte ich.

Ich erkannte schließlich, dass ich den geistigen Aspekt in den Alltag einfließen lassen musste, nicht nur in mein persönliches Leben, sondern auch in meine Arbeit, selbst wenn dies bedeutete, mich von den wunderbaren Leuten, mit denen ich zusammenarbeitete, trennen zu müssen. Ich durfte mich selbst nicht länger aufs Spiel setzen, indem ich mein eigenes Potential in dem Bemühen, anderen dabei zu helfen, das ihre zu finden, einschränkte. Im Grunde musste ich mir selbst zuerst helfen, ehe ich anderen wirklich helfen konnte. Die Klinik zu verlassen, bedeutete eine enorme finanzielle und emotionale Veränderung; aber es bedeutete auch, wieder zu meiner inneren Einheit zurückzufinden, ich selbst sein zu dürfen und eine Freiheit zurückzufordern, die ich im Laufe der Jahre untergraben hatte.

Viele der Leute, die mich kannten und mit mir arbeiteten, waren überrascht von dem, was damals geschah. Erstens wurde ich krank, was meine Heilmethoden in Frage zu stellen schien; zweitens nahm ich drei Monate Urlaub, um mich auszuruhen und nachzudenken, sodass danach ein solch gewaltiger Schritt folgen konnte. Doch es gab noch mehr. Einige meiner Patienten hatten geglaubt, dass ich mein Leben vollständig ausgearbeitet hatte und immer so leben konnte, wie ich es lehrte. Ich denke, es ist erfrischend zu sehen, dass jeden nahezu unbemerkt eine ungesunde Lebensweise beschleichen kann. Die einzige Möglichkeit, klar zu sehen, besteht darin, zurückzutreten und die Lage zu beurteilen.

Während ich mich mitten in dieser Veränderung in Süd-Carolina erholte und immer noch den Schmerz fühlte, begegnete ich der Psychologin Dr. Helen Barry. Die Endsiebzigerin, die keinen Tag älter als fünfundsechzig aussah, vermittelte mir viel von ihrer Weisheit. Einmal erzählte sie mir, dass ihr Kunstlehrer ihr eines Tages riet, zurückzutreten, um einen besseren Blick für ihre Malarbeit zu gewinnen. »Nehmen sie ihre Nase doch einfach aus der Farbe.«

Diese Worte sind sehr hilfreich gewesen und gehen mir oft durch den Kopf. Meine Krankheit hatte mich gezwungen, zurückzutreten. Das war genau das, was ich brauchte, um einen besseren Blick auf mein Leben zu gewinnen.

Ich habe stets gelehrt, dass Botschaften uns immer zuerst auf geistiger Ebene erreichen, wo wir sie als nagendes Unbehagen empfinden mögen. Wir wissen, irgendetwas stimmt nicht. Es ist uns oft bewusst, dass wir nicht unseren eigenen inneren Maßstäben und Werten entsprechend leben, Kompromisse eingehen oder nicht den Mut besitzen, für das gerade zu stehen, was wir als richtig erachten.

Die Hinweise hatte ich wahrscheinlich schon seit 1993 vernommen, aber ich fuhr fort, in der üblichen Weise zu arbeiten, bemüht, in meinem eigenen Sinne und im Sinne meiner Kollegen so wenige Wellen wie möglich zu schlagen. Um bei der Arbeit keine Bestürzung hervorzurufen, vermied ich es sogar, von der Heilungsarbeit zu sprechen und verlegte meine Workshops, so dass ich hin und wieder eine Woche lang so arbeiten konnte, wie ich es mir wünschte. Keiner dieser Schritte war einschneidend genug. Wie ich im Laufe der Jahre andere darin unterstützt hatte, dem Universum zu vertrauen, so musste auch ich vertrauen, dass alles in Ordnung sein würde. Mehr noch, ich musste vertrauen, dass es auch den anderen gut gehen werde. Ich musste mich von der Haltung einer Co-Abhängigkeit befreien. Ich sorgte mich darum, wie die anderen mit meinem Weggang fertig werden würden.

Dieses Buch ist das Ergebnis meines Richtungswandels. Es vereinigt, was ich während der meisten Zeit meines Berufslebens gelehrt habe und stammt gleicherweise von Brenda, der Psychiaterin, Brenda, der Geistheilerin und Brenda, der Frau. Heute fühlt sich Brenda glücklicher als in den zwei, drei Jahren vor dieser Veränderung. Ich hoffe, der Lernprozess dieser Zeit hat das Buch ebenfalls bereichert. Das Universum macht es immer richtig, pflege ich gerne zu sagen, und so verhält es sich mit dem Werdegang, den ich soeben beschrieben habe. Offensichtlich war ich 1993 noch nicht reif gewesen und in den nachfolgenden Jahren zunächst auch nicht, um den Sprung zu wagen. Ich musste warten, bis alles vorbereitet war, was den Übergang dann leicht gestaltete. Alle Hindernisse, die den Weg bislang versperrt hatten, rollten zurück, machten den Weg frei, und ich betrat ihn anscheinend völlig anstrengungslos.

Manche werfen vielleicht ein, dass man auf diese Weise ein Leben lang auf den richtigen Augenblick wartet. Dem möchte ich nicht ganz zustimmen. Wir mögen zaudern, indem wir auf Ereignisse reagieren, ohne jemals den Anstoß zu geben, uns selbst wirklich zu verändern. Oder wir lassen uns auf dem Fahrersitz unseres

Lebens nieder und streben dem Ziel zu, das wir uns gesteckt haben. Aber wir müssen die Zeit selbst bestimmen dürfen. Wohlmeinende Freunde, Verwandte, Partner, Therapeuten, Psychiater und andere Leute scheinen oft zu glauben, unser Leben besser gestalten zu können als wir selbst. Aber wir lernen genau das, was wir zu lernen haben, und wahrscheinlich gibt es keinen besseren Weg, als die gegebenen Umstände. Egal wo wir sind, die Lektion des Heute ist wichtig und von großer Bedeutung. Nichts ist verloren. Nichts.

Veränderungen vornehmen

Die Tatsache, dass du dieses Buch liest, zeigt deinen Willen, auch Veränderungen vorzunehmen, und selbst wenn der erste Schritt nur darin besteht, diese Seiten zu lesen. Sobald du bereit bist, wird sich alles Übrige ergeben.

Wenn du dich fragst, welchen Weg du einschlagen sollst und welche Veränderungen wohl anstehen, wende dich einen Moment lang deinem Körper zu und horche, was in ihm und in deinem emotionalen Selbst vorgeht. Fühlst du dich ausgelaugt? Fürchtest du, mit einigen Leuten zusammen zu sein, weil du dich hinterher erschöpft, träge oder sogar krank fühlst? Bekommst du Kopfschmerzen, wenn du dich an einem bestimmten Ort oder bei einer bestimmten Person länger aufhältst? Bist du manchmal ängstlich oder furchtsam, ohne einen ersichtlichen Grund dafür zu haben? Fühlst du dich verloren und orientierungslos? Hast du das Empfinden, nirgendwo hinzugehören – vielleicht niemals irgendwo hingehört zu haben? Lässt du dich so lange misshandeln, bis du dich selbst misshandelst? Leidest du an einer Krankheit, die du besser verstehen und lindern möchtest? (Keine Garantie für Wunder!) Wenn du die meisten dieser Antworten bejahen kannst, dann solltest du wohl etwas ändern.

Oder fühlst du dich leicht? Bist du von Menschen umgeben, die dir Energie geben? Gibt es Orte oder Tätigkeiten, die dich in Hochstimmung versetzen? Gibt es Momente, in denen du dich sicher und angenehm fühlst? Fühlt sich dein Körper wohl? Auch hierin liegt ein starker Hinweis dafür, wo und mit wem du was unternehmen sollst.

Solltest du den Entschluss fassen, Veränderungen vorzunehmen, dann sollte dies ohne Schuldgefühl geschehen, mit Liebe allen Beteiligten gegenüber und der Gewissheit, dass alles, was immer du unternehmen wirst, nicht nur zu deinem eigenen, sondern letztlich zum Besten aller gereicht. Auf diese Weise wird sich dein Schritt leicht und einfach gestalten, weil du weißt, dass du aus höchster und reinster Absicht handelst.

Trotzdem schleicht sich manchmal irgendwo ein nagendes Gefühl ein, gewöhnlich im Bereich deines Sonnengeflechts. Oft liegen unsere Pläne nicht ganz klar vor uns, und unsere Integrität ist ein wenig bedroht. Wenn dies zutrifft, so halte inne und stelle dir vor, du schaust durch eine Kameralinse. Was muss vorsichtig eingestellt werden, um das Bild wieder in den Brennpunkt zu bringen, um Klarheit zu gewinnen? Nimm dir Zeit und du wirst erkennen, an welcher Stelle du langsamer vorgehen oder wo du eine grundlegende Änderung vornehmen musst. Versuche aber, dir im Klaren zu sein, dass es nicht aus Schuldgefühl geschieht oder aus dem Bedürfnis heraus, auf die Gefühle aller anderen Rücksicht zu nehmen, anstatt auf deine eigenen. Fühlst du dich wieder wohl, dann fahre fort. Keiner setzt dir eine Zeit. Niemand fordert dich auf, schneller, als du es vermagst, Änderungen vorzunehmen, Übungen zu machen oder zu meditieren – falls überhaupt.

Dieses Buch führt dich auf eine Reise durch die Chakras, die Energiezentren des Körpers. Es zeigt dir, wie Lebensereignisse, Schmerz und emotionale Unruhe Blockaden aufbauen, die einen freien und natürlichen Energiefluss verhindern und zu Krankheit führen, nicht nur durch unseren physischen, sondern auch durch unseren emotionalen und geistigen Körper, die gemeinsam unser vollkommenes Wohlbefinden steuern. Jedes Chakra wird im Einzelnen beschrieben und besprochen, bevor wir uns den Folgen von Störungen in jedem Bereich zuwenden.

Wir folgen dem natürlichen Verlauf der sieben Hauptzentren, von der Basis bis zum Scheitel. Inspirative Meditation und praktische Übungen mögen dich zu einem Punkt verbesserter Gesundheit und erhöhter Vitalität bringen. Das soll natürlich nicht heißen, chronische Krankheiten zu heilen. Dieses Buch soll dabei helfen, Krankheiten vorzubeugen und die Selbstheilung zu fördern. Wenn die einzelnen Schritte gewissenhaft befolgt werden, sollten sich in jedem Falle das Selbstvertrauen, der Selbstwert und das Wohlbefinden erhöhen.

Hervorgehoben werden die persönliche Verantwortung und der Aufbau einer neuen Lebensweise, die einen geistigen (nicht unbedingt religiösen) Aspekt in der Alltagsroutine mit einbeziehen. Jahrelang haben die meisten von uns die Verantwortung für die eigene Gesundheit aufgegeben und sie willig in die Hände der Ärzte und anderer gelegt. Dieses Buch handelt davon, die Kraft der Selbstheilung wiederzugewinnen und ganz zu werden.

Die Reise zur Ganzheit sollte Spaß machen, obwohl sie bisweilen nicht ohne Schmerz sein wird. Wenn der Schmerz auftaucht, versuche nicht, dich ihm zu widersetzen. Widerstand verstärkt ihn. Wenn du hineingleitest, gib dich hinein, atme in ihn hinein; er wird vorübergehen und zum Wachstum beitragen. Gestehe dir selbst so viel Liebe und Mitgefühl zu, wie du im Augenblick aufzubringen vermagst – nicht nur für dich, sondern für die gesamte Menschheit werden beide zunehmen, während du voranschreitest.

Fange an, freudigen Herzens das Beste aus dir zu machen.

KAPITEL 2

Bevor du anfängst

Das vorliegende Buch stellt einen in sich geschlossenen Leitfaden zur Selbstheilung dar. Er soll dir helfen, unter Mitbeteiligung von Ärzten, medizinischem Fachpersonal sowie Therapeuten der Komplementärmedizin, die Verantwortung für deine Gesundheit zu tragen. Er soll dir helfen, mehr über dein Selbst zu lernen – nicht nur über dein physisches, emotionales, intellektuelles oder geistiges Wesen, sondern über dein wahres Selbst.

Wenn eine dieser Ebenen blockiert oder krank ist, lassen sich die übrigen nur schwer ins Gleichgewicht bringen. Manchmal scheint es in einem Bereich ein Problem zu geben, das aber in Wirklichkeit ganz woanders liegt. Vielleicht leidest du unter Rückenschmerzen, dann solltest du einmal darauf achten, was du, psychologisch gesehen, mit dir herumschleppst, und einen Weg finden, diese Last abzuwerfen. Vielleicht bist du weinerlich und traurig, fühlst dich deprimiert, während du in Wirklichkeit irgendeinen Ärger lösen oder dein Leben ganzheitlicher betrachten musst. Mangelnde Spiritualität kann zu Gefühlen der Isolation und Verlassenheit führen, die von innen her geheilt werden müssen, damit du dich niemals wieder isoliert und allein fühlen wirst.

Viele von uns haften an ihrem begrenzten Blick und sehen sich nur als ein physisches Wesen, mit einem Verstand, mit Gefühlen und sonst nichts. Für manche gibt es sogar kaum Gefühle, und die Vorstellung, ein geistiges Wesen zu sein, klingt ihnen fremd und lächerlich. Mit Intelligenz oder Erziehung hat das nichts zu tun. Vielleicht bist du eine junge Seele, die noch vieles über die physische und materielle Welt lernen muss und deshalb bisher das Ganze noch nicht zu erfassen vermochte. Vielleicht hat man dich einmal zutiefst verletzt, und du hast dich verschlossen und bist zynisch geworden. In so einer engen Sichtweise gibt es keinen Platz für einen ganzheitlichen Blick. Wie deine Lage auch sein mag, mit der Lektüre dieses Buches befindest du dich bereits auf dem Pfad höherer Weisheit.

Während der Lesereise wirst du lernen, auf dein gesamtes Selbst aufzupassen und Blockaden zu beseitigen, die als Folge der Erlebnisse aufgetreten sind, die du in allen deinen bisherigen Leben angesammelt hast. Du wirst neue Möglichkeiten erlernen, um Energie zu erkennen und freizusetzen, damit du sie zu deinem Vorteil nutzen kannst und wirklich gesund wirst. Mit »gesund« meine ich nicht nur frei von Krankheit, sondern tatsächlich »heil« zu sein und über genügend Energie und Ausdauer zu verfügen, die während des ganzen Tages und wenn nötig bis in die Nacht hinein reichen. Du wirst Freude an den einfachen Dingen finden, die jeder Tag jedem von uns schenkt, die wir aber leider oft genug übersehen, da unsere Sinne getrübt und unsere Augen nach unten, auf den einzigen Pfad, den wir kennen, gerichtet sind. Das Leben hat uns viel mehr zu bieten.

Du kannst lernen, dein Leben zu umarmen und es wirklich zu leben, indem du es dahin lenkst, wohin du es haben möchtest und dabei immer auf die geistigen, emotionalen, physischen und mentalen Zeichen achtest.

Es gibt keinen Grund, warum wir nicht sehr viel gesünder sein sollten, als wir sind. Einige Krankheiten können durch Selbstheilung vollkommen umgepolt werden. Alles kann man bis zu einem gewissen Grad verbessern, auch sein ganzes Leben. Heilung bedeutet nicht nur, eine bereits bestehende Krankheit loszuwerden. Es geht auch darum, einer Krankheit vorzubeugen und eine positive, gute Gesundheit zu fördern. Eines der Hauptziele aber besteht darin, möglichst das Beste aus sich zu machen, indem man den wahren Weg findet, um sein Potential auszuschöpfen. Es ist auch sehr nützlich, ein Warnsystem zu besitzen, das uns frühzeitig darauf aufmerksam macht, dass nicht alles in Ordnung ist – und dann darauf zu hören. Doch allzu oft ignorieren wir die Zeichen. Ich musste es auch in meinem Leben begreifen. Selbst um die Dinge zu wissen und sie zu verstehen, hindert uns nicht daran, von Zeit zu Zeit stecken zu bleiben.

Dieses Buch handelt davon, aktiv und umsichtig zu sein und eine neue Lebensweise zu erlernen, um mit Freude zu wachsen und zu leben.

Wie man mit diesem Buch umgehen kann

Dieses Buch ist in zehn Kapitel aufgeteilt. In Kapitel drei werden die Prinzipien der Heilung, der Auren und der sieben Hauptchakras erklärt. Jedes der restlichen Kapitel widmet sich einem speziellen Chakra und schließt Übungen und Meditationen ein, die sich auf Probleme konzentrieren, die mit diesem Zentrum in Zusammenhang stehen. Anhang A (hauptsächlich für Therapeuten, doch auch für den interessierten Leser geschrieben) gibt Aufschluss über die Verbindung zwischen den Hauptdrüsen und Nervengeflechten und den Chakras; Anhang B befasst sich mit den Beweisen für die Existenz des Ätherkörpers.

Vielleicht beschließt du, das Buch einmal durchzulesen und dann Stufe für Stufe durchzuarbeiten. Du merkst vielleicht, dass dir ein Kapitel sehr rasch einleuchtet, während du für ein anderes sehr viel mehr Zeit benötigst. Das ist in Ordnung! Gehe in einer Weise vor, die dir angenehm ist. Aber du musst auf die Ganzheit achten. Selbst wenn du feststellst, dass deine Hauptblockade im ersten Chakra liegt, wird es irgendwelche Verzerrungen weiter oben im System geben, wie geringfügig sie auch sein mögen. Auch eine

Blockade im Kehlkopf-Chakra wird alle anderen Zentren bis zu einem gewissen Grad mit beeinflussen. Da ein Bereich blockiert ist, magst du einen anderen überentfaltet haben. Wir arbeiten auf Ausgleich hin, deshalb bedarf alles der Einstellung, selbst wenn es nur ganz geringer Änderungen bedarf.

Im Anschluss an diesen Abschnitt steht ein Fragebogen, demzufolge du dich selbst einschätzen kannst und vielleicht eine Vorstellung davon bekommen wirst, wo sich deine Hauptblockaden befinden. Sei nicht allzu entmutigt, sollte es sich herausstellen, dass es in jedem Chakra irgendwelche Probleme gibt, aber auch nicht zu begeistert, wenn alle zu funktionieren scheinen – jedes kann von einer Feineinstellung nur profitieren, egal wie entwickelt der Mensch auf geistiger Ebene auch sein mag.

Rege dich also nicht auf oder sei entmutigt, wenn du gerade einen Bereich frei geräumt hast und im nächsten Augenblick feststellen musst, dass er wieder blockiert ist. Das überrascht keineswegs. Falls du lange Zeit mit nur sehr geringem Energiefluss gelebt hast, mag es dir eine Weile schwer fallen, mit absoluter Klarheit zu leben. Es ist nicht leicht, mit einem starken Strom reiner, sprudelnder Energie fertig zu werden. Eine Heilung kann nur bis zu dem Punkt erfolgen, an dem du dich mit ihr auseinander setzen kannst. Wunder geschehen zwar, aber nicht jeder ist reif dafür. Schließlich bist du an deine augenblickliche Lage, deinen Gesundheitszustand und dein Wohlbefinden gewöhnt, auch wenn sie dir nicht besonders gefallen. Außerdem lernst du immer noch daraus. Veränderungen müssen allmählich geschehen. Manchmal ist es äußerst beängstigend, das Bekannte loszulassen und in die Leere zu springen. Sei sanft und mitfühlend mir dir selbst.

Ob du nun deine Reise gerade beginnst oder bereits unterwegs bist; ob du die Heiltechniken beruflich verwenden willst oder nur nach einer besseren Lebensweise Ausschau hältst, in jedem Fall wird dir diese Abhandlung Vorschläge, Richtlinien und Möglichkeiten bieten, um voranzuschreiten. Einige Ausdrücke mögen fremd anmuten. Ich hoffe, sie werden sich aus dem Zusammenhang selbst erklären.

Das Buch erhebt jedoch nicht den Anspruch, andere Hilfen ersetzen zu wollen. Mit anderen Worten, du sollst nicht eine bereits bestehende Therapie oder Medikation abbrechen oder deine Lebensweise umstellen, es sei denn, du willst es. Aber wenn du dich durcharbeitest und dieses leichte, prickelnde Gefühl verspürst, dann könntest du ihm vielleicht folgen und schauen, wo es dich hinführt. Das ist dein Geist, der auf deinen ersten Schritt reagiert und dein Erwachen begrüßt.

Das Leben kann voller erstaunlicher, wunderbarer Dinge sein. Es kann erfüllt sein von Liebe und Lachen. Es kann fröhlich und aufregend sein und dein Herz mit Friede und Freude erfüllen. Selbst wenn es bis jetzt rau mit dir umgegangen ist, kann es nur besser werden, aber du musst deinen Teil dazu beitragen. Und wenn du dein Ziel noch nicht erreicht hast, denke nicht, dass ich dich verurteile und behaupte, du habest nicht hart genug gearbeitet. Jeden Tag bewundere ich den Mut, mit dem die Leute an ihren Problemen arbeiten. Ich empfinde mit ihnen und manchmal wünschte ich, ich könnte es für sie erledigen, aber das ist nicht meine Aufgabe. Jeder muss es selbst tun. Immer wieder erfüllt es mich mit Ehrfurcht, wenn ich sehe, welche Stärke die Menschen an den Tag legen. Diejenigen mit der schlimmsten Vergangenheit scheinen oft die größte Ausdauer zu besitzen, an einem Punkt noch weiterzumachen, an dem andere längst aufgegeben hätten. Sie hatten Fertigkeiten zu lernen, die ich nie besitzen werde, denn sie mussten überleben.

Wenn dich das Empfinden überkommt, keinen einzigen Schritt mehr weiter gehen zu können, halte inne und gehe behutsam mit dir selbst um. Die Reserven, auf die du zurückgreifen kannst, werden dich überraschen. Wir können immer dieses kleine Stück weiter gehen, wenn wir müssen.

Sobald du dich besser fühlst, wirst du erkennen, dass Gesundheit und Glück nicht von materiellen Dingen oder irgendjemandem in deinem Leben abhängen, obwohl es wunderbar ist, mit einem gleich gesinnten Gefährten durchs Leben zu gehen, und es ließe sich so manches über das Glücklichsein sagen. Es dreht sich alles um dein inneres Selbst, um deine eigene Arbeit, dein eigenes Wachstum. Es dreht sich nur um dieses wunderbare Wesen, das du bist und immer gewesen bist. Manchmal sind Depressionen, unausgeglichene Verhaltensweisen oder Krankheiten wie ein Mantel, den wir gewohnt sind zu tragen – aber wir können ihn ablegen, und darunter liegt die Wirklichkeit.

Was du brauchen wirst

Nun wollen wir einmal sehen, was du bereit legen musst, bevor du anfängst.

Hefte

Es ist gut, zwei Hefte anzulegen. In das erste trägst du deine Affirmationen ein, die du im Laufe deiner Arbeit selbst gestaltest, und das zweite benutzt du als Tagebuch.

Zwanzig Minuten lang alles niederzuschreiben, hilft dir, deinen wahren Gefühlen auf den Grund zu gehen. Es mag sich einiges offenbaren. Wenn du dich mit der Vergangenheit auseinander zu setzen beginnst, kann es oft therapeutisch wirksam sein, deinen Gefühlen in Briefen Ausdruck zu verleihen, die du aber nicht abschickst. Diese Briefe können im zweiten Heft ihren Eingang finden, so dass du am Ende einen Bericht deiner Reise vorliegen hast.

Es werden erstaunliche Dinge geschehen – du magst sie Zufälle nennen – die es wert sind, aufgezeichnet zu werden, so dass du deinen Fortschritt sozusagen kartographisch erfasst und schließlich die Skepsis, mit der du vielleicht begonnen hast, fort bläst.

Engelkarten

Eine anderes Hilfsmittel, das du vielleicht hinzuziehen möchtest, sind die Engelkarten. Dabei handelt es sich um eine Sammlung winziger Karten, von denen jede den Namen einer Eigenschaft oder einer Gabe trägt, die du vielleicht in diesem Augenblick brauchst, wie *Friede, Vertrauen, Aufrichtigkeit.* Diese Qualitäten sollen in deinem Wesen hervorgehoben und der entsprechende Engel angerufen werden, damit er dir helfen möge. Wenn ich in meinen Workshops von Engelkarten spreche, kichern die Leute gewöhnlich; sie denken, dass sie am falschen Ort sind und die Psychiaterin tatsächlich doch verrückt ist. Kurze Zeit später aber sind es genau dieselben Leute, die ihrem Erstaunen am lautesten Ausdruck verleihen, wenn sie immer wieder feststellen, das sich genau das, was sie benötigen, in diesem kleinen Orakel widerspiegelt.

Denjenigen, die das I Ging, ein uraltes chinesisches Orakel, benutzt haben, mag es nicht so sonderbar vorkommen. Ein Orakel erlaubt uns, Fragen zu stellen oder die Kräfte anzuzapfen, die zu jedem Zeitpunkt vorhanden sind, um zusätzliche Weisheit zu gewinnen. C. G. Jung benutzte das I Ging manchmal zur Unterstützung seiner Diagnosen. Wenn auch nicht zu diesem Zweck, so habe ich es oft selbst benutzt, um bestimmte Dinge zu klären. Die Engelkarten können in ähnlicher Weise angewendet werden, obwohl es sich dabei um einen viel einfacheren Vorgang handelt. Wenn du mit offenem, reinem Herzen und guter Absicht um das bittest, dessen du bedarfst, wird dich die Genauigkeit der Anwort überraschen.

Man kann die Engelkarten in fast allen esoterischen Buchhandlungen kaufen, sowie in Läden, die Kristalle und Edelsteine anbieten.

Tonbandgerät/ CD-Spieler

Du solltest die Meditationen entweder auf Band sprechen oder sie dir vorlesen lassen.

Dein heiliger Platz

Ein ruhiger Ort, an dem du arbeiten kannst, wäre gut. Wir wollen einen sicheren Platz in dir selbst schaffen, aber sorge möglichst für eine Stelle, die du dein Eigen nennen kannst, ohne bei der Arbeit gestört zu werden und wo du ein paar Gegenstände aufbauen kannst, die dir etwas bedeuten und die dir helfen, Frieden zu finden. Vielleicht sind es einige Kerzen (gib Acht, dass du sie auslöschst, bevor du fort gehst), ein oder zwei Kristalle, deine Bücher, ein hübscher Federhalter, vielleicht einige Blumen, eine Aromalampe mit deinem Lieblingsöl (einige eignen sich besonders für die verschiedenen Chakras; wir werden später darauf eingehen), eine Fotografie – alles, was du magst. Wenn dir kein Raum zur Verfügung steht, genügt auch eine kleine Ecke oder ein Sessel mit einem Beistelltisch. Selbst eine Schachtel, über die du ein Tuch gebreitet hast, kann dir das Gefühl eines heiligen Raumes vermitteln, der dir gehört.

Kristalle

Die richtigen Kristalle lassen sich leicht besorgen und kosten auch nicht übermäßig viel. Unbedingt nötig sind sie aber nicht. Ansonsten genügen ein klarer Quarz, ein Stück Amethyst oder Rosenquarz. Solltest du aber das Empfinden haben, für jedes Chakra einen Stein verwenden zu wollen, dann beginne mit kleinen, einfachen Kieselsteinen und ergänze sie im Laufe der Zeit. Es ist nicht wichtig.

Kristalle zu kaufen, kann großen Spaß bereiten und viel für deinen Energiespiegel tun. Als Grundregel merke dir, dass der Kristall dich aussuchen soll, nicht umgekehrt. Halte einfach deine Hand über eine Steinkollektion und warte einen Augenblick, bis du spürst, welchen du nehmen sollst. Dieser gehört zu dir. Du trägst nun die Verantwortung, um auf ihn Acht zu geben, damit er das Beste für dich tun kann.

Wichtig ist es, ihn gut sauber zu halten, da er sowohl Energie aufnimmt als auch abgibt. Deine Quarzuhr zeigt immer die genaue Zeit an, weil der winzige Kristall einen gleichmäßigen Elektronenstrom aussendet. Wenn du deinen Kristall ausgesucht hast, tauche ihn über Nacht in eine Meersalzlösung, reinige ihn und trockne ihn mit Küchenpapier ab, bevor du ihn an seinen Platz legst. Man sollte durchsichtigen Quarz nicht im Schlafzimmer aufbewahren, da seine Energie dich wach halten mag, wenn du sehr empfindsam bist. Amethyst wäre in diesem Falle wegen seiner beruhigenden Wirkung besser.

Wenn deine Kristalle harte Arbeit geleistet haben, verlieren sie an ihrer Wirksamkeit, es sei denn du führst ihnen in gewissen Abständen neue Energie zu. Einige Therapeuten bewahren sie in einem Salzbett auf, andere waschen sie regelmäßig in einer Meersalzlösung oder geben sie sogar für eine Zeit lang der Erde zurück. Ich lege meine in den Erdboden um meine Pflanzen herum (und vergesse sie manchmal!), mitunter vergrabe ich sie auch unter den Bäumen in meinem Garten. Ich lasse sie immer wieder in einer Meersalzlösung bei Vollmond über Nacht draußen liegen. Hin und wieder habe ich das Gefühl, dass der ein oder andere Kristall für immer zur Erde zurückkehren muss. In einer kurzen Zeremonie bringe ich meine Dankbarkeit für seine Arbeit zum Ausdruck und vergrabe ihn an einem besonderen Ort.

Für den Fall, dass du dir für jedes Chakra einen Kristall zulegen möchtest, schaue in der Liste nach, die ich jedem Kapitel hinzufüge. Ein Stein pro Chakra genügt, aber ich bin sicher, wenn du einmal angefangen hast, wirst du noch mehr hinzufügen.

Wasser

Nach jeder Übung oder Meditation solltest du ein Glas Wasser trinken. Ich benutze energetisiertes Wasser, das ich selbst herstelle, indem ich einen Bergkristall in den Krug meines Wasserfilters lege. Manchmal lade ich das Wasser auch mit Farbe auf, indem ich es in die entsprechende Farbflasche fülle, in die ich zuvor den Kristall hineingegeben habe, dessen besondere Energie ich in diesem Moment nutzen möchte, und stelle das Ganze ins Sonnenlicht. Versuche es – du wirst über die Energieverschiebung überrascht sein.

Was Freude bereitet

Es ist gut, bevor du anfängst, eine Liste von allem zusammenzustellen, was dir Freude bereitet. Es wird Zeiten geben, in denen du dich liebevoll um dich selbst kümmern musst (am besten immer). Solange dies aber noch keine Selbstverständlichkeit für dich ist, kann eine Liste von Dingen, die dich froh machen, von Vorteil sein. Hänge sie an den Kühlschrank, lege sie in deinen Schreibtisch, neben das Bett und natürlich an deinen heiligen Platz.

Wenn du im Laufe der Zeit mit deinem gesamten Selbst näher in Berührung kommst, wirst du wissen, was du benötigst und deine Liste entsprechend abändern, je nachdem welches Chakra du gerade fördern willst. Die Übungen der folgenden Kapitel werden dich darin unterstützen. Doch im Augenblick überlege einfach, was dir helfen könnte. Zu meiner Liste gehört Folgendes:

- In meinem Garten oder am Strand spazieren gehen.
- Muscheln, Blätter und andere hübsche Dinge sammeln.
- Lange unter der Dusche stehen und das Gefühl haben, das Wasser reinigt nicht nur meinen Körper, sondern auch meine Aura.
- Lange Zeit genüsslich in einem duftenden Bad liegen.
- Schwimmen
- Tanzen – ich tanze gerne alleine bei mir zu Hause und bewege mich manchmal nur nach der Musik, die Augen geschlossen.
- Fahrrad fahren.
- Eine Umarmung.
- Mich mit meinen Freunden unterhalten.
- Der Stille lauschen.
- Dem Windspiel lauschen.
- Meine Kristalle waschen und neu anordnen.
- Kerzen anzünden, um ihr Glitzern zu verstärken.
- Gute Musik
- In der Morgendämmerung im Garten stehen und die ersten Sonnenstrahlen beobachten.
- Meditieren und die Freude der Transzendenz spüren – das ist mehr als Wohlbehagen; es ist Euphorie, Ekstase, etwas Unbeschreibliches.
- Sexualität
- Massiert werden.
- Mich mit einem Buch zusammenrollen.
- In einem Buchladen oder in einer Bibliothek herumstöbern.

Und so geht es weiter.

Ich bin sicher, dass du deine eigene Liste zusammenstellen kannst, wenn du deinen Geist schweifen lässt. Erstelle sie mit Freude und ziehe sie zurate, wenn dir danach zumute ist; wenn du dich langweilst, etwas knabbern möchtest, obwohl du weißt, dass du eigentlich gar nicht hungrig bist oder wenn alles ein wenig erdrückend wirkt und du dich entspannen und langsamer treten solltest.

Es ist sehr wichtig, dass man seine innere Energie gegebenenfalls zu ändern versteht. Oft genügt es bereits, etwas zu tun, bei dem man sich wohl fühlt, was sich fast augenblicklich auswirkt. Wenn ich an mir selbst arbeite, benutze ich alle Elemente – Feuer, Erde, Luft und Wasser – in irgendeiner Form, um meinen Raum zu reinigen und ein Heiligtum daraus zu gestalten. In den Kapiteln vier bis sieben werde ich ausführlicher darüber berichten, da jedes der vier ersten Chakras mit einem dieser Elemente in Zusammenhang steht.

Auf meinen Workshop-Reisen führe ich alle meine Klangschalen, Glocken, Gongs, Räucherwerk und dergleichen mit (zur Verblüffung des Flughafenpersonals), um die Energie dort, wo wir arbeiten, rein und fein zu erhalten, um Schmerzen zu vertreiben und die Heilung zu fördern.

Fragebogen

Nun bist du vorbereitet und kannst anfangen. Gönne dir noch ein wenig Zeit, um diesen Fragebogen zu vervollständigen. Es dauert nicht lange, aber vielleicht bist du überrascht, was du herausfindest:

CHECKLISTE

Chakra-Bücher	Kerzen
Zwei Hefte	Kristalle
Engelkarten	Stift
Tonbandgerät/CD-Spieler	Glas Wasser
Raum für deine geistige Arbeit	Was Freude bereitet

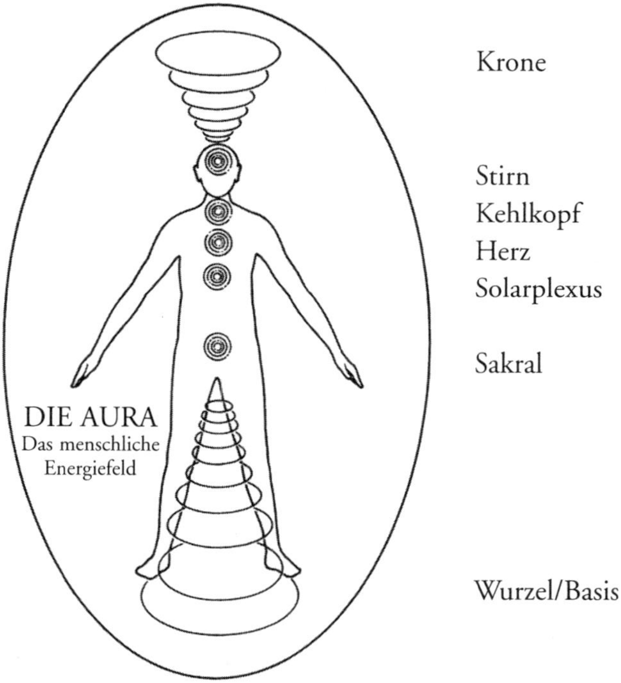

Abbildung 1: Das Chakra-System

Wurzel-Chakra

Fühlst du oder hast du jemals gefühlt, dass du eigentlich nirgendwo richtig hingehörst oder alleine bist, wo immer du auch hingehst?

Möchtest du am liebsten deinem Leben entfliehen, durch Alkohol, Drogen, außerkörperliche Erfahrungen oder Selbstmord?

Fühlst du dich in Bezug auf dein Leben zwiespältig und wünschst dir manchmal den Tod?

Enttäuscht dich dein Sexualleben, bist du impotent (abgesehen von physischen Krankheiten) oder erlebst keinen wirklichen Orgasmus?

Gab es zwischen der Empfängnis und dem Alter von drei bis fünf irgendeine seelische Erschütterung, einen Schmerz oder ein Problem?

Fühlst du dich unsicher und musst dieses Empfinden ausgleichen, indem du Sachen hortest, im Übermaß Dinge kaufst, die du gar nicht brauchst oder dich weigerst, dein Geld auszugeben?

Bist du energielos, fühlst dich oft schwach, müde oder krank?

Leidest du unter physischen Beschwerden in den Beinen oder Füßen oder unter Hämorrhoiden oder chronischer Verstopfung?

Falls du die meisten dieser Fragen bejahen kannst, magst du Schwierigkeiten mit deinem Wurzel-Chakra haben.

Sakral-Chakra

Hast du Schwierigkeiten mit deiner Sexualität oder mit dem Geben und Empfangen von sexueller Lust, manchmal verbunden mit dem Empfinden, gefühlskalt oder aggressiv zu sein?

Hast du Schwierigkeit, sanft berührt und liebkost zu werden?

Wie steht es um deinen Geschlechtstrieb, den Orgasmus oder die Erektion? Sind sie eher schwach?

Hast du das Empfinden, dass deine allgemeine Lebenskraft und deine Energie niedrig sind?

Lebst du dein sexuelles Verlangen manchmal in der Phantasie aus, anstatt eine wirkliche Beziehung einzugehen, oder hast du mehrere Partner, um dich nicht in einer Beziehung zu verpflichten?

Leidest du unter Nieren- oder Blasenbeschwerden und unter Wasseransammlungen?

Gab es im Alter von drei bis fünf oder im achten Lebensjahr eine seelische Erschütterung oder einen Kummer?

Hast du Schwierigkeiten mit deinem Geschmackssinn?

Falls du die meisten dieser Fragen bejahen kannst, könnte dein Sakral-Chakra wahrscheinlich der Behandlung bedürfen.

Solarplexus-Chakra

Leidest du unter Verdauungsproblemen wie Geschwüren, Sodbrennen oder wiederholten Magenverstimmungen?

Besitzt du eine hitzige, reizbare Natur?

Hast du Schwierigkeiten mit Autoritätspersonen, indem du dich klein und unbedeutend oder aggressiv und widerspenstig fühlst.

Empfindest du Ärger oder Wut, die hin und wieder ausbrechen (nach Alkoholgenuss), die du sonst aber nicht zulässt?

Hast du im Alter zwischen acht und zwölf Kummer und Schmerz erfahren?

Fühlst du dich manchmal machtlos oder so stark, dass es dich erschrickt?

Ist es dir schwer gefallen, trotz harter Arbeit dein Potential nicht zu verwirklichen?

Hast du Schwierigkeiten mit dem Willen – entweder er ist zu schwach und du schließt dich den Meinungen anderer an, anstatt deine eigene zu bilden; oder du bist zu willensstark und gehst deinen eigenen Weg, ohne zu berücksichtigen, wie sich deine Handlungen auf andere Leute auswirken?

Ein Ja auf die meisten dieser Fragen bedeutet, dass deine persönliche Macht, dein Glück und dein Wille durch eine Reinigung des Solarplexus-Chakras gefördert werden könnten.

Herz-Chakra

Fällt es dir schwer, zu lieben oder dich lieben zu lassen?

Bist du negativ und pessimistisch oder herrisch und rechthaberisch?

Beschäftigst du dich mit dem Leben anderer und fällt es dir schwer, zurückzutreten und andere ihre eigenen Fehler machen zu lassen?

Fühlst du dich überwiegend erschöpft, müde und ausgelaugt?

Hast du Probleme mit deinem Herzen, dem Blutdruck oder dem Blutkreislauf oder leidest du unter Asthma oder Atemwegsbeschwerden?

Bist du ungeduldig und intolerant oder so geduldig und tolerant, dass die Menschen dich ausnützen?

Hat es im Alter zwischen zwölf und fünfzehn oder sechzehn Kummer und Schmerz gegeben?

Fällt es dir schwer zu vergeben, Mitgefühl und Einfühlungsvermögen zu zeigen oder bist du so mitfühlend und einfühlsam, dass dich der Schmerz anderer nieder zieht?

Solltest du die Mehrzahl der Fragen bejahen, gibt es Schwierigkeiten mit dem Herz-Chakra. Obwohl bei den meisten Chakras eine Blockade ihre Funktionstüchtigkeit behindert, kann beim Herz-Chakra genau das Gegenteil der Fall sein; es ist zu offen und macht dich für alles, was um dich her vorgeht, anfällig.

Viele Heiler und Pfleger leiden an diesem Problem. Sie arbeiten sich kaputt. Die Chakras verschließen zu können, ist ebenso wichtig, wie sie frei und offen zu halten.

Kehlkopf-Chakra

Hast du Schwierigkeiten mit dem Hören oder Sprechen?

Hast du oft das Gefühl, missverstanden zu werden oder bist du dir bewusst, dass es dir schwer fällt, dich auszudrücken?

Hast du Schwierigkeiten gehabt, deinen wahren Weg, deinen Beruf oder deine Berufung zu finden?

Hast du Probleme mit der Schilddrüse, dem Kehlkopf, den Ohren oder dem Nacken gehabt?

Hat es im Alter von fünfzehn oder sechzehn bis zwanzig oder einundzwanzig Jahren Kummer und Leid gegeben?

Hast du das Gefühl, dass deine Kreativität blockiert ist oder du überhaupt nicht schöpferisch veranlagt bist?

Hast du Schwierigkeiten mit irgendeiner deiner rhythmischen Lebensfunktionen, dem Atemrhythmus, deinem Herzschlag, dem Menstruationszyklus, oder fällt es dir schwer, mit der Musik oder dem Tanzschritt im Takt zu bleiben?

Bereitet es dir Schwierigkeit, mit anderen zu kommunizieren und aufmerksam ihre Meinungen anzuhören?

Wenn du an deinem Kehlkopf-Chakra arbeitest, werden sich nicht nur deine Kommunikationsfähigkeit und Kreativität, sondern auch deine Berufung klären. Solltest du die meisten Fragen bejahen, gibt es Schwierigkeiten in diesem Bereich.

Stirn-Chakra

Leidest du unter Migräne oder Kopfschmerzen?

Bestehen Schwierigkeiten bei der Regulation innerer Vorgänge – hormoneller Art, Fieber, Stimmungen, Neigungen zu Gewalttätigkeiten?

Hast du Alpträume?

Vermagst du dir deine Zukunft nicht vorzustellen?

Fällt es dir schwer, Verständnis für deine eigenen Probleme und die anderer Menschen aufzubringen?

Fühlst du dich festgefahren und sehnst dich nach Befreiung und Freiheit?

Fühlst du dich schuldig, dass du trotz aller Dinge, die du besitzt, immer noch nicht glücklich bist?

Gab es im Alter von einundzwanzig bis sechsundzwanzig Jahren Kummer oder Schmerz?

Auf dieser Ebene liegt eher ein Entwicklungsmangel als eine Blockade vor, obwohl auch diese auftreten kann. Eine Bejahung der meisten dieser Fragen weist darauf hin, dass du an diesem Bereich arbeiten solltest. Die Aktivierung dieses Chakras kann Möglichkeiten eröffnen, von denen du bisher kaum geträumt hast. Beachte, dass sich dieses Chakra gewöhnlich in deinen Zwanzigern entwickelt, lasse dir also Zeit, wenn du jünger bist.

Kronen-Chakra

Fühlst du dich berufen zu heilen, Durchlassgefäß zu sein oder dich mit Mystik zu beschäftigen?

Möchtest du erleuchtet sein und die Einheit mit allen Dingen verspüren?

Überkommt dich, wenn auch nur für flüchtige Augenblicke, ein Gefühl der Glückseligkeit, der Ganzheit, der Euphorie, was aber nicht durch äußere Faktoren, wie Drogen oder Verliebtsein, hervorgerufen worden ist.

Möchtest du in die Geistige Welt blicken und alles Leben als eine wunderbare Lernmöglichkeit betrachten?

Erfüllt dich eine unendliche Liebe zu allen Dingen?

Verlangt dich nach einer unmittelbaren Verbindung zu Gott, dem Universum oder wie du die erhabene Macht nennen magst?

Vermagst du denjenigen, die dich verletzt oder missbraucht haben, Mitgefühl, Vergebung und sogar Dankbarkeit für die Lektion, die du gelernt hast, entgegenzubringen?

Kannst du das Leben mit Freude und unendlicher Liebe betrachten?

Wenn du die meisten Fragen mit Ja beantworten kannst, bist du auf dem Weg, in Harmonie und Ausgeglichenheit zu leben und viel von dem Schaden aufzuarbeiten, unter dem du gelitten hast, als du die in dieser Inkarnation anstehenden Lektionen lerntest. Doch dieser Zustand erfordert eine gewisse Verantwortung. Großzügig, aber nicht aufdringlich sollte man denen ein Vorbild sein, die sich bemühen. An diesem Punkt wird das Leben viel froher und einfacher, obwohl noch viele Lektionen auf dem Weg zu lernen sind.

Ich hoffe, deine Reise, die »Regenbogenreise« zu deinem wahren Selbst, wird erheiternd und voller Überraschungen verlaufen. Von Herzen wünsche ich dir einen guten Beginn.

EIN MITFÜHLENDES OHR

Es wäre gut, wenn du dich während deiner »Regenbogenreise« einem Ansprechpartner zuwenden könntest, falls du das Bedürfnis danach verspürst. Es wird Perioden geben, in denen du dich Dingen aus der Vergangenheit gegenüber siehst, die dir nicht gefallen oder an die du nicht erinnert werden möchtest. Denke dann aber daran, dass du sie schon überlebt hast. Nichts aus der Vergangenheit kann dich jetzt wirklich verletzen. Es ist vorbei. Was bleibt, sind die Gefühle, vor denen du dich verschließt. Wenn wirklich schmerzliche Erinnerungen in dir wach werden, dann solltest du nach einem mitfühlenden Therapeuten Ausschau halten. (Du wirst feststellen, dass der richtige Therapeut in dein Leben treten wird. Je stärker du dem Universum und dem, was es dir bietet, vertraust, desto besser wirst du jede sich bietende Gelegenheit erkennen.)

KAPITEL 3

Die Grundlagen der Spiritualität

Bevor wir mit der Arbeit beginnen, wollen wir einige Grundbegriffe und ihre Beziehung zueinander erklären. Vielleicht ist dies im Zusammenhang mit Spiritualität und Heilen ganz besonders wichtig, da diese Konzepte trotz ihrer weiten Verbreitung nur schwer zu beschreiben sind.

Was versteht man also unter Spiritualität? Jeder Mensch wird eine eigene Definition wählen; für mich bedeutet sie Folgendes.

Die Spiritualität gleicht einem Fluss, einem Fluss reinen, sprühenden Bewusstseins; einem Lichtstrom, der meine Verbindung zu Gott darstellt. Meine Verbindung zum gesamten Universum. Sie durchfließt mich und umgibt mich, ist ein Teil von mir, erfüllt auch den kleinsten Bereich in mir. Sie schenkt mir Ruhe und Frieden, Freude und Weisheit und eine unglaubliche Energie. Sie lässt mich in der Zeit verweilen und belebt doch alles aus einer anderen Dimension. Unter Veränderung des Zeitgefühls schenkt sie mir Klarheit und beschleunigt die Gedanken und Handlungen. Sie versorgt mich mit einem unaufhörlichen Ideenstrom, einem Wissen, das begleitet wird von einem strahlenden, erfrischenden Gefühl der Heiterkeit. So klar, so natürlich, so außergewöhnlich gewöhnlich.

Eine gewisse Anstrengung, Hingabe und Motivation meinerseits war nötig, um den Weg frei zu räumen und die Verbindung zu meiner Seele herzustellen, aber seither strömt die Energie leicht, fließend und wunderbar. Sie ist mein natürlicher Seinszustand, vollkommen und vollständig. Ich brauche nur zu bitten. Bitte und bereite dich vor. Alles Übrige ist einfach, wie das Öffnen eines Wasserhahns – das Wasser fließt. Zunächst spürt man ein sanftes Fließen, das dann manchmal so rasch wird, dass ich kaum Schritt halten kann. Bisweilen gibt es Momente, dann bewegt sich die Energie so langsam, dass ich annehmen könnte, sie wäre versiegt. Nur dieses Gefühl bleibt – Erregung, Heiterkeit, kristallene Klarheit und vollkommene Bewusstheit. Es ist fast so, als ob ich abseits stehen würde, während der Energiestrom hindurch rauscht. Unvermittelt ändert sich die Geschwindigkeit erneut. Manchmal möchte ich weinen, mein Atem scheint stehen zu bleiben – flache Atemzüge erhalten meinen Körper, und die Gottesenergie benutzt mich als Durchlassgefäß. Ich stehe daneben und betrachte dieses Wunder. Schaue auf dieses wunderbare Licht. Lausche dem Gedankenstrom und hoffe kindlich, dass dies alles nie enden möge. Empfinde Dankbarkeit. Wage mich kaum zu bewegen, denn es könnte aufhören, obwohl ich weiß, dass dies nicht der Fall ist. Ich empfinde solche Ehrfurcht.

In diesem wunderbaren Geschehen vereinen sich Leben, Licht, Strahlkraft und das Gefühl, jung zu sein, in vollkommener Harmonie. Eine sanfte, aber bestimmte Kraft, Weisheit und Inspiration strömt hindurch. Danach herrscht große Freude und tiefer Frieden. Manchmal möchte ich alleine und still sein. Ein andermal drängt mich das Bedürfnis, mich mitzuteilen oder die Liebe zu erden, die Heilkraft weiterzugeben. Dies geht einher mit dem Gefühl, geerdet, geheilt, ganz, froh und gesund zu sein. Dies ist die Erfahrung meiner Spiritualität.

Der Geist oder die Seele ist in unterschiedlicher Weise als der lebenswichtige Teil in uns definiert worden, dessen Substanz weder fühlbar noch sichtbar ist. Sie ist der unsterbliche Kern unseres Seins, unser höheres Selbst; oder der Aspekt in uns, der liebt, denkt und will. Ihm sind die Leistungen zuzuschreiben, die den allgemeinen Rahmen menschlicher Erfahrung übersteigen. Manche würden sagen, es handelt sich um den Aspekt Gottes in uns, der uns als Menschheit zusammenführt.

Die Seele hat kaum etwas mit Religion zu tun, obwohl jene, die unter Kummer und Schmerz leiden, sie gerade in der Religion suchen. Bedauerlicherweise trennt uns die Religion oft voneinander, wohingegen die Spiritualität immer vereint. Welche Worte du auch wählen magst, um dieses geistige Phänomen zu beschreiben, du kannst lernen, dir dieses Aspektes deiner selbst bewusst zu werden und beginnen, ihn als machtvolles Werkzeug zu nutzen, der recht erstaunliche Veränderungen in deinem Leben bewirken wird.

Unser Geist ist ewig; die menschliche Erfahrung aber nur zeitlich. Das Ganze lässt sich mit einer Perlenschnur vergleichen – der Geist ist der Faden und die Perlen sind die einzelnen Leben irdischen Daseins. Jedes scheint vollkommen zu sein, aber in Wirklichkeit sind es winzige Bestandteile der gesamten, immer währenden Lebensessenz. Nichts stirbt im eigentlichen Sinne. Wie die Bäume, die im Winter schlafen und im Frühling lebendig zu werden scheinen, dann blühen, welken und auf den nächsten Frühling warten, so besitzen auch wir unseren Zyklus. Zu unserem eigenen Wohl und dem unserer Mitmenschen können wir in diesen unendlichen Geist nun eintauchen.

Wir alle sind geistige Wesen, wenn im Augenblick auch menschlich. Unsere Spiritualität ist in unserem Alltag ständig gegenwärtig. Einige erkennen diesen Aspekt und nutzen ihn, andere sind noch nicht so weit. Das Ziel dieses Buches liegt darin, dir zu helfen, deinen Geist nicht nur zu erkennen, sondern ihn auch zu mobilisieren und ihn in jeden Lebensaspekt einfließen zu lassen, damit du geheilt, ganz und gesund wirst.

Heilkunst

Es gibt Stellen, an denen hat der Schutt der Vergangenheit unseren Fluss gestaut, zugeschüttet mit dem Strandgut des Lebens. Wir sollten sanft mit uns verfahren, wenn wir uns von den Trümmern ein wenig losreißen und von der Vergangenheit lösen wollen. Wir müssen uns vorsichtig von den Gefühlen, Verletzungen und der Bitterkeit befreien, die den natürlichen Fluss verstopfen und uns von der göttlichen und menschlichen Liebe, die uns nährt, abschneiden. Heilung bietet die Möglichkeit, sich zu befreien, das Gleichgewicht wieder zu finden und zur Ganzheit zurückzukehren.

Heilen ist eine Kunst, durch die alles, was ungesund, krank, beeinträchtigt oder unwohl ist, in seinen natürlichen Zustand der Gesundheit und des Wohlergehens zurückgeführt wird. Im Grunde genommen geht es um die Liebe. Egal welche Form sie annimmt, Heilung befähigt uns immer, indem sie unser Bewusstsein ermutigt, die Verantwortung für das Wohl des Ganzen zu übernehmen.

Studien zufolge spielt ungeachtet des Krankheitstyps die psychische Verfassung der Person eine äußerst wichtige Rolle bei dem Gesundungsprozess, und da unser psychischer Zustand von unserem geistigen Frieden abhängt, gehört zu einer körperlichen Genesung auch immer ein geistiger Prozess. Der Körper kann also nicht ohne ein geistig-seelisches Gleichgewicht heilen, und eine Heilung kann nicht ohne Liebe erfolgen.

Auch wenn sowohl im Alten und Neuen Testament als auch in anderen antiken und religiösen Schriften von Heilungen berichtet wird, gehören diese nicht nur der Vergangenheit an. Im einundzwanzigsten Jahrhundert finden immer noch überall auf der Welt täglich Heilungen statt – in Kirchen, Synagogen und anderen geweihten Orten, in Operationssälen, Beratungszimmern, am Straßenrand beim Unfallort und an zahlreichen anderen Stellen.

Die Mutter, die ihr krankes Baby hält und ihre Liebe in das Kind fließen lässt, trägt zu seiner Genesung bei, selbst wenn auch medizinische Hilfe vonnöten sein mag.

Es gibt Ärzte, die beten für ihre Patienten, und Chirurgen, die ein Gebet sprechen, bevor sie den Operationssaal betreten. Auf der ganzen Welt gibt es Menschen, die in ihrem eigenen Heim oder in ihrer Praxis ganz speziell als Heiler wirken. In jeder Kultur finden sich Schamanen, die um göttlichen Beistand für sich selbst und andere bitten. Im Grunde genommen heilt jeder, der die Liebe und das Vertrauen besitzt, eine Macht des Guten, die über ihm steht, um Hilfe anzurufen.

Was geschieht beim Heilen?

Heilung bedeutet die Übertragung von Energie aus einer göttlichen Quelle auf den Empfänger, wobei der Heiler einfach nur als Kanal wirkt. Abgesehen von der Gestaltung einer sicheren und liebevollen Atmosphäre und der Vorbereitung, ein möglichst vollkommenes Werkzeug zu sein, spielt der Heiler kaum eine wirkliche Rolle bei diesem Geschehen. Manchmal vergleiche ich diesen Vorgang mit der leeren Batterie eines Autos, das der Starthilfe bedarf. Der Heiler überträgt einen Energieimpuls, um den Patienten wieder ′in Gang′ zu bringen, dann aber muss dieser seinen Teil dazu beitragen, um die Maschine am Laufen zu halten.

Genauso wie die Elektrizität gemessen werden kann, vermag man die vom Heiler ausgehende Energie im Hinblick auf ihre elektromagnetischen, und elektrostatischen Eigenschaften aufzuzeichnen und mittels der Kirlian-Fotografie abzulichten. Der Heilungsvorgang ist gründlich erforscht und bewiesen worden. Die vierbändige Studie von Dr. Daniel Benor, mit dem Titel „Healing Research – Holistic Energy Medicine and Spirituality“, beschäftigt sich ausschließlich mit diesem Thema.

Der Heilungsvorgang kann stattfinden durch »Handauflegen«, durch Gebet, sachlich oder in einem religiösen Rahmen oder durch ein spontanes Gelübde, oder aber er kann durchgeführt werden, indem der Heiler Energie durch die Chakras fließen lässt, ohne den Patienten überhaupt zu berühren.

Der Grad der Heilung wird bestimmt von dem, was im Moment gerade richtig ist. Bei manchen mag ein plötzliches »Wunder« mit einem völligen Verschwinden der Krankheit eintreten, obwohl ein allmählicher Vorgang üblicher ist. Anderen wird einfach ein Gefühl des Friedens zuteil werden. Wenn jemand im Sterben liegt, wird der Heilungsvorgang nicht die Todesursache rückgängig machen, wohl aber allen Beteiligten, dem Sterbenden, der Familie und den Freunden ein Empfinden des Friedens und der Würde vermitteln, wenn die Person wieder in die geistige Welt hinübergeht.

Obwohl das Heilen immer noch von vielen verspottet und von noch mehr Leuten sogar abgelehnt wird, haben diejenigen, die sich dem Vorgang mit geistiger Offenheit (und auch viel Skepsis) genähert haben, wenn nicht seine Kraft, so doch seinen Frieden verspürt. Doch Vorsicht! Obwohl Wunder durchaus geschehen, hüte man sich vor jenen, die erklären, sie vollbringen zu können. Bedauerlicherweise gibt es viele, die eher aus Egoismus als von der Ebene ihres Geistes oder ihres Herzens aus behaupten, Wunder vollbringen zu können und die Notleidenden enttäuscht und ernüchtert zurücklassen. Wunder liegen in den Händen Gottes und nicht im Verstand oder unter der Herrschaft des Menschen. Wenn einem die Gunst erwiesen wird, als Werkzeug für einen so machtvollen Heilungsvorgang dienen zu dürfen, erfüllen den Heiler Demut und Erstaunen, nicht Stolz.

Fernheilung

In ihrem Buch »Lichtheilung« beschreibt Barbara Brennan, dass bereits im zwölften Jahrhundert Boirac und Liebeault von der Möglichkeit berichteten, selbst aus der Entfernung auf einen anderen Menschen einwirken zu können. Dieses Phänomen der Fernheilung setzen auch heute noch viele Heiler ein. Die meisten besitzen eine Liste von Leuten, die um Heilung baten und verbringen jeden Tag eine Zeit lang damit, liebende Heilenergie auf diese Menschen und die Unruheherde dieser Welt auszustrahlen.

Auch du kannst dich daran beteiligen. Vielleicht ist es am sinnvollsten, so liebevoll wie möglich den Gedanken auszusenden, dass diejenigen Bereiche, die Heilung benötigen, geheilt werden mögen. Einige Menschen, die sich dieser Heilungsvorstellung widersetzen, lehnen es ab, den Heilstrom aufzunehmen, was man unbedingt respektieren muss. Solchen Personen Heilkräfte zukommen zu lassen, käme einer Nötigung gleich, was vermieden werden sollte. Aus reinem Herzen und von der Ebene höchster Lauterkeit dem Planeten Liebe zu senden, in der Absicht, dass sie dort heilend wirken möge, wo es am meisten Not tut, ist etwas anderes. Dann wird die Heilkraft von einer höheren Weisheit gelenkt.

Doch hier geht es um Selbstheilung, und die Liebe und Energie, mit der wir andere heilen, können wir auch für uns selbst verwenden. Obwohl wir oft Hilfe von außen benötigen, sei es durch einen Arzt oder Heilpraktiker, durch Medikamente oder ambulante Hilfe, gibt es vieles, wodurch wir uns selbst zu heilen vermögen. Du hast es in der Hand. Du kannst lernen, dich zu öffnen, um Zugang zu deiner Spiritualität zu finden und deine innewohnende Kraft in Bewegung zu setzen, um dich selbst zu heilen. Vielen scheint diese angeborene Fähigkeit verloren gegangen zu sein, da sie die Verantwortung für ihr Wohlergehen Ärzten, Freunden, Beratern, der Kirche oder irgendjemandem überlassen, der sich bereit erklärt, sie zu übernehmen. Dadurch haben wir als Einzelpersonen, Familien, Gesellschaften, Gruppen, Nationen und als Planet die Harmonie und das Gleichgewicht verloren, die ursprünglich die allgemeine Ordnung des Universums bildeten. Zweifellos ist dies der Pfad gewesen, den wir beschreiten sollten, um zu lernen, dass wir zu den Grundlagen zurückkehren müssen: Liebe, Heilung, Lauterkeit, gegenseitige Unterstützung und Ehrlichkeit. Darin besitzen wir alles, was wir benötigen – und noch vieles mehr.

Ich meine damit nicht, die modernen Heilmethoden auszuschalten oder eine laufende Behandlung abzubrechen. Auch Schmerzmittel oder Medikamente zur Krankheitsbekämpfung, etwa bei Infektionen, haben ihren Stellenwert. Doch geistige Gaben und Eigenschaften sollten die moderne Medizin begleiten, will man bestmögliche Ergebnisse erzielen. In den meisten Fällen müssen die eigene Kraft und Verantwortung des »Patienten« genützt und eingesetzt werden.

Gewiss hat man in den letzten zwanzig Jahren versucht, den Medizinstudenten zu helfen, ihre Patienten mehr als Menschen und weniger als »Fälle« zu betrachten sowie Schritte unternommen, die Patienten darauf hinzuweisen, stärker für sich selbst zu sorgen. Dennoch beobachtet man immer wieder die Tendenz, im Menschen »die Gallenblase von Bett zehn« zu sehen und den Doktor als den Gott zu betrachten, der alles richten kann. Diese Tatsache kann man aber nicht nur dem medizinischen Beruf zur Last legen. Wie bereits erwähnt, gibt es oft den Wunsch von Seiten der kranken oder unglücklichen Person, jemanden anderen die Arbeit für einen selbst erledigen zu lassen. Wahre Heilung kann nicht in dieser Weise geschehen. Mein persönlicher Feldzug ist es gewesen, die orthodoxe Medizin mit dem Heilen und den ergänzenden Behandlungen zu verbinden. Nur feine, wahrhaft holistische Anschauung kann jeden von uns als ein vielfältiges Wesen ansprechen – auf physischer, emotionaler, mentaler und geistiger Ebene. Meiner Ansicht nach ist dies der einzig vernünftige Weg nach vorne. Der Versuch, auch weiterhin das Traditionelle vom Modernen, das Geistige vom Physischen zu trennen, bedeutet, die Zeiten zurückdrehen zu wollen.

Die richtige Zeit, der richtige Ort

Es spielt keine Rolle, wie sehr du versuchen magst, das wirkliche Problem zu vermeiden, den wahren Schmerz zu verbergen oder die Situation zu beherrschen, im Endeffekt wird eine Heilung immer stattfinden, wann und wo sie vonnöten ist.

Vor einigen Jahren suchte mich eine Frau mit Rückenproblemen auf. Sie konnte kaum gehen, als sie in mein Beratungszimmer kam und musste zur Couch geführt werden. Obwohl sich mir ein Bild von akutem Schmerz und einer Fehlfunktion bot, erkannte ich gleich zu Beginn unseres Gesprächs, dass ihr wirkliches Problem in ihrer Ehe und den Schwierigkeiten ihrer Kindheit lag, die sie veranlasst hatten, eine Beziehung gegenseitigen Missbrauchs einzugehen. Ich gab ihr zu verstehen, dass eine Schmerzbehandlung, die ich gerne vornahm, nicht ausreichte und sie einige psychotherapeutische Sitzungen benötigen würde, um herauszufinden, warum sie in einem solchen Umfeld lebte. Als sie das Zimmer verließ, konnte sie aufrecht stehen und war schmerzfrei. Sie ließ sich Termine für eine psychotherapeutische Behandlung geben, die sie aber niemals wahrnahm.

Fast zwei Jahre lange hörte ich nichts von ihr. Dann kehrte sie mit den gleichen akuten Rückenschmerzen zurück. Auch dieses Mal konnte sie kaum laufen. Wir sprachen über ihre momentane Lage und besonders über ihre Ehe, in der sich nichts geändert hatte. Diesmal zeigte sie sich zugänglicher für die psychologische Komponente. Als sie an diesem Tag, erneut befreit von physischen

Schmerzen, mein Zimmer verließ, vereinbarte sie eine Reihe von Terminen und begann mit der notwendigen Arbeit, um ihr Leben zu ändern. Eine Kombination aus Heilen und Psychotherapie führten zum Erfolg. Seit acht Jahren verspürt sie nun keine Rückenbeschwerden mehr, und sie und ihr Mann sind immer noch verheiratet, aber ohne sich gegenseitig grausam zu behandeln.

Ein großer Teil der Heilungsarbeit bestand darin, an den Energieblockaden zu arbeiten, die sie von den Jahren des Missbrauchs in ihrer Kindheit bis hin zu dem Zeitpunkt aufgebaut hatte, als sie sich schließlich bereit erklärte, die Verantwortung für ihr Wohlergehen selbst zu übernehmen. Sie hatte versucht, sie anderen, auch mir, zu übertragen. Sie hatte sich chirurgischen Eingriffen unterzogen, Schmerzmittel und die Unterstützung ihres Hausarztes in Anspruch genommen. Doch sie war unfähig, diese ausgezeichneten Hilfen zu nutzen, ohne die Energieblockaden, die zu dem physischen Stau geführt hatten, zu beseitigen. Schwere physische Schmerzen waren letztendlich die Folge davon, dass sie den Warnsignalen auf geistiger und emotionaler Ebene keine Beachtung geschenkt hatte.

Der Ätherkörper

Der menschliche Körper ist in der Hauptsache so grobstofflich, dass wir ihn sehen, riechen und fühlen können. Den Teil, den die meisten von uns nicht ohne weiteres wahrnehmen – die Aura und darin die Chakras – bezeichnet man als den Ätherkörper oder als die feinstofflichen Körper. Jedes Lebewesen strahlt ein Energiefeld aus. Das menschliche Energiefeld, die Aura, wird von wirbelnden Energieströmen belebt, die in den sich unaufhörlich bewegenden Chakras entstehen. Die Chakras sind für die Aura das, was die Strömungen für den Ozean bedeuten. Sie verwandeln sie in eine lebendige und machtvolle Kraft.

Über diesen erweiterten Bereich des Körpers fließt die Energie in die physische Ebene, erfüllt sie mit Lebenskraft und hält sie lebendig. Diese Energie spielt eine ebenso wesentliche Rolle in unserem Leben und unserem Wohlergehen wie Nahrung und Luft. Ohne diese Lebenskraft könnten wir nicht überleben. Wie sich der physische Körper aufgrund seines Zyklus von Zellneubildung und Zellverfall einem fortlaufenden Wandel unterzieht, befindet sich der ätherische Teil unseres Körpers in ständiger Bewegung. Er wirbelt um uns herum, transportiert Energie in und aus dem physischen Körper, erspürt, was um uns her vor sich geht und bildet den Speicher für die Gedankenformen und die Erinnerung.

Die Aura liefert uns wichtige Informationen, die die Lücke zwischen dem Physischen und dem Psychologischen, zwischen Biologie und Mystik, physischer Medizin und Psychotherapie füllt. In der Aura sind Gedanken und Emotionen nachprüfbar angesiedelt, denn deren Formen kann man tatsächlich sehen. Ihre Substanz erscheint schleim- oder rauchartig oder als aufblitzende Lichter.

Alles an dir kann beeinflusst werden, wenn du dein Energiesystem verbesserst; sei es deine Vitalität, dein Durchhaltevermögen, deine Hautbeschaffenheit oder der Glanz deiner Haare, die Art, in der du einen Sonnenuntergang wahrnimmst, einen Tag im Wald genießt oder deine Freude darüber, dass es jemandem gut geht. Du brauchst nur deine Chakras zu reinigen, auszugleichen und zu hegen und dich dadurch mit einer ruhigen und gesunden Aura umgeben.

Manche sehen ganz deutlich die Aura, die tatsächlich eine feinstoffliche Erweiterung unseres physischen Körpers darstellt. Sie besteht aus sieben Schichten von unterschiedlicher Dicke und Farbe, von denen eine jede mit einem der sieben Chakras in Verbindung steht und eine spezifische Funktion ausübt. Manchmal mag sich die Individualität der Schichten verlieren, da das Ganze in einer leuchtenden, schimmernden, sich ständig bewegenden Masse farbigen Lichtes verschmilzt.

Die Fähigkeit, die Aura zu sehen, beruht nur auf einer Ausdehnung des normalen Sehvermögens. Einigen Menschen fällt es sehr leicht und ist für sie ebenso normal, als wenn wir in das Gesicht eines Freundes blicken. Diejenigen, denen es gegeben ist, die feineren Energiefelder wahrzunehmen, sind nur empfindsamer für einen weiteren Schwingungsbereich als allgemein üblich. Wer die Aura nicht wahrzunehmen vermag, glaubt oft nicht daran und neigt dazu, andere, die sie sehen können, zu verspotten. Aus diesem Grunde ist oft die Entwicklung von Fähigkeiten unberücksichtigt geblieben, die einen wesentlichen Beitrag zum Verständnis des menschlichen Daseins leisten können. Folglich bewegen wir uns langsamer als nötig auf einen allgemeinen Zustand des Friedens und der Harmonie zu. Die meisten Kinder können die Aura und oft auch die einzelnen Chakras sehen, verlieren diese Fähigkeit aber meistens schon in jungen Jahren, wenn sie nicht gefördert wird. Ein Freundin erzählte mir ganz aufgeregt, dass ihr Kind eine Zeichnung aus dem Kindergarten mit heimgebracht hätte, die seine Mutter mit Bändern, die von ihren Haaren wehten, darstellte. Das Kind erklärte, dass dies Mamis »bunte Teilchen« waren und beschrieb genau die Aura, die es wahrnahm.

Die meisten von uns haben schon im Kindergartenalter vergessen, wer wir wirklich sind; unsere Fähigkeiten als uralte, weise Geister sind ebenfalls in Vergessenheit geraten. Obwohl diese im späteren Leben neu entdeckt werden können, wenn die entsprechende geistige Arbeit verrichtet wird, sind sie praktisch denjenigen verloren gegangen, die sie aus irgendeinem Grunde nicht ausüben wollen oder die sich durch die Tatsache bedroht fühlen, dass die anderen Kräfte zu besitzen scheinen, die ihnen fehlen.

Selbst wenn man über die Existenz der Aura streitet, muss man eingestehen, bei einigen Menschen ein gewisses Feld zu verspüren. Wer sich jemals in der Gegenwart von Mutter Teresa, Mother Meera oder einem anderen starken Heiler oder Mystiker aufgehalten hat, war sich einer durchaus fühlbaren Kraft bewusst, die diese Personen umgab. Ihre kraftvolle und hoch entwickelte Aura lässt sich nicht leicht übersehen.

Das gleiche Phänomen umgibt jeden von uns. Um aber eine solche Strahlkraft zu erreichen, müssen wir an den Blockaden und dem psychischen und emotionalen Schutt arbeiten, die unseren Energiefluss gestaut und uns an der Erfüllung unseres Potentials gehindert haben.

Andererseits magst du bisweilen jemandem begegnet sein, der eine recht unruhige Aura besitzt, was ebenso fühlbar sein kann wie eine klare, leuchtende Ausstrahlung. Wie ein hoch entwickelter Mensch mit seiner Heilungsenergie zu heilen vermag, können jene, die Unruhe ausstrahlen, andere ebenfalls unwissentlich beeinflussen. Wir müssen unbedingt lernen, uns zu schützen, und bevor wir beginnen, an unserer Aura zu arbeiten, gilt es, einige Schutzübungen zu beachten.

Ich kann nicht nachhaltig genug betonen, wie wichtig es ist, unsere eigene Energie vor der Ansteckung durch andere zu schützen, auch um sich nicht von solchen Leuten aussaugen zu lassen, die sich in ihrer Verzweiflung von der Energie gesünderer Seelen ernähren. Trotz der Tatsache, dass ich mir der Gefahren wohl bewusst bin, wenn ich mich nicht schütze, hat es Fälle gegeben, in denen ich diesen Aspekt meiner Arbeit nicht respektiert und zugelassen habe, durch die Energie verletzt zu werden, die während der Arbeit mit meinen Patienten aufstieg, die ohne eigenes Verschulden in ungesunde Praktiken verwickelt waren.

Es ist recht arrogant, anzunehmen, man sei stark genug, um solchen negativen Kräften zu widerstehen oder sie zu überwinden. Die Kraft der Liebe und des Guten zeigt sich der Macht des Bösen immer überlegen, aber man sollte einen gesunden Respekt vor beiden besitzen. Es wäre töricht, mitten auf eine verkehrsreiche Straße zu laufen und zu glauben, Gott werde einen schon beschützen. Ebenso unklug ist es, angesichts möglicher Gefahren, nicht die entsprechenden Vorsichtsmaßnahmen zu ergreifen.

Als Heilerin und Psychiaterin bleibt es mir nicht erspart, mit sehr viel Schmerz umgehen zu müssen. Ohne die Übung für meinen Schutz würde ich ausbrennen und keinem nützen.

Es gibt nichts in diesem Buch, das dir in irgendeiner Weise schaden könnte, aber es mag Menschen in deinem Umfeld geben, die viel gelitten haben und die in ihrer Aura nicht nur die emotionalen und geistigen Narben ihres Leidens mit sich schleppen, sondern auch eine Negativität, auf die du verzichten kannst. Unser Ziel besteht darin, uns zu befreien, um gesund und glücklich zu sein und dann Liebe und Heilungsenergie in die Welt fließen zu lassen, nicht aber um irgendetwas Ungesundes von irgendwoher aufzufangen. In ihrer Einfalt und in ihrem Übereifer zu helfen, nehmen Neulinge in der geistigen Arbeit Schmerz und Schaden auf und geben sie an andere weiter.

Die Lebensenergie

Die für unser Dasein und unser Wohlbefinden so wichtige Lebenskraft oder Energie trägt in den meisten Kulturen ihren eigenen Namen. Sei es das *Chi* der chinesischen oder das *Prâna* der indischen Lehren, die angesprochene Energie ist dieselbe. Diese Kraft bildet die Grundlage des Lebens und wird in der Aura sichtbar.

Die physische Nahrung erhält das Leben des physischen Körpers, die geistige Energie aber nährt und erhebt uns über die bloße physische Form hinaus. Es ist diese Energie – diese geistige Energie – auf der sich unsere höheren Gefühle gründen: Klarheit, Mut, Güte, Liebe, Loyalität und Vertrauen, sie sind es, die uns manchmal zu mehr befähigen als unser physischer Körper überhaupt leisten könnte. Sie sind die Essenz unserer Seele.

Vielleicht hast du hin und wieder bemerkt, dass dich jemand anschaut, obwohl du ihn nicht direkt sehen kannst. Oder jemand ist so nahe neben dir gestanden, dass du dich geradezu überfallen fühltest. Vielleicht ist dir jemand gegen deinen Willen ein bisschen zu nahe gekommen und du bist unwillkürlich zurückgetreten. Deine Aura und besonders deine Chakras wirken wie ein vorzeitiges Warnsystem und beschützen den Bereich deines persönlichen Raums. Dieser »Raum« ist deine von Energie erfüllte Aura, die dich eiförmig umgibt. Du bist eng mit ihr verbunden und sie wirkt sich auf jeden Gedanken, jedes Wort und Gefühl sowie auf deine Erinnerung aus und wird ihrerseits durch sie beeinflusst.

Sie ist wirklich ein Teil von dir. Sie ist ein Teil deines Körpers, eine Erweiterung deiner selbst. Es besteht eine so starke Verbindung, dass im Falle einer Amputation die Aura dieses abgetrennten Glieds bestehen bleibt; man spricht auch von einem so genannten Phantomglied. Der einzige Unterschied zwischen deiner Aura und dem, was du gewöhnlich für deinen Körper hältst, zeigt sich darin, dass die Aura aus reiner, dem Auge normalerweise unsichtbare Energie besteht. Sie ist nicht stofflich genug, um sie im üblichen Sinne berühren zu können, und sie vermittelt uns auch keinerlei physische Empfindungen. Du verspürst keinen Schmerz, wenn deine Aura die scharfe Kante deines Schreibtischs berührt, wohl aber wenn dein physischer Körper dagegen rennt. Das macht sie aber nicht weniger wirklich. Weder der Wind noch die Elektrizität oder die Radiowellen sind für das menschliche Auge sichtbar, dennoch würde sie heutzutage kaum jemand leugnen.

Auch eine Beschädigung der Aura kann wahrgenommen werden. Kokain kann Löcher hineinbohren und die hindurch fließende Energie großen Schaden auf allen Ebenen – physisch, emotional, mental und geistig – anrichten. Das geschieht oft durch den Gebrauch von illegalen Drogen in schmutziger Umgebung und ungesunder Atmosphäre, in der Gesellschaft anderer kranker Leute. Kein Wunder, dass sich gestörte Verhaltensmuster entwickeln, die lange Zeit erhalten bleiben, oft sogar noch Jahre, nachdem keine Drogen mehr genommen wurden. Ohne die entsprechende sorgfältige Reinigung der Chakras und einer Heilung der Aura werden sich einige Leute niemals richtig erholen und sich weiterhin mit einer Reihe von Problemen herumschlagen, die auf den ersten Blick nichts mit dem vergangenen Drogenmissbrauch zu tun haben. Hinzu kommt, dass einige Therapien die tatsächlich zugrunde liegenden Probleme (auch die geistigen) niemals wirklich ansprechen. Daher verwundert es wohl kaum, wenn viele immer wieder nach der Droge ihrer Wahl greifen, um daraus einen mageren Trost in der ansonsten scheinbar so feindlichen Umwelt zu schöpfen.

Die Chakras

Das Wort *Chakra* stammt aus dem Sanskrit und bedeutet Rad. Es bezieht sich auf die vielen Energiewirbel, die nicht nur die Aura, sondern auch den physischen Körper durchdringen. Es gibt sieben Haupt-, einundzwanzig kleinere und zahlreiche weniger bedeutende Chakras. Von den kleineren werden hauptsächlich die Energiezentren der Handflächen und Fußsohlen benötigt.

Die meisten Menschen fühlen die Chakras eher, als dass sie diese sehen. Am besten hält man die Hand einige Zentimeter vom Körper entfernt über der jeweiligen Stelle. Die Kleidung bildet kein Hindernis für die Energie, weshalb man sie bei einem Heilungsvorgang nur höchst selten zu entfernen braucht.

Hältst du die Handflächen im Abstand von etwa zwanzig Zentimetern gegeneinander und bewegst sie langsam und vorsichtig auf einander zu, kannst du eine leichte Veränderung feststellen, wenn die Aura der einen Hand auf die der anderen trifft. Es gleicht einem weichen Kissen. Spiele ein wenig mit dieser neuen Erkenntnis und lerne etwas mehr über dich selbst. Die Chakras sind so empfindsam, dass sie nicht nur die Energie anderer Menschen spüren, sondern auch die Energie, die an manchen Orten hängt. Wir haben bereits darüber gesprochen, dass du dich in Gegenwart bestimmter Leute wohl fühlst, während andere dich auslaugen. Das kann dir sogar mit jemandem widerfahren, dem du nie zuvor begegnet bist. Du sitzt in einem Zimmer mit ihm und fühlst dich plötzlich völlig ruhig. Aber es kann auch umgekehrt sein. Du hältst dich nur wenige Minuten in der Nähe eines Menschen auf und fühlst dich unwohl, sogar krank, obwohl es keinen ersichtlichen Grund dafür zu geben scheint. Wir alle bedienen uns verschiedener energetischer Techniken, um uns zu schützen, andere zu manipulieren und unsere Verletzbarkeit zu verbergen, obwohl wir uns dessen oft nicht bewusst sind.

Wir können zwar lernen, uns gegen von außen kommende Einflüsse bis zu einem gewissen Grad zu schützen, doch wir müssen ein gesundes System aufbauen, das uns auf allen Ebenen flexibel hält – physisch, emotional, mental und geistig.

Um dies zu erreichen, werde ich in jedem Kapitel ein Chakra ansprechen und auf seine Funktionen, Eigenschaften und Probleme eingehen, die entstehen, wenn es »blockiert« ist. Die Übungen und Meditationen zur Beseitigung solcher Blockaden fördern geistiges Wachstum. Schließlich wird dein gesamtes System gesünder und anpassungsfähiger werden.

Vergleichbar mit einigen Leuten, die trotz eines gestauten Verdauungssystems, aufgrund dessen sie sich müde und träge und nicht in Hochform fühlen, überleben, überlebt auch die Mehrheit von uns trotz unruhiger und gestörter Chakras, obwohl eine gesunde Wirkungsweise unseres Chakra-Systems für unser Wohlbefinden unerlässlich ist. Doch ein verminderter Energiefluss gibt uns niemals dieses sprühende und fröhliche Gefühl.

Das Chakra System

Auf die genaue Lage der einzelnen Chakras wird in dem jeweiligen Kapitel eingegangen werden. An dieser Stelle sollten wir dennoch einen Blick auf das System als Ganzes werfen. Die Chakras gleichen wirbelnden Lichträdern. Sind sie gesund, drehen sie sich im Uhrzeigersinn und ziehen Energie aus dem universellen Energiefeld herein und beleben unser gesamtes Sein. Da sie sich unterschiedlich schnell drehen, strahlt jedes eine andere Lichtfrequenz aus, die man als unterschiedliche Farbe wahrnimmt. Das unterste oder Basis-(Wurzel-) Chakra ist rot; die anderen tragen die übrigen Farben des Spektrums – orange, gelb, grün, blau, indigo oder purpur und schließlich weiß.

Jedes der Hauptchakras steht in Verbindung mit einer der sieben Aura-Schichten. Das erste Chakra ist mit der dem physischen Körper am nächsten gelegenen Schicht verknüpft; das zweite mit der darauf folgenden und so fort. Obwohl theoretisch jede Schicht die Farbe des dazugehörigen Chakras annimmt, trifft dies in Wirklichkeit nur selten zu. Die Aura erscheint häufig nur einfarbig – oft gelb. Im Allgemeinen weist sie verdichtete Farbbereiche auf, in denen die einzelnen Schichten mit einander verschmolzen zu sein scheinen. Manchmal werden diese durch andere Elemente, wie alte Emotions- oder Gedankenformen, verdunkelt. Ungelöste Emotionen, wie nicht zum Ausdruck gebrachter Ärger, verbleiben oft jahrelang in der Aura.

Obwohl man die Chakras immer von der Basis an aufwärts zählt, haben verschiedene Schulen den einzelnen Zentren unterschiedliche Namen gegeben, was verwirrend wirken kann. Einige leiten die Bezeichnung von der Lage, andere von der Funktion der einzelnen Chakras ab. In diesem Buch werden wir folgende Bezeichnungen verwenden:

Chakra 1 – Basis- oder Wurzel-Chakra

Dieses Chakra liegt an der Wirbelsäulenbasis zwischen dem Steißbein und den Beckenknochen. Seine Farbe ist rot. Seine Hauptfunktion besteht darin, uns in der physischen Welt zu festigen und uns lebendig zu halten. Es steht mit dem physischen Empfinden in Verbindung. Dementsprechend ist auch die erste Schicht der Aura mit dem Irdischen verknüpft.

Chakra 2 – Sakral-Chakra

Dieses Chakra liegt auf der Mittellinie unterhalb des Nabels. Seine Farbe ist Orange und seine Hauptfunktion dient der Fortpflanzung und der Sexualität. Die zweite Aura-Schicht ist ebenfalls mit den Emotionen verbunden.

Chakra 3 – Solarplexus-Chakra

Das Sonnengeflecht liegt entweder in der Mittellinie oder leicht nach links über dem Magen. Seine Farbe ist gelb. An dieser Stelle bildet sich unsere Meinung. Hier liegt das Zentrum der Macht, der Stärke und des Willens. Die dritte Aura-Schicht steht in Zusammenhang mit den Mentalfunktionen.

Chakra 4 – Herz-Chakra

Manchmal bezeichnet man dieses Chakra als das Übergangszentrum, da die drei niederen Zentren sich auf das Physische und Emotionale beziehen und wir uns nun auf das Geistige hin bewegen. Das Herz bildet eine Brücke zwischen den beiden Reichen und ist das Zentrum der Liebe. Hier sind auch die Gefühle angesiedelt. Seine Farbe ist Smaragdgrün und seine Schicht die Astralebene.

Chakra 5 – Kehlkopf-Chakra

Wie der Name schon sagt, liegt dieses Chakra im Kehlkopfbereich und gehört zur göttlichen Ebene. Ein voll entfaltetes Zentrum lässt uns mutig die Wahrheit sprechen, zuhören und nicht urteilen. Hier sind unser Charakter und unsere Berufung angesiedelt. Seine Farbe ist blau oder türkis. Die fünfte Schicht ist der Ätherkörper.

Chakra 6 – Stirn-Chakra
(manchmal irrtümlicherweise als drittes Auge bezeichnet)

Dieses Zentrum führt uns in himmlische Bereiche und zu jener Liebe, die jenseits der menschlichen liegt. Es ist der Sitz klaren Schauens im geistigen Sinne. Die mit diesem Chakra in Verbindung stehende Schicht ist der himmlische Körper. Seine Farbe ist purpur oder tiefblau.

Chakra 7 – Kronen-Chakra

Das auf dem Scheitel liegende Kronen-Chakra gewährt uns Zugang zu den göttlichen, den geistigen Welten. Über dieses Zentrum können wir geistige Energie für uns selbst einholen, aber auch um andere zu heilen. Hier ist das Wissen angesiedelt – ein Wissen ohne intellektuelle Begründung. Das Physische, Emotionale, Intellektuelle und Geistige sind in diesem Chakra als Ganzes integriert.

Die kleineren Chakras:

- An der Vorderseite der Ohren
- Über jeder Brust
- In jeder Handfläche
- Auf jeder Fußsohle
- Hinter jedem Auge
- Über den Eierstöcken und Hoden
- In den Kniekehlen

Es gibt auch Energiezentren, die mit dem Magen und der Thymusdrüse in Verbindung stehen, eines unterhalb des Kehlkopf-Chakras, über dem Brustbein (Sternum) zwischen den beiden Schlüsselbeinen, am Solarplexus und zwei an der Milz. Die weniger bedeutenden Chakras findet man im Allgemeinen an den Gelenkseiten, die gewöhnlich mit den Akupunkturpunkten übereinstimmen.

Die Hauptchakras – Sakral, Solarplexus, Herz, Kehlkopf und Brauen – können auf der Vorder- und Rückseite des Körpers wahrgenommen werden, wenn auch geringfügig höher gelegen im Rücken. Sie sind zentral mit dem Rückgrat verbunden, und im Idealfall sollte die Energie von vorne nach hinten und umgekehrt frei fließen. Krone und Basis bilden eine senkrechte Achse, die durch die Mitte aller anderen Chakras läuft. Sie kann über dem Kopf gefühlt werden und bildet einen Energietrichter, der sich von der Wirbelsäulenbasis aus zwischen den Beinen zur Erde erstreckt.

Die Energie fließt in beide Richtungen. Das Wurzel-Chakra nimmt Energie aus der Erde auf und ermöglicht es auch, geistige Energie zu erden, wie ein Blitzableiter die Elektrizität erdet. Es sorgt für unsere Standfestigkeit. Unterdessen nimmt das Kronen-Chakra Energie von oben auf und bildet unseren unmittelbaren Zugang zu höheren geistigen Energien. Der Kanal, in dem die

Energie zwischen Krone und Wurzel fließt, wird manchmal als vertikaler oder zentraler Kraftstrom oder Kanal bezeichnet. Diese innige Verbindung und Wechselbeziehung machen es unmöglich, die Chakras isoliert zu betrachten, wenn wir über ihre Wirkung auf unser Dasein als Mensch sprechen.

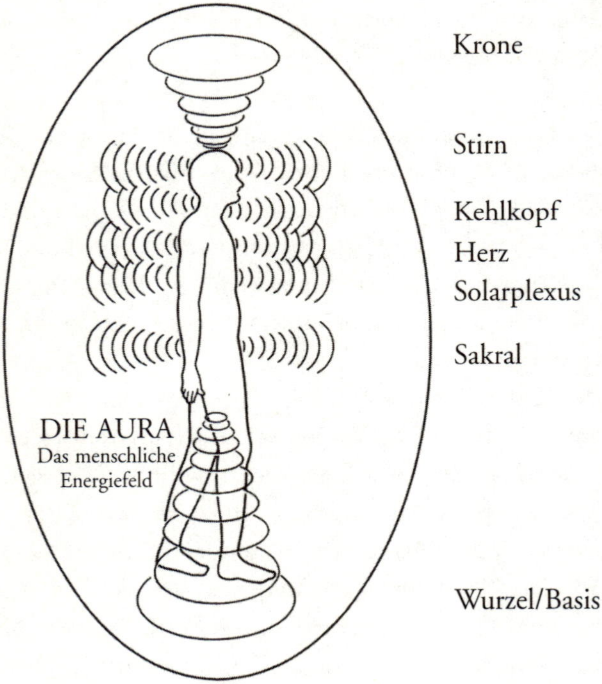

Abbildung 2

Energieblockaden

Obwohl man im Allgemeinen von einer Blockade spricht, wenn ein Chakra nicht richtig funktioniert, beinhaltet dieser Begriff eine Vielzahl von Schwierigkeiten. Das Chakra mag sich zu langsam, in der falschen Richtung oder fast überhaupt nicht drehen, aus dem Gleichgewicht geraten oder tatsächlich beschädigt sein. Vielleicht ist es zu aktiv und spröde, sodass es sich nicht leicht deinem Willen entsprechend öffnen und schließen lässt.

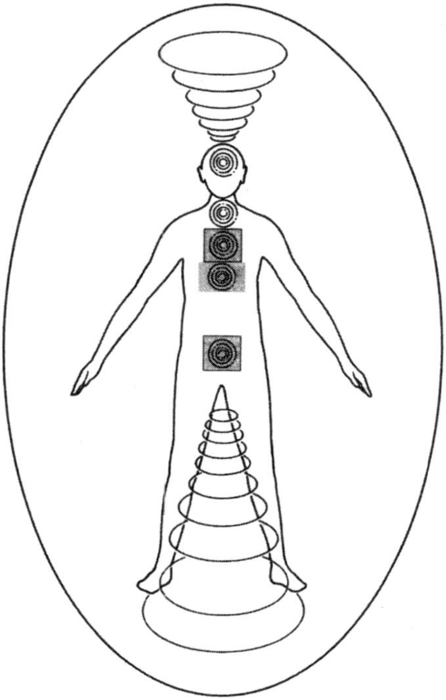

Abbildung 3: Hier liegt die Hauptblockade im Solarplexus. Bitterkeit, Ärger und Schmerz hindern die Energie daran, frei zu fließen und verursachen die Entwicklung weiterer Blockaden an anderen Stellen. Das Herz ist unfähig, wirklich zu lieben; und der Sakralbereich kann eine sexuelle Befreiung nicht vollkommen genießen. Die Kreativität und das Gesamtpotential sind eingeschränkt, ebenso offene Kommunikation, Vision und Bewusstheit.

Wenn ein Chakra »offen« ist (obgleich es sich niemals völlig schließt), bleibt einem keine andere Wahl, als sich mit der Energie und dem damit in Zusammenhang stehenden psychischen Material, das hindurch strömt, auseinander zu setzen. Es trifft zwar in gewisser Weise zu, dass wir umso gesünder sind, je stärker der Energiestrom fließt, aber ein Teil dieser Energie kann psychische oder emotionale Schmerzen hervorrufen. Vor allem aus diesem Grunde schließen oder »blockieren« wir unsere Chakras.

Diese Blockaden sind nicht zufällig da. Du baust sie auf, um dich vor etwas zu schützen, das du zu diesem Zeitpunkt nicht zu verarbeiten imstande bist. Die meisten erübrigen sich aber bald und verhindern nur weiteres Wachstum.

Sie auszuräumen, gleicht einem Frühjahrsputz. Wir betrachten die Dinge, die wir angehäuft haben, und werfen einiges davon hinaus. Dabei mögen wir auf etwas sehr Schönes stoßen und es wieder ans Licht ziehen wollen. Doch zuerst müssen wir es abstauben und polieren. Ähnlich verhält es sich mit der Reinigung unserer Chakras.

Die Ursache spielt keine Rolle, jede Störung beeinflusst den gesamten Energiefluss. Da alle Chakras eng miteinander verbunden sind, wird ein blockiertes Zentrum alle anderen in ihrer Wirkungsweise beeinträchtigen und physisches, emotionales und/oder geistiges Unbehagen hervorrufen.

Man könnte es mit einer Blockade in der Beinvene vergleichen. Unterhalb der Verstopfung ist die Blutzirkulation behindert. Obwohl der Körper sich anscheinend erfolgreich anderer Kanäle bedient, um diesen Zustand auszugleichen, wird das Problem schließlich so ernsthaft, dass es nicht länger unbeachtet bleiben kann und für Abhilfe gesorgt werden muss.

Wenn beispielsweise mein zweites Chakra blockiert ist, fließt nicht genügend Energie zum dritten, vierten, fünften, sechsten oder siebten Zentrum. Obwohl jedes eigenständig arbeitet, hängt eine optimale Wirksamkeit von ihrer Verbundenheit ab.

Jedes der Hauptchakras steht in Zusammenhang mit einer Hauptdrüse des endokrinen Systems, weshalb eine Funktionsstörung weitreichende Folgen besitzt. Da das Kehlkopf-Chakra mit der Schilddrüse verknüpft ist, die ihrerseits unter anderem Wachstum, Bewegung und Temperaturregelung beeinflusst, könnte es sich auf alle diese Funktionen nachteilig auswirken, wenn das fünfte Chakra in seiner Arbeit behindert oder sogar funktionsuntüchtig wird.

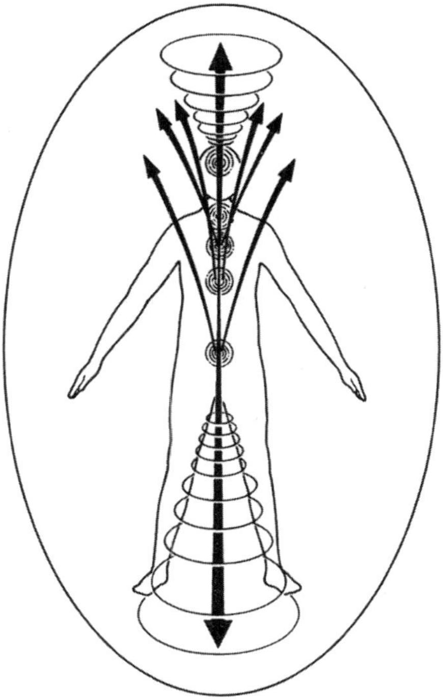

Abbildung 4: Eine Lösung von altem Schmerz im Solarplexus macht eine rasche Befreiung der übrigen Chakras und dadurch eine Energiezunahme auf allen Ebenen möglich.

Blockadearten

Verschiedene Arten von Energieblockaden, die mit psychischen Abwehrmechanismen in Zusammenhang stehen, dienen unterschiedlichen Funktionen. Wir entwickeln sie, um uns vor etwas zu schützen, das wir im gegebenen Augenblick nicht bewältigen können. Dazu gehören:

- Die Unterdrückung von Gefühlen, was gewöhnlich zu Depressionen und Verzweiflung führt. Meistens ist das Herz-Chakra betroffen.
- Die Zusammendrängung von Zorn, der als potentiell zerstörerisch betrachtet wird, falls er ausbricht, vorwiegend im Solarplexus-Chakra.
- Das Einfrieren von Gefühlen, was oft zu starker Spannung und einem Bedürfnis führt, sich gegen jeden weiteren möglichen Angriff zu wehren. Meistens im Herz-Chakra.
- Erschöpfung und Verzicht auf Macht, was die Person hilflos und sehr unterstützungsbedürftig erscheinen lässt. Folglich schützt sie sich davor, persönliche Verantwortlichkeit und Verantwortung zu übernehmen. Betroffen ist entweder das Solarplexus-Chakra und/oder das Sakral-Chakra.
- Ablehnung, die gewöhnlich der Angst entspringt. In diesem Fall wird die Person sich oft so verhalten, als sei alles in Ordnung, während darunter ein solches Chaos herrscht, dass eine Konfrontation unbedingt vermieden werden muss, um einen möglichen Zusammenbruch zu vermeiden. Diesen Zustand kann jedes blockierte Chakra verursachen.

Viele Leute benutzen eine Kombination dieser Blockaden und bewegen sich, je nach den Umständen, in denen sie sich gerade befinden, von einer zur anderen. Wir alle bedienen uns von Zeit zu Zeit solcher Blockaden, um den Energiefluss zu regeln, was von den Gegebenheiten abhängt, mit denen wir uns auseinander setzen müssen. Manchmal können sie sich als sehr nützlich erweisen.

Bei der Beratung rücke ich oft in meinem Sessel hin und her, bewege meine Hände, überkreuze meine Beine, lege einen Arm über meine Brust oder berühre meine Stirn, indem ich meine Energie bewege und den Strom so schütze und reguliere, wie ich es als nötig empfinde. Einige Leute verhalten sich ganz unbewusst in dieser Weise, was auch als Körpersprache bezeichnet wird. Manchmal aber werden die Blockaden schlimmstenfalls zu dauerhaften Einrichtungen oder bestenfalls zu Angewohnheiten, um den Energiefluss einzudämmen und gewissen Aspekten seiner selbst auszuweichen. Mit der Zeit lässt sich alles klären und heilen, wenn du es wirklich willst. Niemand hat das Recht, irgendwelche bestehenden Blockaden zu beseitigen oder den Versuch zu unternehmen, sie unbrauchbar zu machen, wenn du es nicht willst.

Der Besuch beim Therapeuten bedeutet die Einladung, er möge alles Nötige unternehmen, um zu deiner Gesundung beizutragen. Oft jedoch sehe ich mich den Folgen stümperhafter Behandlung oder unzulänglicher Heilungsversuche gegenüber. Du selbst trägst die Verantwortung. Obwohl es sich bei der Therapie oft um einen schmerzlichen Prozess handelt, müssen wesentliche Dinge besprochen werden, gegen die du dich anfänglich wehren magst. Wenn dir tief in deinem Innern etwas sagt, dass nicht alles in Ordnung ist, beachte diese Stimme und besprich es schließlich doch mit deinem Therapeuten.

Deine Arbeit

Die Arbeit, die du anhand dieses Buches an dir selbst durchführen wirst, gestaltet sich sanft und zart. Wunderbare Einsichten werden dich von Zeit zu Zeit rasch weiter bringen, immer aber wirst du das Tempo bestimmen.

Sei jedoch nicht überrascht, wenn sich der Fortschritt schnell einstellt. Das Aussehen der Aura kann sich im Laufe der Arbeit unvermittelt ändern und die Klarheit und Umdrehungsgeschwindigkeit der Chakras mögen sich innerhalb einer einzigen Heilungssitzung einem gewaltigen Wandel unterziehen. Vielleicht fällt es dir aber schwer, diesen neuen, kräftigen Energiestrom lange aufrecht zu erhalten und du aktivierst die Blockade bald wieder. Sei nicht entmutigt. Es ist durchaus normal, dass die Entwicklung in Etappen verlaufen muss, bis sich eine neue Seinsweise aufgebaut hat. Ein verhungertes Kind kann auch nicht mit einem Mal eine reichhaltige Milchportion vertragen. So mag ein ausgehungertes Energiesystem unfähig sein, mit einem plötzlichen Energieansturm fertig zu werden.

Zu den Fehlern manches unerfahrenen, aber starken Heilers gehört es, dass diese Tatsache übersehen wird. Der heftige Stoß durch die Blockaden lässt den emotionalen und psychischen Stoff, der den Block verursacht hat, plötzlich ins Bewusstsein einbrechen, was zu einer Heilungskrise führen kann, die ein unerfahrener Heiler kaum zu meistern weiß. Ich empfehle daher den sanften Weg, damit alles Unterdrückte in machbarer Weise aufgearbeitet werden kann.

Schutz-Übungen

Einige mögen die Ansicht vertreten, man solle sich niemals schützen, da darin das Zugeständnis liegt, dass es etwas zu fürchten gibt. Ich stimme dem nicht zu. Ich denke, wir tragen die Verantwortung, unsere Energie so rein wie möglich zu halten und für sie wie für alles Wertvolle zu sorgen.

Es ist wunderbar, sich in einer energetisch reinen Umgebung aufzuhalten und mit Menschen zu verkehren, die uns lieben und mit positiver Energie umhüllen, so dass wir offen bleiben können. Für manche Leute gehört das zu den Seltenheiten. Doch wenn wir gelernt haben, Schmerz wiederaufzubereiten und ihn zu neutralisieren oder die Engel zu bitten, ihn zu zerstreuen, dann vermögen wir ungemein mehr Gutes zu tun, indem wir offen bleiben und die Energien reinigen, wo immer wir auch sind. Die Menschen in unserer Nähe werden den Unterschied bemerken und positiv auf unsere Anwesenheit reagieren.

Bis du aber diese Stufe erreicht hast, denke daran, dass du nur allzu leicht psychischen Plunder von anderen Leuten aufnimmst, wenn du zu weit geöffnet und ungeschützt bist. Wir müssen unserer Arbeit einen gesunden Respekt entgegenbringen sowie der Tatsache, dass viele Menschen, die noch in ihrem Schmerz verharren, besonders emotionalem Schmerz, eine schwere Last negativer Energie mit sich herum schleppen. Besonders Ärger fängt man schnell auf. Man sollte Ärger vielleicht als einen Eisberg betrachten – der größte Teil ist untergetaucht, aber der Rest ragt nach außen. Wenn jemand in deiner Umgebung Drogen, wie Heroin, Kokain oder Amphetamine, nimmt, entsteht oft ein Schaden in der Aura, der negative Energien leicht darin festsitzen lässt. Es wird beiden Seiten nichts nützen, wenn wir sie übernehmen.

In jedem Fall sollte man es sich angewöhnen, sich zu schützen. Das bedeutet, sich mit einem Schild positiver Energie zu umgeben, so dass nichts Negatives in unseren Bereich eindringen kann. Der Therapeut sollte auch den Patienten schützen. Manchmal heißt das auch, die Chakras zu schließen, während wir uns mit einer Energie umhüllen, die niemand zu durchdringen vermag. Es gibt mehrere Möglichkeiten, und schließlich wird ein einfacher Gedanke genügen. Zunächst aber keine Abkürzungen! Nimm dir die Zeit, um es gründlich zu machen.

Der beste Schutz besteht zweifellos darin, beständig ein Feld der Liebe um sich aufzubauen. Im Laufe der Zeit wird dies deine Methode werden. Doch sie bedarf einer Menge Übung, und wie ausgeglichen wir auch sein mögen, bisweilen lässt uns unsere menschliche Seite im Stich. Ich muss gestehen, obwohl ich seit Jahren an diese Methode gewöhnt bin, gibt es Augenblicke, meistens als Folge von Beleidigung, die an schmerzliche Momente in meiner Kindheit rührt, in denen ich nicht schnell genug gewesen bin, um eine andere Schutzübung anzuwenden. So bin ich für den Schmerz und Ärger anderer offen geblieben und habe darauf reagiert. Hier seien noch einige weitere, sehr wirkungsvolle Methoden genannt.

Methode 1

Sobald du die Arbeit an dir beendet hast oder wenn du dich unter die Leute begibst, besonders wenn jemand dabei ist, der dazu neigt, dir deine Energie abzusaugen, mache folgende Übung:

Nimm ein paar tiefe Atemzüge und entspanne dich dabei, so gut du kannst. Stelle dir eine wunderschöne weiße Blume auf deinem Kopf vor, deren Blütenblätter sich weit öffnen. Schließe sie in Gedanken. Lasse sie zur festen Knospe werden. Wende deine Aufmerksamkeit der Stirn zu. Erblicke dort eine tiefblaue oder purpurfarbene Blüte, die du gedanklich fest schließt. Konzentriere dich auf deine Kehle und lasse die Blätter der türkisfarbenen

Blume sich schließen. Gehe nun zum Herzen. Schließe die grüne Blüte. Lasse deine Aufmerksamkeit zum Solarplexus mit seiner gelben Blume gleiten und schließe deren Blütenblätter ganz fest. Konzentriere dich auf dein Sakral-Chakra. Lasse die Blätter der orangefarbenen Blüte sich schließen. Dein Wurzel-Chakra bleibt offen, um dich ununterbrochen zu erden und damit die Erde dich nähre. Kreuze deine Arme über der Brust. Neige deinen Kopf ein wenig. Nun stelle dir einen wunderbaren mitternachtsblauen Mantel vor. Hülle dich in ihn ein, ziehe ihn über den Kopf, um völlig geschützt zu sein. Atme bewusst. Wisse, dass du behütet bist.

Methode 2

Atme einige Male tief durch und entspanne dich. Stelle dir ein strahlend weißes Licht vor, das von deinem Kopf herabströmt und sich wie eine Pyramide um dich ergießt. Fühle, wie sich die Pyramide mit Licht füllt. Atme es ein und lasse es dich durchfluten, so dass du von ihm umgeben bist. Mit einem tiefen Atemzug bedecke nun die Pyramide mit reinem goldenen Licht. Wisse, dass du es mit dir trägst, hindurchschauen und mit der Außenwelt kommunizieren kannst, es dich aber vor einfließenden Energien schützt. Du kannst diesen Schutzschild jederzeit mit mehr Licht verstärken.

Methode 3

Diese Methode hat sich besonders für Therapeuten und Heiler als sehr nützlich erwiesen. Bevor du anfängst, reinige dein eigenes Energiefeld mit nach außen strömender Liebe. Atme sie in deine Aura hinein und verschließe sie mit goldener Energie. Baue eine Lichtsäule um dich, in der du arbeiten kannst. Vielleicht möchtest du sie erweitern und deinen Patienten mit einbeziehen. In diesem Fall achte darauf, dass du am Ende der Sitzung deine eigene Energie vollständig von der deines Klienten trennst, indem du sie versiegelst und einen gesonderten Schutzschild um den Patienten legst, bevor er geht. Wisse, dass du geschützt bist.

UNTERSTÜTZUNG ANNEHMEN

Wenn du zurzeit emotionale oder psychische Unterstützung erhältst, höre bitte nicht damit auf. Sei nicht versucht, eine Behandlung mit Medikamenten oder anderen konventionellen Methoden abzubrechen. Sprich über deine Arbeit an dir selbst und greife gegebenenfalls auf die Menschen zurück, die dir dabei helfen wollen. Doch sei dir bewusst, dass es immer Leute gibt, die dich verspotten werden und die neue, zarte Pflanze deines geistigen Wachstums ersticken, noch ehe sie Wurzeln schlagen konnte. Sei also vorsichtig, wem du dich anvertraust. Lasse dich von deiner Intuition leiten. Du bist intuitiv! Nun ist die Zeit gekommen, davon Gebrauch zu machen. Deine intuitive Stimme wird dich gewöhnlich in einer leichten und sanften Weise leiten. Sollte jedoch eine strenge Stimme in dir sagen, was du zu tun hast, dann ist es nicht deine Intuition, sondern ein verinnerlichter Elternteil von vor langer Zeit.

KAPITEL 4

Wurzel-Chakra: Die tiefrote Basis

Verstreut auf dieser Erde sind all die Freuden des Himmels

Hast du dich jemals gefragt, warum bestimmte Leute eine besondere Ausstrahlung besitzen? Charisma? Warum sie ungeachtet ihrer Lage vorwiegend optimistisch sind? Warum sie fast nie unter mangelndem Selbstvertrauen zu leiden scheinen und über ein gesundes Selbstwertgefühl verfügen? Einige Leute scheinen die Fähigkeit zu besitzen, zu verwirklichen, was sie brauchen. Sie kommen selten zu kurz. Irgendetwas ergibt sich immer für sie. Ist es Glück? Das Sternzeichen? Persönlichkeit?

Vielleicht!? Aber dem allen liegt die Tatsache zugrunde, dass sie mit beiden Beinen auf der Erde stehen, eine gute Grundlage besitzen, ein enges Band zwischen ihnen und ihrer Mutter oder anderen Personen, die am Anfang für sie sorgten, besteht und sie ein gutes Empfinden für ihren physischen Körper haben. Sie sind Ausdruck eines gesunden, ausgeglichenen, sich rasch drehenden, nicht blockierten Basis-Chakras!

Wenn du Zeit und Mühe darauf verwendest, das Wurzel-Chakra zu pflegen, wird dein Lohn Stabilität, Sicherheit, Geborgenheit und Selbstbewusstsein sein. Da das Leben im einundzwanzigsten Jahrhundert nur wenig Möglichkeiten bietet, wirklich mit der Erde in Berührung zu kommen und die meisten Menschen kaum über die Zeit verfügen, sich selbst zu umsorgen, mangelt es oft an diesen Eigenschaften. Selbst diejenigen, die einmal stabil begonnen haben, können das Gefühl innerer Sicherheit verlieren, wenn sie die Beziehung zu ihren Wurzeln vernachlässigen oder sogar aufgeben.

Ohne die starke, robuste Energie des ersten Chakras wird unser geistiger Aufstieg blockiert. Außerdem sind wir unfähig, wahre Zufriedenheit oder Gesundheit zu finden (psychische, emotionale oder geistige), und es fällt uns schwer, Freude am Leben zu empfinden, geschweige denn den Anforderungen des Lebens standzuhalten. Bei einem schwachen oder geschlossenen Wurzel-Chakra fühlen wir uns verloren, weil nicht geerdet. Wir gleiten dahin wie ein Blatt im Wind, scheinbar ohne Aufgabe, Wert oder Ziel, und unser Selbstwertgefühl ist gering.

Das Spiel heißt also Überleben. Das Wurzel-Chakra arbeitet unter allen Umständen darauf hin, uns lebendig zu erhalten. Es beherrscht unsere grundlegenden Instinkte – Essen, Schlafen, Sexualität, Selbsterhaltung und Fortpflanzung. Es hält uns so lange am Leben, bis wir das vollendet haben, weshalb wir hier sind. Es steht mit den Nebennieren in Verbindung und dem Selbsterhaltungstrieb, der sich instinktiv einstellt, wenn wir bedroht werden. Dieses Zentrum drängt uns, all das zu sein, dessen wir fähig sind, indem wir für uns sorgen und uns gesund erhalten. Auf diese Weise sind wir nicht nur darauf vorbereitet, uns mit dem auseinanderzusetzen, was das Leben uns bietet, sondern auch Erfolg zu haben. Das Wurzel-Chakra sorgt für ein gutes Urteilsvermögen, was eine Notwendigkeit ist, um Gefahr abzuwenden, und hilft dabei, trotzdem unternehmungslustig und risikofreudig zu bleiben.

Nicht nur unser physischer Körper und die Nahrung, die wir zu uns nehmen, entstammen der Erde, sondern auch alle materiellen Güter, mit denen wir unser Leben ausstatten. Dieses Chakra dreht sich um Materie, Substanz, die Erde und alles, was dieser entspringt. Aus diesem Grunde besteht ein Bezug zu unseren Essgewohnheiten, der Art, wie wir für uns sorgen, unserer Motivation, Geld zu verdienen, um ordentlich leben zu können, sowie unserer Fähigkeit, das zu erlangen, was wir benötigen. Es ist das erste der sieben Hauptchakras, und wenn wir seine Stabilität und seine Wirkungskraft nicht sicherstellen, vermag es unsere Gesundheit nicht zu garantieren.

Obwohl manche Leute, die den Frieden und das Geistige suchen, bemüht sind, das Physische und Konkrete aufzugeben, weil sie glauben, die materielle Hinwendung stehe im Widerstreit zu einem spirituellen Dasein, könnte kaum etwas der Wahrheit ferner liegen. Die materiellen Dinge anzubeten, ist natürlich ungesund, aber wir leben in einer irdischen Welt, mit irdischen Körpern und dem Bedürfnis nach Nahrung, Obdach, Kleidung und anderen Annehmlichkeiten eines menschlichen Wesens. Wir sollten sie nicht nur besitzen, sondern uns auch daran erfreuen.

Wir sind geistige Geschöpfe, die ihr Bestes versuchen, während dieser Reise auf dem Planeten Erde Mensch zu sein. Mein physischer Körper stellt den sichtbaren Beweis meiner Inkarnation dar und auch den Teil, der meinen Geist, meine Emotionen und meine Intelligenz beheimatet. Er interpretiert für mich die physische Welt durch sein verwickeltes Nervensystem und die Sinne. Mein Körper ist das Werkzeug, durch das ich alle Aufgaben, die ich mir für dieses Leben gestellt habe, erledige. Wenn wir alles gelehrt, gelernt, gegeben und genommen haben, was wir uns vorgenommen hatten, dann ist es an der Zeit zu gehen und in die Freiheit des Geistes zurückzukehren. Doch im Moment sind wir hier und aufgerufen, das Irdische zu umarmen, wenn wir nicht nur überleben, sondern das Beste aus uns herausholen wollen.

Die Grundlagen der Arbeit auf Erden

Stelle dir vor, du baust ein Haus. Du beginnst natürlich mit dem Ausschachten, um ein starkes Fundament zu errichten. Die Grundmauern sind in gewisser Weise der wichtigste Teil des Hauses. Ohne sie könnte das Haus die Zeit nicht überdauern oder den Einwirkungen der Elemente widerstehen. Unsere Gesundheit und geistige Entwicklung bedürfen der gleichen festen Grundmauern.

Unser Wurzel-Chakra bildet die erste Stufe auf der Himmelsleiter und lässt sich mit dem Fundament eines Hauses vergleichen, das tief in die Erde gesenkt wurde. Wenn wir die Arbeit auf dieser Stufe überspringen und zu den höheren, für manche viel aufregenderen und anziehenderen Chakras, die unsere Emotionen, Gedanken, unser Vorstellungsvermögen und unser Verständnis regieren, fortschreiten, geschieht dies auf eigene Gefahr. Ohne Basisarbeit können wir nicht wirklich zufriedenstellend vorankommen, damit wir in schwierigen, noch vor uns liegenden Situationen Unterstützung erhalten. Ohne die Reinigung und Heilung des Wurzel-Chakras sind wir ohne sichere Grundlage. Einen wurzellosen Baum, der nur oberflächlich mit der Erde verbunden ist, wird der erste Sturm umstürzen.

Aus diesem wundervollen, robusten Chakra entspringt die Energie, die auf unserem Weg der Erleuchtung und Entdeckung alles belebt.

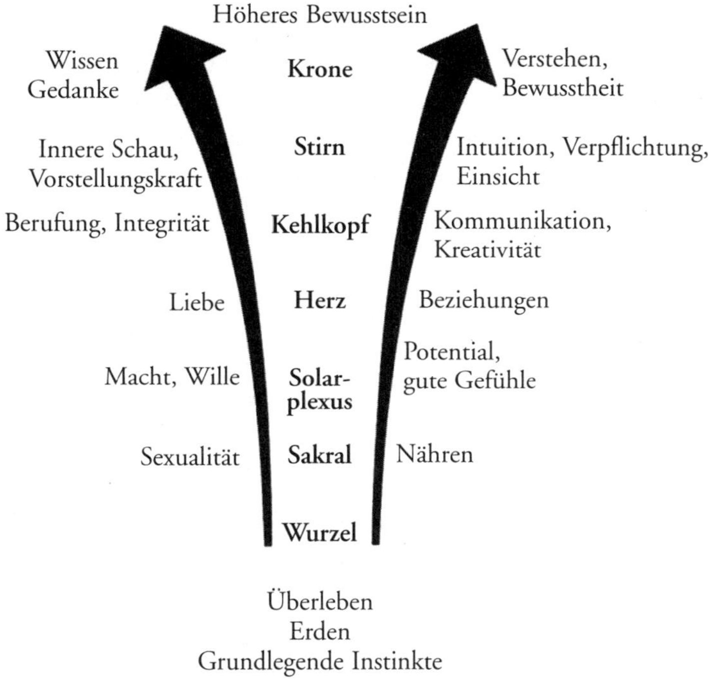

Abbildung 5: Durch die Reinigung des Wurzel-Chakras kann sich das gesamte Chakra-System mit allen seinen Gaben öffnen.

Die Energiequelle

Das Wurzel-Chakra, ein Lichtrad mit einem Durchmesser von etwa siebeneinhalb Zentimetern, dreht sich und bildet einen Lichttrichter. Dieser weist von der Wirbelsäulenbasis, dem Perineum (Gewebe zwischen After und Scheide/Hodensack), nach unten zur Erde. Es ist das sich am langsamsten drehende aller Chakras und rotiert mit der Frequenz des Rotlichts, wobei es diese bestimmte rote Farbe erzeugt. Der Rubin strahlt dieselbe Lichtfrequenz aus.

Am unteren Ende des Energiekanals sitzend, wirkt das Basis-Chakra sehr stark auf alle anderen Zentren ein. Ununterbrochen hält es einen kräftigen, erdenden Energiestrom aufrecht. Es ist jederzeit bereit, falls erforderlich, eine Kraftwoge nach oben durch alle anderen Chakras zu senden, solange diese darauf zu reagieren vermögen. Sein Einfluss spielt für unsere Lebenskraft eine entscheidende Rolle. Die Heilung dieses Chakras verbessert oft die allgemeine Energie und schenkt ein neues Gefühl von Ausgeglichenheit und Wohlbefinden. Mit Stärkung deines Sicherheitsempfindens wirst du weniger ängstlich sein und besser schlafen.

Die Arbeit an einem Chakra führt immer zu einem Gewinn in jedem Lebensbereich. Wenn du jedoch nicht wirklich geerdet bist, fühlst du dich zwar kurzfristig besser, aber dies ist nicht von Dauer. Ein Heiler arbeitet manchmal am Wurzel-Chakra, damit der Patient sich stärker an die Erde bindet, stabiler wird und sich besser mit den übrigen Problemen auseinandersetzen kann. In unserem System der Selbstheilung kann die Reinigung und Heilung dieses Chakras nicht genügend betont werden. Es vermag alle anderen Blockaden im System aufzulösen und die Arbeit an den höheren Zentren bedeutend zu erleichtern. Es ist ungeheuer wichtig, sich selbst willentlich zu erden. Entsprechende Übungen finden sich auch in nachfolgenden Abschnitten.

Das Wurzel-Chakra, dessen Name gut gewählt ist, da es uns auf dem Planeten verwurzelt, ermöglicht uns, die anregende, dynamische Erdenergie aufzunehmen. Diese Verbindung erlaubt es uns auch, alles Negative abzusondern, das Stress und psychische Überbelastung verursacht haben. Zu Beginn der ersten Meditation in diesem Kapitel schlage ich vor, den Körper allmählich zu entspannen, wobei beide Füße flach auf dem Boden ruhen. Dann lenke man die Aufmerksamkeit durch den physischen Körper nach unten, damit alles Negative einfach durch die Fußsohlen und das Wurzel-Chakra hinausfließen. In beiden Meditationen nutzen wir die Möglichkeit, die uns dieses Chakra bietet, vollständig loszulassen und das, was wir nicht länger benötigen, der Erde in dem Wissen zurückzugeben, dass sie weise damit umgehen wird.

Unsere wahre Identität entdecken

Das Wurzel-Chakra erinnert uns daran, wer wir wirklich sind. Es erinnert uns, dass wir Teil des Universums sind und drängt uns, unsere innewohnende Schönheit schätzen zu lernen, unseren einmaligen Wert und unsere Einheit mit der Schöpfung zu erkennen. Es fördert unsere Konzentration und Disziplin sowie die feste Grundlage, von der aus wir uns selbst und die Welt erforschen können. Es hält uns davon ab, unsere Energien zu vergeuden, während es unser Leben vereinfacht und uns als Einzelwesen, die Willen und Entscheidungsfreiheit besitzen, bestätigt.

Mit einem starken Wurzel-Chakra wissen wir ganz einfach, dass wir ein ebenso erstaunliches Wunder sind wie alle anderen Wunder des Universums und einen wichtigen Teil im Gesamtplan bilden. Wir passen ebenso vollkommen ins Leben hinein wie der Sonnenuntergang, ein Wasserfall oder das Reh im Wald. Ungeachtet der Art und Weise, in der wir zur Erde beitragen, wird uns bewusst, dass unser Beitrag einmalig und wesentlich ist. Ohne jeden Einzelnen von uns würde eine Veränderung eine Kette von Ereignissen in Bewegung setzen, die in irgendeiner Weise die feine Balance des Lebens beeinträchtigte. Dieses Wissen lässt uns unsere Aufgaben gerne und gut erfüllen. Ob wir unsere Kinder bemuttern, in einer Fabrik arbeiten oder als einflussreiche Geschäftsführer tätig sind, es stärkt unsere Leistung.

Wir wissen auch, dass uns der Kosmos als Individuum achtet. Wir können uns nicht länger als kleine, unbedeutende Wesen in einer Welt betrachten, die uns eigentlich nicht braucht. Aus geistiger Sicht, weniger aus der des Egos, sind wir wunderbare Wesen mit einem irdischen Körper, den wir schätzen und für den wir die Verantwortung tragen müssen. Uns in unserer eigenen Identität sicher zu fühlen, bedeutet, uns ohne Eifersucht und Neid am Erfolg und der Macht anderer zu erfreuen.

Geistiges Erwachen

Im Laufe der Jahrhunderte haben Mystiker die ungeheure Kraft des Wurzel-Chakras mit einer Schlange verglichen, der Kundalini, die zusammengerollt schlafend am Wirbelsäulenende liegt. Sie wartet darauf, geweckt zu werden, jedoch nur, wenn die geistige Entwicklung genügend vorangeschritten ist, um dieser Kraft gewachsen zu sein.

Sobald die Kundalini aufzusteigen beginnt, kann ihre Kraft schnell durch den Hauptkanal die ganze Wirbelsäule entlang nach oben strömen und dabei alle anderen Chakras durchfließen. Sie tritt auf der Höhe des siebten Chakras heraus, nachdem sie das gesamte System gereinigt und belebt und den Weg zur geistigen Freiheit geöffnet hat.

Abbildung 6: Die antike Darstellung der Kundalini ist der Merkurstab. Er stellt zwei Schlangen dar, die sich um einen Stab winden und sich an dessen höchstem Punkt treffen, bevor sie den Raum für ein ausgebreitetes Flügelpaar freigeben. Er ist das Symbol für Heilen und Medizin.

Das Kronen-Chakra und alle übrigen Chakras können sich ohne Erwachen der Kundalini öffnen und tätig sein. Dass sich das erste Chakra geöffnet hat und die Kundalini emporgestiegen ist, erkennt man daran, dass jemand eine persönliche Ausstrahlung besitzt, nicht zu verwechseln mit Charme. Diese Eigenschaft umfasst ein starkes, gesundes Selbstwertgefühl, aber ohne Dünkel und Arroganz. Charismatische Individuen, die eine Heilungsenergie ausströmen und von ihr umgeben sind, üben auf andere eine ganz bestimmte Anziehungskraft aus. Die charismatische Person wirkt gewöhnlich nicht nur von einer kraftvollen Basis aus, sondern auch ihre übrigen Chakras sind ausgeglichen, und ein Segen, getragen von Demut, strahlt von ihr aus, denn die Kraft entspringt dem Geist, nicht dem Ego.

DER AUFSTIEG DER KUNDALINI

Es ist viel über die Gefahren geschrieben worden, die der Versuch eines frühzeitigen Erweckens der Kundalini mit sich bringt. Obwohl die hier beschriebene Arbeit keinen Anlass zur Beunruhigung gibt, sollte man der außergewöhnlichen Kraft des Wurzel-Chakras Ehrfurcht entgegenbringen. Einige Fälle von gestörtem Verhalten, die man irrtümlicherweise oft als Psychosen ansieht, lassen sich auf die frühzeitige Erweckung der Kundalini zurückführen. Der Schock einer unerwarteten und manchmal explosionsartigen Öffnung aller Chakras, die ohne erfahrene geistige Führung erfolgt, kann durchaus in einem Fehlverhalten zum Ausdruck kommen. Wenn der geistige Aspekt dieser Erfahrung (unter der Einwirkung von starken Medikamenten erhöht sich die Möglichkeit) fehlt, kann eine Heilung, Ganzwerdung oder jede weitere Entwicklung behindert werden oder sich verzögern.

Diese Situation sollte man nicht mit anderen psychischen Krankheiten verwechseln. Ich will damit nicht sagen, dass man bei allen Leuten, die unter Psychosen leiden, von einer Erweckung der Kundalini oder einem geistigen Aufbruch ausgehen kann, aber die Möglichkeit sollte nicht außer Acht gelassen werden.

Ein kraftvolles, heilendes Erden hilft in solchen Fällen gewöhnlich, doch sollten ärztlich verordnete Medikamente und ärztlicher Rat nicht unberücksichtigt bleiben oder abgelehnt werden.

Sexuelle Lust

Obwohl das Sakral-Chakra mit unserer Sexualität in Zusammenhang steht, ist es das erste Chakra, das unseren sexuellen Urinstinkt regiert.

Wenn das Wurzel-Chakra geschlossen ist, mangelt es uns an einem Aspekt sexueller Lust, der nur gelebt werden kann, wenn sich die Kräfte des ersten und zweiten Chakras vereinen. Ein wahrhafter Orgasmus, nicht eine bloße Ejakulation, umfasst das ganze Sein und kann nur geschehen, wenn das Wurzel-Chakra die Kraft gibt, vollkommen loszulassen. Deshalb ist ein offenes Basiszentrum erforderlich, um zu wissen, dass man sich verzückt in den Himmel emporschwingen und doch heil und ungefährdet wieder zurückkehren kann.

Während der Energiestrom aufwärts fließt, trägt jedes Chakra seine individuelle Kraft zu dem sexuellen Erlebnis bei. Die Sexualität jedes Partners erwacht im zweiten Chakra; die Kraft der Vereinigung wird im dritten gespürt. Das Herz-Chakra steuert die Liebe bei, die Kehle die Kommunikation. Dann folgt die Vision des Stirn-Chakras, und wenn die Energie das Kronen-Chakra jedes Partners erreicht, ruft die Flut geistiger Energie eine Symphonie der Gefühle hervor. Eine solche Erfahrung liegt weit jenseits der üblichen Vorstellungen von sexueller Freude auf der Ebene des rein physischen Erlebnisses. Sie erhebt die sexuelle Vereinigung zu den Höhen geistigen Erlebens und den Orgasmus zu einem einzigartigen Geschehen, das mit einiger Übung so lange ausgedehnt werden kann, bis ihm alles Heilende entnommen worden ist.

Ohne ein kerngesundes erstes Chakra kann diese allumfassende emotionale, mentale, physische und geistige Erlösung nicht stattfinden. Es mag ein Gefühl der Enttäuschung und der Frustration trotz der sexuellen Innigkeit zurückbleiben, da weder ihre Tiefen ausgelotet noch ihre Höhen erreicht werden konnten.

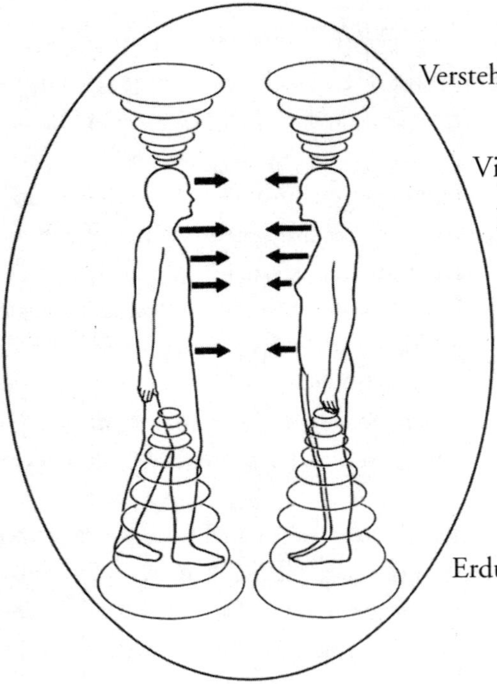

Abbildung 7: Der Orgasmus – beide bleiben geerdet, öffnen sich aber einander in sexueller Verbundenheit mit Kraft und Willen, gegenseitiger Liebe, guter Kommunikation und der Vision ihrer Vereinigung. Es ist eine geistige Erfahrung starker Bewusstheit und großen Verstehens, und die Auren verschmelzen miteinander.

Eine Schädigung des Basis-Chakras

Bei der Geburt bilden sich die Chakras in ihrer Elementarform. Das Wurzel-Chakra unterzieht sich als erstes einem Wandel und entwickelt sich hauptsächlich während der ersten fünf Lebensmonate. Ein sehr frühes Trauma verursacht daher gewöhnlich eine

Funktionsstörung auf der Ebene des primitiven Überlebenswillens. Das Empfinden für Individualität und persönlichen Wert mag bis zu einem Punkt beeinträchtigt sein, dass sich eine zwiespältige Einstellung zum Leben bildet, die sich in manchen Fällen zu einer derartigen Abscheu vor sich selbst steigert, dass Selbstmordgedanken aufkommen.

Eine weniger stark ausgeprägte Fehlfunktion dieses Chakras kann sich als eine Neigung niederschlagen, in anderer Weise aus dem Leben auszusteigen – sich abzusondern und sich zu entfernen, emotional und psychisch abwesend zu sein und scheinbar aus dem Körper zu gleiten. Ich erinnere mich an eine junge Frau, die während der Sitzungen mit mir in den Raum zwischen uns starrte oder ihren Blick irgendwo hinter meinen Schultern haften ließ. Sie schwebte außer sich, in einem Bereich, zu dem ich absolut keinen Zugang besaß. Sehr früh in ihrem Leben hatte sie unter sehr brutaler Misshandlung gelitten. Als sie darüber sprechen konnte, erzählte sie, dass sie in diesen Momenten aus ihrem Körper zu gleiten pflegte und dem Geschehen einfach zusah, es aber nicht länger fühlte.

Manchmal stellt sich diese »Abwesenheit« ein, wenn sich jemand in einer besonders angespannten Situation befindet. Schwierigkeiten im Stirn-Chakra könnten dafür verantwortlich sein, tritt sie aber regelmäßig auf und lässt sich vor allem mit einer frühen seelischen Erschütterung in Zusammenhang bringen, handelt es sich wahrscheinlich um ein Problem im Wurzel-Chakra. Jene Frau schaffte es, sich mit diesem schmerzlichen Thema auseinanderzusetzen, das sie ausheilen musste, indem sie lernte, in ihrem Körper zu bleiben. Zu diesem Zwecke wiederholte sie die am Ende dieses Kapitels aufgeführten Übungen, die dazu dienen, sich zu erden.

Wenn es Schwierigkeiten mit dem Wurzel-Chakra gibt, mögen sich auch Existenzkrisen einstellen; vielleicht ist man unruhig und stellt den Wert des Lebens und der Schöpfung ganz allgemein in Frage. Das führt zu Zynismus und der Unfähigkeit, die Wunder des Universums zu schätzen. Eine solche Unterbewertung des Planeten und der Umwelt endet schließlich in einem inneren Chaos und dem Zusammenbruch allgemein gültiger sozialer Werte und Normen. Diese Einstellung kann sich zudem über den Einzelnen hinaus verbreiten und zum Problem einzelner Gesellschaften und schließlich des Planeten werden.

Im Laufe des vergangenen Jahrhunderts hat der gesamte Planet an einem Problem des Wurzel-Chakras gelitten, das nun durch die Rückkehr zu gesünderen und erdbezogenen Werten aufgearbeitet wird. Das Auftauchen der Gesundheitsläden, die Angebote spiritueller Workshops, der Kauf esoterischer Bücher – all dies gehört zu jener Bewegung.

Kinder lernen durch Beispiel von ihren Eltern und anderen Autoritätspersonen, wie etwa die Schullehrer. Werden die sozialen Werte missachtet oder sind sie verzerrt und bösartig, trägt die nächste Generation zweifellos einen Schaden davon. Ein Kind, das dem Rassismus ausgesetzt ist, lernt nicht nur, in negativer Weise auf seine Umgebung zu reagieren, sondern ihm entgeht auch die bereichernde Einflussnahme anderer Kulturkreise und die Erfahrung der Synthese.

Das Ergebnis ist ein Mangel an Entwicklung oder die Verzerrung des kindlichen Wurzel-Chakras oder beides. Gemeinschaften, in denen der Respekt vor dem Planeten verlorengegangen ist, setzen die Schädigung des Wurzel-Chakras über Generationen hinweg fort. Kinder entwickeln unter diesen Umständen nur geringes Selbstwertgefühl und sind gewöhnlich unfähig, sich und andere zu schätzen und gleichen diesen Mangel aus, indem sie eine Art Arroganz entwickeln, die es dem heranwachsenden Ego ermöglicht, in einer angeblich feindseligen Welt zumindest zu funktionieren. Ein anderes Kind, das trotz materieller Entbehrungen das Wenige, das ihm zur Verfügung steht, zu schätzen lernt, wird ein kräftiges Wurzel-Chakra und ein gesundes Selbstwertgefühl entwickeln. Es wird das Verlangen besitzen zu leben, sein Potential zu verwirklichen sowie den Willen haben, sich selbst und andere zu unterstützen.

Schmerzlich unter Entbehrungen (nicht unbedingt materieller Art) leidende Eltern, die versuchen, sich mit einer solchen Gemeinschaft auseinanderzusetzen, sind oft unfähig, ihren Kindern ein positives Vorbild zu sein, so wie diese es benötigen. Es gibt wohlhabende Eltern, die dennoch vieles entbehren. Sie kämpfen mit ihrem eigenen Verlust und einem leidenden »inneren Kind«, während sie sich tapfer bemühen, Eltern zu sein. Oft sorgt gerade eine materielle Sonderstellung für einen Lebensstil, der den Eltern kaum Zeit lässt, sich mit dem Kind zu beschäftigen, so dass dieses nur ein geringes Empfinden dafür entwickelt, wer es eigentlich ist, abgesehen von gesellschaftlichem Rang und Namen.

Ich habe viele junge (und ältere) Leute aus privilegierten Kreisen gesehen, denen der Sinn für Bodenständigkeit fast völlig fehlt. Sie besitzen oft so viel, dass sie kaum noch etwas zu würdigen wissen, dabei aber ruhelos und verloren sind. Da sie nichts mehr benötigen, gehen sie oft verschwenderisch mit ihren inneren und materiellen Schätzen um, und es mangelt ihnen an Wertgefühl. Trotzdem legen sie oft ein Primadonna-Gebaren an den Tag. Hier sollte vor allem das Wurzel-Chakra behandelt werden. Sehr bald beginnen diese Menschen aufzublühen, wenn sie zum ersten Mal ein echtes Gefühl für sich selbst verspüren. Sie beginnen, ihren inneren und äußeren Reichtum zu erkennen, der für sie selbst und für andere wertvoll ist, wird er zum Wohle aller verwendet.

Häufig führt die Unfähigkeit der Gesellschaft, ihre Kinder und ihre Eltern in einem gesunden Umfeld zu versorgen, zu schützen und zu fördern, zu einem sich selbst fortpflanzenden Fehlverhalten. Traurigerweise werden wir stets von Negativem umgeben, das uns unserer Glückserwartung im materiellen wie auch geistigen Bereich größtenteils beraubt, noch ehe wir begonnen haben, sie zu entfalten. Eine Gesellschaft, die unaufhörlich predigt, es werde keine Arbeit für die Schulentlassenen geben, egal wie tüchtig sie sind, verweigert ihnen die Hoffnung und die Möglichkeit, schlummernde unternehmerische Fähigkeiten zu entwickeln, die nur ein wenig der Ermutigung bedürfen.

Als Eltern sollte man voller Mitgefühl mit sich selbst, seinen Kindern und auch den eigenen Eltern sein. Man sollte nicht zu streng mit sich selbst sein oder sogar Schuldgefühle entwickeln, obwohl ich aus Erfahrung als Mutter weiß, wie schwierig das ist.

Ich bin überzeugt, im Hinblick auf unser Verständnis, unsere Kenntnisse und unseren eigenen physischen, mentalen und emotionalen Zustand haben wir unser Möglichstes getan. Unseren Eltern und Großeltern ist es ebenso ergangen. Das alte Klischee, dass wir alle Opfer von Opfern sind, trifft zu. Rückblickend und mit meiner heutigen Sichtweise hätte ich in manchen Dingen anders gehandelt. Aber ich weiß, ich tat mein Bestes und muss mir selbst vergeben und meine Kinder für meine zahlreichen Fehler um Vergebung bitten.

Wären wir unsere eigenen liebevollen Eltern, wären wir offen für unser Wachstum. Wollen wir hellwach und glücklich sein und ein gutes Verhältnis zu uns selbst und zu anderen besitzen, dann gibt es nur eins: Wir müssen an diesem Chakra arbeiten. Die folgenden Übungen und Meditationen können dabei helfen.

Wie man die Übungen am besten nutzt

Jede Übung wird die Arbeit des Wurzel-Chakras verbessern und seine Reinigung und Aktivität fördern. Man kann sie beliebig oft und in der Reihenfolge, die einem zusagt, wiederholen. Sie sollen jedoch immer an dem für diese Arbeit vorgesehenen Ort durchgeführt werden. Vergiss dein Notizbuch nicht. Du wirst es für die Übungen und auch die Meditationen brauchen. Zünde eine Kerze an. Mache es dir bequem und lasse dir Zeit.

Lege deinen Kristall nahe zu dir. Ein Bergkristall ist gut, obwohl für die Arbeit am Wurzel-Chakra ein Rauchquarz, Granat oder Blutstein noch sinnvoller wäre. Alle drei Steine unterstützen deine sexuelle Energie und fördern das Gleichgewicht. Wie sein Name schon sagt, wirkt der Blutstein heilend auf das Blut und hilft dir, dich auf deine Arbeit zu konzentrieren. Der Rauchquarz bereitet dich innerlich auf die Meditation vor, hilft dir aber auch, dich von Negativität und Skepsis zu befreien. Der liebliche und recht preiswerte Granat bringt deine Libido mit dem emotionalen und geistigen Aspekt in Einklang. Er wirkt auf die höheren Chakras (wie die anderen Kristalle) und erhöht die Liebe, das Mitgefühl und die Vorstellungskraft. Wenn du einen Ring oder ein anderes Schmuckstück mit einem Rubin besitzt, dann trage ihn. Aber du musst ihn immer reinigen. Der Rubin ist ein kräftiger Stein, der, im Vollbesitz der Kraft und Leidenschaft – wie das Wurzel-Chakra selbst – Harmonie und Gleichgewicht fördern kann.

Als Öl für die Öllampe oder als Räucherstäbchen wähle Lavendel, Sandelholz, Zedernholz oder Patchouli. Eine Aromatherapeutin wird sicherlich eine entsprechende Mischung für dich zusammenstellen. Wenn du an den jeweiligen Chakras arbeitest, kannst du die Öle in verschiedener Weise verwenden, um die Atmosphäre ausgeglichen zu halten. Duftkerzen, Ölverdunster und ein Ölbad wirken heilend. Vergewissere dich aber vorher, ob du eventuelle Mitbewohner nicht störst. Düfte kennen keine Grenzen, und ich habe Leute gekannt, die die »New Age-Gerüche« verärgerten.

Übung 1

Denke an fünf Dinge, die du gerne machen möchtest. Vielleicht hat es dir einmal gut getan, einen Tag am Strand zu verbringen, einen Abend für dich allein zu haben, an dem du es dir mit einem Buch gemütlich machst, eine Massage zu bekommen – oder etwas völlig Neues zu tun. Setze dir dafür einen Termin. Notiere ihn in deinem Kalender. Mit einigen Dingen kannst du sofort anfangen, andere bedürfen der Vorbereitung, aber es gibt immer einen ersten, spontanen Schritt. Wenn du dich entschließt, Urlaub zu nehmen, holst du dir vielleicht als erstes einen Reisekatalog oder legst die Zeit fest, in der du dir von der Arbeit frei nimmst. Willst du dich einer Reihe von Massagen oder Aromatherapien unterziehen, halte nach einem Therapeuten Ausschau.

Versuche, einige Aktivitäten mit einzuschließen, die die Erde berücksichtigen – ein Waldspaziergang, barfuß am Strand entlang laufen, Muscheln, Wildblumen, Tannenzapfen oder hübsche Blätter sammeln. Vielleicht kannst du zu Hause eine Collage daraus herstellen oder die Dinge auf einem Altar an deinem heiligen Platz anordnen.

Die Termine, die du mit dir selbst machst, sind ebenso wichtig wie die Verabredungen mit anderen. Beachte sie also! Solltest du sie aus irgendeinem Grunde absagen müssen, lege sie so bald wie möglich neu fest und halte dein Versprechen gegenüber dieser wichtigen neuen Person in deinem Leben – dir selbst.

Übung 2

Gönne dir etwas als Belohnung für deinen ersten Schritt auf deiner Reise zur Selbstheilung. Denke nun nicht, du musst dir gleich eine ganze Menge an Vorräten zulegen. Ein paar Kerzen, das Öl oder die Räucherstäbchen oder ein einfacher Kristall genügen für dieses Chakra. Eine Aromalampe wäre sinnvoll, doch eine kleine Schale mit heißem Wasser und ein paar Tropfen Öl tun es auch. Sei vorsichtig mit kochendem Wasser und angezündeten Kerzen und lasse sie nie unbeaufsichtigt. Gleichgültig, was du kaufst, stelle eine Beziehung dazu her. Berühre es, fühle es, empfinde eine kribbelnde Freude daran. Wisse es wirklich zu schätzen, denn dadurch wirst du lernen, deinen eigenen Wert zu erkennen.

Übung 3

Trage in dein Tagebuch alles ein, das dir über das Basis-Chakra in den Sinn kommt. Versuche zu schreiben, ohne deine Hand von der Seite zu nehmen, um nachzudenken, neu zu schreiben oder zu korrigieren. Lasse deine Hand über das Papier gleiten und immer weiter schreiben, selbst wenn du dich festgefahren hast oder dir lächerlich vorkommst. Deine logische, linke Gehirnhälfte wird schließlich der rechten, kreativen Gehirnhälfte Raum geben, sich mitzuteilen. Das Ergebnis mag dich in Erstaunen versetzen.

Ein allgemeines Problem ist es, überhaupt erst einmal anzufangen. Deshalb schlage ich vor, du schreibst ganz einfach: »Es ist töricht. Ich weiß nicht, warum Brenda mich dazu auffordert; ich fühle mich einfach lächerlich. Ich habe wirklich nichts zu schreiben. Was weiß ich schon über mein Wurzel-Chakra? Ich erinnere mich aber, dass ich als kleines Kind…« – nun bist du auf dem Weg. Wenn du dich festgefahren hast, schreibe einfach weiter: »Nun sitze ich fest. Mir fällt nichts mehr ein. Es ist wirklich eine Qual, und ich möchte aufhören. Solch eine Zeitvergeudung. Oh, ich erinnere…« Und wieder geht es weiter.

Niemand außer dir wird es lesen, du kannst also schreiben, was du willst. Im Endeffekt wirst du aus deinem schöpferischen Selbst heraus schreiben, ohne dass dich deine logische Gehirnhälfte behindert. Gib dir fünfzehn bis zwanzig Minuten Zeit, in dieser Weise fortzufahren und versprich dir selbst, die Hand nicht vom Papier zu heben, es sei denn, ein Feuer bricht aus!

Eine Übung zum Erden

Bei allem, was wir tun, sollten wir nicht vergessen, dass wir geistige Wesen in einer menschlichen Gestalt sind und in der Erde verwurzelt bleiben müssen.

Unzählige Leute, die sich der geistigen Arbeit zuwenden, vergessen dies und sind so stark von ihren unteren Chakras abgeschnitten, dass ein schwebendes Gefühl sie nicht nur der Sicherheit ihres Wurzel-Chakras beraubt, wodurch sie ungeschützt und verletzbar sind, sondern auch der gesamten Alternativmedizin schadet. Hüte dich vor Leuten, die irgendwo in höheren Sphären herum schweben. Jene Menschen aber, die tatsächlich mit der geistigen Ebene in Berührung stehen, sind ganz gewöhnliche Menschen, wenn auch in ungewöhnlicher Weise. Geerdet zu sein, wird schließlich zur zweiten Natur werden, aber auch in diesem Fall ist es wichtig, keine Abkürzungen zu versuchen. Nach jeder Übung und jeder Meditation müssen wir uns wieder erden, selbst wenn wir uns ein wenig verloren fühlen oder die Dinge etwas unwirklich erscheinen. Wir zapfen dadurch die Kraft der Erde an; wir fühlen uns wohl und stark und sicher gehalten wie ein riesiger Baum.

Methode 1

Sitze oder stehe mit aufrechtem Rücken, die Füße flach auf dem Boden und ein wenig auseinander, damit du das Gleichgewicht hältst. Wenn du stehst, lasse dein gesamtes Gewicht im Becken ruhen und sich gleichmäßig auf beide Beine verteilen, wobei die Knie leicht gebeugt sind. Du kannst die Augen dabei schließen.

Atme einige Male tief ein und entspanne dich. Mit einem einzigen Gedanken sende von jeder Fußsohle eine wunderschöne goldene Wurzel tief in die Erde hinunter. Senke von dem äußeren Ende deiner Wirbelsäule eine dritte hinab, so dass du nun auf einem Dreifuß goldener Wurzeln ruhst. Wie ein Blitzableiter die elektrische Energie erdet, so ermögliche den Dingen, die du nicht brauchst, in die Erde abzufließen. Lasse einfach los. Die Erde kann mit allem fertig werden, es neutralisieren und wieder aufarbeiten.

Nun ziehe mit jedem Atemzug die wunderbare Erdenergie empor. Fühle, wie sie dich auf ihrem Weg von den Wurzeln in deinem Körper hält und ernährt. Erschaue, wie sie beginnt, dich mit wundervollem goldenen Licht zu erfüllen. Starke, irdische, kraftvolle Energie.

Fühle dich von der Erde gehalten. Wie ein großer, starker Baum, bist auch du stark und schön. Verbleibe in dieser Haltung, so lange du möchtest.

Wenn du bereit bist, ziehe die Wurzeln langsam zurück, denke aber daran, dass du über deine Fußsohlen und dein Wurzel-Chakra, das offen bleiben sollte, in ständigem innigen Kontakt mit der Erde stehst.

Methode 2

Diese Übung mache ich gerne barfuß. Stehe aufrecht mit leicht gespreizten Beinen, die Füße fest auf dem Boden. Senke aus jeder Fußsohle und aus deinem Wurzel-Chakra eine Wurzel hinunter. Lasse mit einem einzigen Gedanken alles in die Erde abfließen, was du nicht mehr benötigst.

Ziehe nun die goldene Erdenergie durch die drei Wurzeln herauf. Spüre, wie dich diese wunderbare, kraftvolle Energie durchströmt. Ziehe sie auf die Herzebene empor, damit sie dein Herz erfüllt und wie eine flammende Kugel umgibt. Fühle, wie wunderbar dies ist. Atme hinein und erfreue dich daran.

Nun strecke die Arme himmelwärts und hole die Energie der Sonne und des Himmels durch deine Handflächen und deinen Scheitel herein. Lasse diese herrliche silberne Energie dich erfüllen und hinunter zu deinem Herzen strömen, wo sie sich mit der Erdenergie mischt.

Danke schweigend oder mit Worten für all das Gute, das ist und das sein wird. Spüre die Kraft von Erde und Himmel in dich hinein fließen und dich halten, das Irdische mit dem Geistigen vermischen, die vollkommene Vermählung deines menschlichen Selbst mit deiner ewigen Seele. Fühle staunend, wie der Energiefluss dich durchflutet. Genieße es. Fühle die Kraft. Fühle die Macht. Fühle dich erfrischt und erneuert. Wisse, dass du stark bist, dein irdisches Selbst bereichert durch das Geistige und dein geistiges Selbst demütig in seiner menschlichen Gestalt. Fühle die Magie dieser erstaunlichen Vereinigung. Fühle dich ganz, sei dir deines ungeheuren Potentials bewusst. Fühle dich voller Energie.

Wenn du bereit bist, senke deine Arme, lege deine Hände um dein Herz und bringe dankbar zum Ausdruck, was dir am Herzen liegt. An dieser wunderbaren Energie festhaltend, ziehe die Wurzeln aus der Erde zurück und wisse, dass du über dein geöffnetes Wurzel-Chakra eng mit ihr verbunden bleibst.

Die Meditationen

Um den größtmöglichen Nutzen aus diesen Meditationen zu ziehen, sollten sie in der angegebenen Reihenfolge durchgeführt werden. Du kannst sie so oft du magst wiederholen und später dazu übergehen, nur noch die zweite Meditation durchzuführen. Das ist in Ordnung. Bevor du aber anfängst, solltest du unbedingt die folgenden Gedanken über das Verzeihen lesen.

VERGEBUNG

Vergebung geschieht in drei Schritten. Beunruhige dich nicht, solltest du noch nicht bereit sein, alle drei sofort durchzuführen. Du kannst jederzeit darauf zurückkommen und die Meditationen wiederholen. Es mag eine Weile dauern, bis du glaubst, alles umsetzen zu können. Das ist in Ordnung. Dränge dich nicht. Vielleicht musst du erst einmal weitergehen und mehr verstehen, ehe du das Empfinden hast, vollkommen verzeihen zu können. Wir werden dieses Thema im Zusammenhang mit dem Herz-Chakra erneut betrachten. Doch hier nun zunächst die drei Stufen:

Stufe 1: Wenn ich etwas tue und dich damit verletze und sage, es tut mir leid, kannst du mir für das, was ich tat, verzeihen.

Stufe 2: Du magst erkennen, dass meine Verhaltensweise meinem eigenen Entwicklungsprozess und meinen momentanen Lebensumständen zuzuschreiben war. Mein Ärger, meine Gereiztheit oder die Art, in der ich dich behandelte, hatten eigentlich nichts mit dir zu tun, sondern mit meinen Schwierigkeiten. Du kannst es verstehen und vergibst mir voller Mitgefühl.

Stufe 3: Du magst dich zur höchsten geistigen Sichtweise erheben und erkennen, dass du dir vorgenommen hast, in diesem Leben verschiedene Lektionen zu lernen und dazu jemanden benötigtest, um sie dich zu lehren. Nehmen wir an, ich musste etwas über Betrug lernen, dann brauchte ich jemanden, der mich betrog. Aus dieser Sicht gesehen, kannst du mir mit Liebe, Mitgefühl, Verständnis und Dankbarkeit vergeben.

Meditation 1

Nimm den Hörer vom Telefon und begib dich in deine ruhige Ecke. Gönne dir für diese Meditation etwa fünfundvierzig ungestörte Minuten. Mache es dir gemütlich und sitze mit aufrechter Wirbelsäule da, die Füße fest auf dem Boden. Sollte dir diese Haltung aus irgendeinem Grunde nicht möglich sein, so lege dich hin. Einige Leute bevorzugen den Yoga-Sitz.

Atme tief ein und halte den Atem für einen Augenblick an, um ihm alles Gute zu entnehmen. Lasse beim Ausatmen alle Unreinheiten mit hinaus fließen. Atme wieder tief ein und entspanne deinen Körper beim Ausatmen; lasse die Schulten sinken, den Stuhl dein Gewicht übernehmen und alles Negative durch dein Wurzel-Chakra und die Fußsohlen hinausströmen. Entspanne dich! Wiederhole diesen Vorgang. Lasse dir Zeit. Atme die positive Luft ein, die Energie, die du dir in diesem Bereich mit Kristallen und Ölen geschaffen hast. Dann atme völlig entspannt alles Unnötige aus. Lasse nun deine Aufmerksamkeit zeitlich weit zurück wandern. Du erreichst den Punkt deiner Empfängnis, als sich eine Zelle deiner Mutter und eine Zelle deines Vaters vereinigten und dein physischer Körper geschaffen wurde.

Gehe zurück zu der Zeit, als du warm und geborgen im Mutterschoß ruhtest. Und nun möchte ich, dass du Zeit, Ereignisse und Menschen von diesem Augenblick bis ungefähr zu deinem fünften Lebensjahr in ein Paket schnürst, das du heilen willst. Du musst dich nicht an Einzelheiten erinnern, wenn du nicht möchtest.

Hülle dein Kind-Selbst jener Tage sorgfältig in Liebe ein, indem du es zärtlich, fest, mit heilender Liebe im Licht hältst.

Sei gütig zu dir selbst, wenn du dein Kind-Selbst liebevoll und sanft in deinem Herzen birgst. Nimm dir Zeit. Wenn du fühlst, nicht mehr weiter gehen zu können, halte inne. Greife auf deine Erd-Übungen zurück und lenke allmählich deine Aufmerksamkeit wieder auf den Raum. Du musst nicht alles an einem Tag schaffen.

Solltest du aber weitermachen wollen…

Sende einen Lichtstrahl in die Zeit, zu den Ereignissen, Orten und Menschen jener fünf ersten Lebensjahre nach der Empfängnis. Lasse einen Strahl hellen weißen Lichtes sie umfließen und in sie hinein strömen, besonders aber in dich selbst. Lasse die Vergangenheit heilen und löse dich von ihr. Lasse los. Was damals geschah, ist vorbei. Es ist abgeschlossen. Du kannst dich entschließen, loszulassen. Du hast es überlebt. Sei frei davon. Sei geheilt.

Lasse das Licht über den gesamten Zeitraum zwischen deiner Empfängnis und deinem fünften Lebensjahr und dessen Ereignissen strahlen. Es soll alles und jeden einhüllen. Löse dich davon. Lasse los. Bade dich in Licht. Sei frei.

Und nun erhebe dich zu einer höheren geistigen Ebene und erkenne, dass die Menschen, die dich damals verletzten, ihren eigenen Schmerz und ihre eigene Entwicklung durchlebten. Sie verhielten sich in dieser Weise, da sie selbst mit Schwierigkeiten zu kämpfen hatten. Sende einen Lichtstrahl aus und vergib ihnen. Vergib ihnen und lasse sie los, damit du nicht länger an etwas aus dieser Zeit festhalten musst, das dich daran hindert, weiter zu schreiten und dein Potential zu erfüllen. Sende ihnen Vergebung. Sende ihnen Licht. Setze sie frei. Befreie dich selbst. Lasse sie gehen, lasse sie ins Licht gehen.

Erhebe dich nun auf eine noch höhere geistige Ebene und erkenne, dass du ohne diese Menschen, diese Ereignisse und den Schmerz der damaligen Zeit nicht das zu lernen imstande gewesen wärest, was du dir selbst für dieses Leben vorgenommen hast. Erkenne, dass die Menschen, die an deinem Fortschritt teilnahmen, eine wesentliche Rolle in deiner gesamten Lebensreise spielten. Aus höchster geistiger Sicht sende ihnen Liebe und Dankbarkeit und befreie sie von ihrer Bürde der Schuld.

Fühle dich gereinigt und erfreue dich an der Heilung. Lasse dieses Gefühl der Freiheit, das du zum ersten Mal verspürst, dich durchrieseln. Lasse einen Lichtstrahl durch deinen Scheitel dringen und dich sanft durchfluten, während du deinen inneren Frieden auskostest. Nimm dir Zeit…genieße.

Wenn du bereit bist, achte darauf, das dein Kind-Selbst geborgen in deinem Herzen ruht und du es besuchen kannst, wann immer du möchtest. Bereite dich nun darauf vor, in den Raum zurückzukehren. Lasse deine Aufmerksamkeit in deinen Körper gleiten; spüre deine Finger und Zehen. Sei dir deiner physischen Anwesenheit bewusst. Konzentriere dich auf deine Augen, um dir allmählich deine Umgebung bewusst zu machen; lege deine Arme um den Körper und öffne langsam die Augen.

Trinke etwas Wasser und schreibe in dein Tagebuch. Ruhe dich aus, bevor du zur abschließenden Wurzel-Chakra-Meditation übergehst.

Meditation 2

Trage bequeme Kleidung und wähle einen Zeitpunkt, wo du ungestört bist. Schalte das Telefon ab. Sitze in einem bequemen Stuhl in deiner heiligen Ecke, den Rücken aufrecht und die Füße auf dem Boden. Du kannst dich auch auf den Fußboden setzen, solltest aber immer den Rücken gerade halten. Schließe die Augen und lenke deine Aufmerksamkeit für einige Augenblicke auf deinen Atem.

Atme tief ein, halte einige Sekunden inne, um das Gute aus deiner Umgebung aufzunehmen, und atme mit einem langen Atemzug jegliche Anspannung oder Ängstlichkeit mit aus. Atme wieder tief ein und spüre, wie du heilende Kraft aus der Luft aufnimmst. Beim Ausatmen entspanne dich vollkommen, indem du die Schultern sinken, dein Gewicht auf den Stuhl gleiten und alles Negative einfach durch die Fußsohlen abfließen lässt.

Atme ein und seufze beim Ausatmen tief und erschaue, wie alle Unreinheiten aus deinem Körper mit hinausfließen. Entspanne dich.

Lenke deine Aufmerksamkeit durch deine Körpermitte hinunter ins Becken. Stelle dir dein Becken als Schale vor, deren Boden auf dem Damm zwischen Scheide oder Hodensack ruht. Hier liegt dein Wurzel-Chakra. Auf dem Boden dieser Schale, deines

Beckens, leuchtet ein wunderbares rotes Licht, das der Farbe der untergehenden Sonne gleicht. Spüre seine Wärme in deinem Becken. Spüre die Energie. Beobachte, ob du irgendeine Bewegung oder Veränderung der Farbe wahrnimmst, während du dich darauf konzentrierst. Sende liebevolle Gefühle in diesen Bereich und spüre Wärme zurückstrahlen. Verweile so lange wie du möchtest bei diesem wunderbar rot sprühenden, hellen, funkelnden Licht. Solltest du irgendeine andere Farbe dort bemerken, ändere sie mit einem einzigen Atemzug wieder in Rot. Lasse dich nicht beunruhigen, wenn du überhaupt keine Farbe siehst. Die Vorstellungskraft muss manchmal geschult werden. Sie wird sich schon einstellen.

Lasse das rote Licht langsam die Beine hinabgleiten. Es durchströmt deine Schenkel und belebt deine Muskeln, Sehnen und Nerven – jede Zelle und jedes Atom in jeder Zelle wird mit Licht erfüllt. Es gleitet deine Beine weiter hinab und schiebt alles in dieser Region Unnötige vor sich her – Verspannungen, Schwere und Blockaden. Atme jeden Widerstand einfach fort, bis diese wundervolle Energie frei fließen kann – sie wärmt, reinigt und heilt. Sie strömt nun in deine Füße, erfüllt jede Zelle, jedes Atom. Wenn deine Beine und Füße ganz von Licht erfüllt sind, lasse es durch die Fußsohlen nach unten in die Erde hinaus fließen, wo es Wurzeln bildet, die dich mit der Erdenergie verankern und dich sicher und fest in Mutter Erde halten. Senke eine Wurzel direkt aus deinem Wurzel-Chakra hinab. Tief, hinunter in die Erde, so dass du nun dreifach gestützt und verwurzelt bist. Fühle Geborgenheit und Zugehörigkeit und wisse, dass du ein Teil dieses Planeten, dieses Universums bist. Spüre die Wärme, die Sicherheit und den Trost, hier an deinen gewählten Platz zu gehören.

Halte diese Verbindung zur Erde, dieses Gefühl der Sicherheit und des Gehaltenwerdens so lange du möchtest aufrecht. Fühle deine Wurzeln tief unten im Körper der lebendigen Erde. Wie ein starker Baum, so bist auch du verwurzelt und unerschütterlich. Du gehörst hierher.

Nun ist es an der Zeit, dass die Erde dich nährt. Atme tief ein und ziehe die heilende Erdenergie durch deine Wurzeln empor. Diese goldene, heilende, starke, alles Gute in sich bergende Energie wird dir gewährt, damit du gesund und heil wirst. Lasse diese Energie deine Waden und Schenkel empor in das Kraftzentrum, auf dem du ruhst – in das Wurzel-Chakra – steigen. Die goldene Energie der Erde mischt sich mit der des wirbelnden dunkelroten Chakras; die heilende Erdenergie mischt sich mit deiner eigenen. Spüre, wie die frische Kraft in dich hinein fließt, dich überflutet, heilt und ganz macht. Die Blütenblätter dieses Chakras öffnen sich noch weiter, sobald die kraftvolle Erdenergie sie berührt. Fühle dich auf dem Planeten verwurzelt und spüre deine eigene Kraft. Du bist ein lebendiger Teil des Universums, genährt durch Mutter Erde.

Koste das Gefühl aus, dass dieses dunkelrote Licht die gesamte Region mit neuer Energie belebt, während die Energie des Planeten immer noch einströmt.

Atme tief ein, sammele die Energie, führe sie in deinem Körper aufwärts und leite sie durch jedes Organ. Während sie auf ihrem Weg alles heilt, verspüre wieder diese Ganzheit und das Dazugehören. Sie erfüllt dein ganzes Sein und stärkt dich. Fühle deinen Körper. Lasse die Energie nach oben steigen, bis sie wie ein Springbrunnen aus deinem Kopf strömt, abwärts perlt und dich sanft umrieselt, durch deine Aura gleitet und wieder zurück zur Erde fällt. Atme ruhig. Während du nun in dieser lebendigen Lichtfontäne sitzst, lasse die Energie fließen, die dich von innen heraus kräftigt und stärkt und auf ihrem Weg hinunter zur Erde deine Aura belebt. Atme ruhig und empfinde dich als ein Teil dieses lebendigen Brunnens. Vielleicht hat das Licht beim Aufsteigen eine andere Farbe angenommen und zeigt sich golden, rosa oder weiß. Lasse dich von ihm überfluten; es reinigt und heilt dich, während du in der Erde verwurzelt bleibst.

Verweile in diesem Zustand, so lange du möchtest. Genieße das Gefühl. Bleibe verwurzelt und geerdet. Ruhe in deinem physischen Körper, doch erfreue dich der Energie, die dich unaufhörlich durchpulst. Sei dir mit jedem Atemzug bewusst, dass du ein Teil dieser ständigen Bewegung, dieses immerwährenden Zyklus des Universums bist. Die Energie strömt in dich hinein, nimmt ihren Weg aufwärts, sprüht einem Wasserfall gleich herab, umhüllt dich, kehrt zur Erde zurück und verbindet dich mit ihr. Wisse, dass du in diesem Augenblick mehr besitzt, als du benötigst. Du bist daheim bei der Erde, wo du hingehörst.

Lasse den Strom allmählich abebben und schließlich versiegen, bewahre aber dieses Gefühl der Sicherheit und Geborgenheit. Du bist immer noch in der Erde verwurzelt. Ziehe die Wurzeln langsam zurück, bleibe aber mit der Erde verbunden. Atme tief, danke ihr für ihre Heilenergie und entferne die Wurzeln nun vollständig und nimm dabei alle Energie, die sie in sich tragen, in dir auf. Verschließe deine Fußsohlen und führe die restliche Energie in dein Becken, den Sitz des tiefroten Lichts. Dein gesamter Körper wird auch weiterhin von der kräftigen Erdenergie in deiner Basis genährt werden. Nun bist du ganz in deinem physischen Körper. Unterstreiche dein Vorhaben, geerdet und ganz zu bleiben.

Sprich leise diese Affirmationen:

Ich bin ein geliebtes Kind des Universums und verdiene Liebe, Frieden und Sicherheit.
Ich öffne mich für die Fülle des Universums.
Ich bin bereit, Liebe zu empfangen und anzunehmen.
Ich bin bereit, die machtvolle Energie der Erde zu empfangen und von ihr genährt zu werden.

Ich bin ein irdisches Wesen und schätze mein irdisches Dasein.

Ich beschließe, für meinen Körper zu sorgen und ihn anzunehmen, so, wie er jetzt ist.

Ich achte ihn als den irdischen Tempel, in dem ich lebe, und ich werde seine Bedürfnisse im Sinne von Nahrung, Ruhe, Anregung und allgemeiner Pflege befriedigen.

Wenn du möchtest, füge weitere Affirmationen hinzu.

Bringe nun deinen Dank zum Ausdruck und kehre allmählich in den Raum zurück. Sei dir deines physischen Körpers bewusst. Bewege deine Finger und Zehen und recke dich ein wenig. Wenn du bereit bist und deine Füße fest auf dem Boden spürst, öffne langsam die Augen. Verweile einige Augenblicke. Gehe sanft mit dir um.

Bereite dir ein warmes Getränk oder trinke nur etwas Wasser und schreibe in dein Tagebuch.

Schalte dein Telefon wieder ein.

SUCHT

Die Gründe, weshalb man anfängt, Drogen zu nehmen und die Ursache, weshalb man nicht wieder aufhören kann, unterscheiden sich voneinander. Gewöhnlich liegt ein frühes Trauma vor, das zu einem geringen Selbstwertgefühl und einem Mangel an innerer Sicherheit führt, was eine Verzerrung des Wurzel-Chakras zur Folge hat. Man sucht nach einem Weg, zumindest für eine Weile der Wirklichkeit zu entfliehen und hofft, das Problem möge verschwinden. Die eigentlichen Schwierigkeiten, wie geringe Selbstachtung oder sich verloren, verlassen und nicht dazugehörig zu fühlen, werden dadurch verschlimmert, dass sich Schuld und Scham einem immer stärker werdenden Empfinden, abgelehnt zu werden, hinzugesellen.

Die Droge hat dann ihr eigenes Leben. Die Schwierigkeit aufzuhören, besteht darin, dass neben den ursprünglichen Problemen nun auch noch Vergiftungen, übermäßiger Konsum und Abhängigkeit auftreten. Dies führt letztendlich zu einem verstärkten Gefühl von Trennung, Isolation und Verlust, – oft begleitet von einer Missachtung der häuslichen Umgebung und des Umfelds – und damit zu einem sozialen Abstieg, da jegliches Empfinden für Bodenständigkeit vernichtet ist.

Hinzu kommt eine Schädigung der Gehirnzellen, und es entwickelt sich eine gefährliche Zwiespältigkeit, die sich in der Frage niederschlägt, ob man leben oder sterben will. Die Arbeit am Wurzel-Chakra kann den Zyklus oft lange genug zum Stillstand bringen, so dass die chemischen Wirkungen der Drogen nachlassen und mit der wirklichen Arbeit begonnen werden kann.

KAPITEL 5

Sakral-Chakra: sexuelle Heilung

Während es beim Wurzel-Chakra um Überleben, Beständigkeit und Erdverbundenheit geht, lautet die Thematik des Sakral-Chakras Bewegung, Beweglichkeit und Lebensfluss. Die Erdenergie unserer »Wurzeln« bietet uns eine standfeste Grundlage, von der aus wir uns der Welt zuwenden können. Wir haben eine Beziehung zu uns selbst entwickelt und sind nun fähig, hinaus zu blicken und Beziehungen zu anderen aufzubauen. Die Energiefontäne, die uns aus der vorangegangenen Meditation vertraut ist, beginnt emporzusteigen und an Kraft zu gewinnen.

Wir haben inzwischen ein gesundes Selbstwertgefühl gewonnen und besitzen nun genügend Beständigkeit, Kraft und Sicherheit, um uns anderen Beziehungen zuzuwenden. Wir dehnen uns aus, wachsen und übersteigen uns selbst, indem wir auf andere zugehen und mit ihnen kommunizieren. Unsere Aufmerksamkeit konzentrierte sich zunächst nur auf unser inneres Selbst, doch jetzt können wir anfangen, den Blick auf unsere Beziehung mit der äußeren Welt zu richten und sie auf einer persönlichen Ebene mit Freunden, Geliebten und in der Familie sowie im weitläufigen Sinne innerhalb einer globalen Gesellschaft wahrzunehmen.

Obwohl die Urinstinkte des Basis-Chakras die Sexualität und das Überleben der Spezies sicherstellen, wird sexuelle Intimität im sakralen Bereich empfunden. Unsere persönliche Transformation beginnt, wenn wir zum ersten Mal unsere schöpferische Kraft anregen. Obwohl die Kreativität im Kehlkopf-Chakra gesteigert wird, bedeutet eine Freisetzung, das nächste Chakra, den Solarplexus, voll auszuschöpfen und unser Potential zu erreichen.

Im zweiten Zentrum liegt die Betonung auf dem fließenden Aspekt. Versuche, dein Augenmerk auf diese Vorstellung zu lenken und du wirst den sanften Energieschub bemerken, der in dir aufsteigt. Dies ist der erste Inspirationsstrom, der auch die höheren Zentren anregt.

Das zweite Chakra ist orangefarben. Es liegt knapp acht Zentimeter unterhalb des Bauchnabels und strahlt in alle Richtungen ein durchsichtig schimmerndes, schillerndes Licht aus. Sein Glanz erfüllt das Becken, umhüllt die Geschlechtsorgane, belebt das Verlangen nach Vergnügen und alle Fähigkeiten. Sein Element ist das Wasser, und obwohl es mit dem Fortpflanzungssystem verbunden wird, besonders bei Frauen (der Penis gehört zum Wurzel-Chakra), verleiht es jenen Organen Energie und gleicht sie aus, die mit dem Wasserhaushalt in Verbindung stehen, nämlich die Nieren (Nieren, Harnleiter, Blase) und das Lymphsystem sowie bis zu einem gewissen Grad der Blutkreislauf. Es sorgt für ein sanftes Fließen, für Ebben und Fluten.

Dich berühren, mich berühren

Das Sakral-Chakra ist das Zentrum des Umsorgens und der Zärtlichkeit. Wir passen auf uns selbst und andere auf und haben Freude am Geben und Nehmen sinnlicher Befriedigung, was nicht unbedingt sexuellen Genuss mit einschließen muss.

Das Bedürfnis nach Berührung und Zärtlichkeit ist ebenso grundlegend wie das Bedürfnis nach Nahrung und Wasser. Ein in dieser Hinsicht benachteiligtes Kind kann ebenso wenig gedeihen wie ein Kind, dem es an grundlegenden materiellen Dingen fehlt. Ein vor Jahren durchgeführtes Experiment zeigte, dass Affenbabys mit einer Kabel-»Mutter«, die Milch hergab, sich weigerten zu spielen und sich schlecht entwickelten, obwohl man sie entsprechend gefüttert hatte. Eine andere Gruppe wurde unter denselben Bedingungen versorgt, außer dass man das Kabel mit einem Stück Fell überzog. Diese kleinen Affen schmiegten sich an, kletterten und entwickelten sich prächtig.

Unsere Mütter sind idealerweise ein Vorbild des Umsorgens, da sie uns liebevoll pflegen und wir lernen, andere ebenso zu behandeln. Wenn die Mutter ihr Kind streichelt, lernt das Baby, etwas zu berühren und zu erkunden. Im Laufe des Lebens wird die Berührung zur wesentlichen Ausdrucksform der Kommunikation. Eltern liebkosen ihre Kinder, Fremde begrüßen sich mit einem Händedruck, Freunde bringen sich ihre gegenseitige Zuneigung entgegen und ein Liebespaar sexuelle Freude. Ohne die entsprechende Berührung sind wir isoliert und gefühlskalt, abgeschnitten von der Wärme und Freude des Hautkontakts; selbst wenn es nur die flüchtige Berührung der Hand des Kassierers ist, der im Supermarkt das Wechselgeld zurückgibt! Vergewissere dich dennoch, ob es auch angebracht ist, ehe du jemanden um den Hals fällst.

Die Sexualität erkunden

Mit einem gesunden Sakral-Chakra genießen wir es, berührt zu werden und zu berühren, zu geben und zu nehmen. Im sexuellen Bereich fordern wir und freuen uns zu geben; wir bewegen uns vom rein biologisch zweckmäßigen Aspekt der Sexualität (mit Hinblick auf die Fortpflanzung, die Funktion des Wurzel-Chakras) hin zur sexuellen Intimität als einer Form der Kommunikation, des gegenseitigen Wohlbehagens und Umsorgtseins.

Die Aufmerksamkeit verlagert sich vom »ich« zum »wir«, und der Wunsch zufriedenzustellen, aber auch zu haben, wird zu einem Hauptfaktor in der Gleichung. Wir verfeinern Sex und Lust zu Wunsch und Liebe. Es entwickelt sich ein Empfinden, den geliebten Menschen in Liebe zu umfangen. Für die meisten Paare liegt hierin der Hauptfaktor einer gesunden langfristigen Bindung. Marvin Gayes Lied »Sexual Healing« fasst diesen Aspekt des Sakral-Chakras zusammen.

Männer und Frauen erleben sexuelle Intimität recht unterschiedlich. Jede Form der Intimität bedeutet für die Frau im Allgemeinen ein tiefgreifenderes und sich rascher entwickelndes Phänomen. Diesen Unterschied kann man schon an der warmen, vertrauten Freundschaft zwischen Frauen im Gegensatz zu Männerfreundschaften erkennen. Frauen haben berichtet, dass sie in ihrer sexuellen Vertrautheit mit einer anderen Frau eine viel tiefere und geistigere Beziehung erlebten als mit einem Mann. Die meisten Frauen neigen dazu, im Zusammenhang mit ihrer Sexualität ein tiefes spirituelles Empfinden anzurühren, wohingegen Männer eher von ihrem physischen Aspekt regiert werden. Der Penis wird vom Wurzel-Chakra beherrscht, das sich mit den Urinstinkten auseinandersetzt. Die weiblichen Genitalien jedoch sind im Sakralbereich beheimatet. Da der Zyklus der Frau andere Naturphänomene widerspiegelt, wie den Mond und die Gezeiten, ist sie naturgemäß stärker an die Elemente und das Geistige gebunden.

Für Männer dauert es gewöhnlich länger, um ein Gefühl der Vertrautheit und der Verantwortung zu entwickeln. Diejenigen aber, die sich in diesem Chakra öffnen, sind anhaltender Zuneigung fähig, was den Wunsch einschließt, die Partnerin mit einer tiefen, geistigen Leidenschaft zu schützen und für sie zu sorgen.

Wenn zwei Menschen mit geistiger Offenheit im Sakral-Chakra zusammenkommen, haben sie oft das Empfinden, sich schon immer gekannt zu haben und zu einander zu gehören. Den karmischen Aspekt einer Beziehung werden wir in Kapitel sieben eingehender besprechen.

Inneres Gleichgewicht

Die Sexualität führt das Männliche und Weibliche zusammen, wobei es sich jedoch nicht nur um ein äußeres Phänomen handelt. Im Zuge unserer geistigen Entwicklung entfaltet sich der maskuline und feminine Aspekt in jedem von uns, ungeachtet dessen, ob wir einen Partner haben oder nicht.

Das männliche Element – jener Teil in uns, der sich mit dem Handeln, der Logik und der Organisation, dem Ehrgeiz, der Tatkraft (und vielem mehr) beschäftigt – wird von der linken Gehirnhälfte gesteuert. Zu den weiblichen, von der rechten Hälfte gelenkten Funktionen gehören Wortgewandtheit, Kreativität, Musik, Kunst und andere weniger strukturierte Gaben. Die Entwicklung des Sakral-Chakras führt uns zu einem Zustand inneren Gleichgewichts zwischen unserem maskulinen (Tätigkeit) und femininen (Nähren) Prinzip.

In einem gesunden, reifen, heterosexuellen Mann wird das maskuline Prinzip im Allgemeinen im Vordergrund stehen, obgleich er den weicheren und mehr femininen Aspekt seines Charakters durchaus bejahen und an den Tag legen mag. Junge Männer tun sich oft schwer, ihr weibliches Element zu akzeptieren und spielen gerne den Macho. Zwanzig Jahre später wird sich derselbe Mann völlig anders verhalten, da er ausgeglichener und mit seinem femininen Aspekt vertrauter ist.

In einer gesunden, reifen, heterosexuellen Frau wird das weibliche Prinzip durch das männliche Element in ihr wohl unterstützt, so dass sie sanft, warm und liebevoll, aber gleichzeitig systematisch und voller Ehrgeiz und Tatendrang sein kann. In jungen Jahren mag sie flatterhaft gewesen sein, ehe sie ein Gleichgewicht zu ihrem inneren maskulinen Prinzip herstellte. Hier muss das Konzept des Fließens beachtet werden. Die Fließeigenschaft eines gesunden Sakral-Chakras fördert die ständige Veränderung und

Bewegung zwischen dem maskulinen und femininen Prinzip. Flexibilität lautet das Kennzeichen eines gesunden Erwachsenen.

Nehmen wir an, ich bewege mich in meinem üblichen Arbeitsbereich, in dem mein weiblicher Aspekt im Vordergrund steht. Ich bin liebevoll und kreativ, suche aber gleichzeitig nach Lösungen und schließe jeden, mit dem ich arbeite, in die Heilungsenergie ein. Meine männliche Seite unterstützt mich sehr, indem sie mir hilft, meine Gedanken zu ordnen und sie in einfacher und verständiger Form zum Ausdruck zu bringen. Sollte plötzlich aus irgendeiner Ecke Gefahr drohen – etwa indem ein Feuer ausbricht – würde dieser Aspekt in den Vordergrund treten und mich zum Handeln veranlassen. Er wird mir helfen, systematisch zu planen, wenn nötig zu befehlen und je nach Lage energisch vorzugehen, um die Menschen in meiner Obhut zu retten und dafür zu sorgen, dass das Gebäude schnellstens evakuiert wird.

Mein gesamtes Verhalten wird sich in einem solchen Fall verändern, der Tonfall meiner Stimme, meine Bewegungen, mein Denken und mein Einsatz. Trotz meiner weiblichen Umsicht, ist es das männliche Prinzip in mir, das umsichtig den Weg aus dieser Krise findet. Es mag andere Momente geben, bei denen das weibliche Element die Hauptrolle spielen muss. In einer aggressiven, von Streit geprägten Situation wirkt sich eine gütige, liebevolle Art besänftigend auf die Lage aus. Aufgrund dieser Tatsache werden Frauen oft in Bereichen möglicher Gewalttätigkeit, wie etwa in Männergefängnissen oder Krisenteams, eingesetzt. Es hat sich gezeigt, dass die Anwesenheit von Frauen die Anzahl gewalttätiger Vorfälle verringert. Diese Frauen müssen ausgeglichen sein. Das im Vordergrund stehende feminine Prinzip wird von dem wachsamen, maskulinen Aspekt unterstützt, der stets bereit ist zu beschützen und zu handeln, falls ein anderes Vorgehen erforderlich wird.

Wenn dieses Chakra aufgrund bestimmter Lebensereignisse

oder seelischer Erschütterungen nicht richtig arbeitet oder ihm eine gewisse Reife fehlt, wird ein anpassungsfähiges inneres Gleichgewicht zwischen dem männlichen und weiblichen Aspekt unmöglich. Die sich daraus ergebende Starre macht sich nicht nur in uns selbst, sondern auch in unserem Verhältnis zu anderen bemerkbar.

Innere Unausgeglichenheit führt zu gestörten Beziehungen. Es gibt Beziehungen, in denen »hat die Frau die Hosen an«, während beim Mann die femininen Elemente stärker betont sind. Die Folge davon ist, dass der Mann »unter dem Pantoffel« zu stehen scheint und die Bedürfnisse der Frau niemals erfüllt werden.

Es gibt auch Beziehungen, in denen überwiegt bei beiden Partnern der männliche Aspekt. In diesem Fall stoßen sich beide Seiten ständig gegen den Kopf und werden aggressiv. Keiner ist gewillt, den anderen zu umsorgen, und jedem mangelt es an der Befriedigung seiner Bedürfnisse. Überwiegt dagegen der weibliche Aspekt in beiden Partnern, fehlt es der Beziehung an Zielstrebigkeit und Richtung, was bald zum Chaos führt. Diesen Beziehungen mangelt es nicht nur an Gleichgewicht, sondern auch an Flexibilität.

In einer gesunden Beziehung fühlt sich jeder Partner in seiner Sexualität sicher, und seine fließende, innere Beweglichkeit ermöglicht einen steten Rollentausch. Wenn der Mann einen Unfall hat, kann die Frau sofort die männlichen Funktionen übernehmen und alle notwendigen Vorkehrungen treffen (viele Frauen betrachten dies ohnehin als ihre eigentliche Funktion). Sie wird ihn beschützen, unter Umständen sehr energisch werden, alles organisieren und dirigieren. Der ausgeglichene Mann seinerseits vermag in eine sanftere, eher umsorgende Rolle zu schlüpfen. Ein gesundes, ausgeglichenes Paar wird aber nicht erst auf eine Krise warten, sondern auch in seiner sexuellen Beziehung flexibel sein.

Hier ist die Rede von den inneren männlichen und weiblichen

Prinzipien, nicht von Mann und Frau oder männlicher gegenüber weiblicher Rolle. Also bitte kein Aufruhr! Wenn das Sakral-Chakra gut funktioniert, verfügt ein gesunder Erwachsener über ein genügend ausgeglichenes Verhältnis zwischen männlichem und weiblichem Element, um ein selbstbewusstes Gleichgewicht in seiner Beziehung zu anderen zu erreichen. Eine solche Begegnung kann auf allen Ebenen stattfinden. Beide Partner teilen sich die Aufgaben – das Umsorgen, die Festlegung des Haushaltsplans, die Arbeit, die Organisation, das Planen und den Haushalt. Dabei wirken sie als Individuen im Bereich ihrer Beziehung; zwei eigenständige Menschen, die als Paar Teamarbeit leisten.

Gewöhnlich wählen wir einen Partner, der unsere eigene Sexualität ausbalanciert. Ein Mann mit einem sehr starken maskulinen Prinzip wird nach einer sehr femininen Frau Ausschau halten, auf die er aufpassen und die er dominieren kann und die keine Herausforderung für ihn bildet. Die Frau wird in einer solchen Beziehung gut aufgehoben sein, da sie sich ihres maskulinen Aspekts kaum bewusst ist und eher nach einer Vaterfigur sucht, die für sie sorgt. Ein Mann mit einem kümmerlich entwickelten maskulinen Prinzip wird nach einer starken, dominierenden Frau suchen, die die Verantwortung übernimmt und ihm vieles abnimmt, was man von ihm als Mann erwartet, so dass er sich innerlich weniger herausgefordert fühlt. Die Frau in dieser Beziehung braucht jemanden, der ihrem männlichen Element genügend Raum gibt.

Obwohl diese Beziehungen den Partner auszugleichen scheinen, fragt man sich, was geschehen mag, wenn einer von ihnen beginnt, geistig zu wachsen und »gesund« zu werden. Je stärker das innere Gleichgewicht des einen zunimmt, desto schwankender kann die Beziehung werden. Der Partner fühlt sich bedroht und bemüht sich, den geliebten Menschen »krank« zu halten, damit der alte Zustand gewahrt bleibt. Besser wäre es, wenn der gesundende Partner dafür sorgte, dass es dem anderen ebenso erginge.

Jemand, der innerlich völlig ausgeglichen ist, wird nicht nach einem Partner Ausschau halten müssen, der ihn ergänzt. In diesem Fall handelt es sich um eine hochentwickelte Person, die selbstständig und anpassungsfähig ist und deren positive, starke Energie aus dem Sakral-Chakra dazu beiträgt, alle anderen Chakras auszubalancieren. Sie mag sich dennoch in jemanden verlieben und mit dem Partner zusammenleben, doch nicht um der Ergänzung willen.

Eine solche Beziehung gründet sich eher auf dem Wunsch, einander zu wollen, als einander zu benötigen. Einige mag der Gedanke, nicht gebraucht zu werden, ängstigen. Es ist aber eine größere Liebeserklärung, sein zu können, wer wir sind, als sein zu müssen, wer wir nicht sein wollen. Bei einer gesunden, liebevollen Beziehung wird die gegenseitige Abhängigkeit, die das Gefühl der Unvollständigkeit überwinden hilft, durch die freie Wahl des Partners ersetzt.

Wie verhält es sich mit homosexuellen Paaren? Bei einem gefestigten Paar sind der feminine und maskuline Aspekt im Allgemeinen ausgeglichen, und es gelten die gleichen Prinzipien. In manchen Fällen überwiegt das weibliche Element in einem Partner, der sich dann einen Partner mit vorwiegend männlichen Eigenschaften sucht oder umgekehrt. Bei einigen Paaren hat jeder von beiden das innere Gleichgewicht erreicht und bedarf nicht einer von außen kommenden Ergänzung.

Sich verlieben

Auf Liebesbeziehungen wird ebenfalls das siebte Kapitel näher eingehen. Da aber das Sakral-Chakra eng mit diesem Thema verwoben ist, sollen an dieser Stelle einige Gedanken dazu angesprochen werden.

Wenn sich zwei Menschen sexuell anziehen und ineinander verlieben, öffnet sich dieses Zentrum und mit ihm das Herz-Chakra, das im Zusammenhang mit der menschlichen Liebe steht. Auch das Kehlkopf-Chakra, das die Vorstellungen und die Kommunikation regiert, öffnet sich unmittelbar. Diese Verbindung zwischen dem Kehlkopf- und dem Sakral-Chakra ruft in einer ungeheuer aufregenden, aber irgendwie schwankenden Weise einen Strom an Kraft, Kreativität und Inspiration hervor. Dies ist die »Verliebt-sein-Phase«, die von der Familie und den Freunden wohlwollend betrachtet wird, denn die beiden Liebenden verhalten sich völlig untypisch. Sie sind vorübergehend außer Kontrolle geraten, »die reinste Form der Verrücktheit«, wie man es auch genannt hat. Dieser Zustand steht im krassen Gegensatz zu der schöpferischen Blockade und dem Mangel an Aktivität, wenn die Beziehung sich zu lösen beginnt.

Nach der anfänglichen Flut von Überaktivität, findet das Sakral-Chakra sein Gleichgewicht, und die sexuelle Aktivität und der Gemütszustand festigen sich. Dies bedeutet die Rückkehr zum Alltag. Die Verbindung zwischen den Partnern bleibt aber stark.

Verlangen, Vergnügen und das Bedürfnis nach Beachtung

Das Verlangen und das Vergnügen, die sich aus dem zweiten Chakra ergeben, sind nicht nur sinnlicher Natur. Die Freude an materiellen und vergänglichen Dingen schenkt Befriedigung und ein Gefühl der Vollständigkeit. Neue Aspekte auf menschlicher und materieller Ebene werden in das Leben mit einbezogen. Auch der Geschmackssinn steht mit dem Sakral-Zentrum in Verbindung. Schmecke und genieße nicht nur das Essen, sondern auch die Welt, mit allem, was sie zu bieten hat.

Wir dürfen unseren Bedürfnissen nachgeben. Leider ist es nicht immer einfach, die eigenen Wünsche zu verstehen und sie richtig zu deuten. Es kann zu Missverständnissen darüber kommen, was man wirklich will.

Man denkt, man müsste etwas essen. Doch wenn man genauer prüft, stellt sich heraus, dass man gar nicht hungrig ist. Man hat das Bedürfnis nach irgendetwas. Vielleicht langweilt man sich, ist verärgert oder empfindet Schmerz. Es gibt Besseres zu tun, als zu essen. Vielleicht sollte man meditieren oder spazierengehen, über seinen Ärger reden oder jemanden um eine Umarmung bitten. Früheren Umständen zufolge (wenn man sich als Kind erregte oder in Tränen ausbrach, wurde man vielleicht mit Süßigkeiten oder Eiscreme getröstet), übergeht man einen wesentlichen Erkenntnisschritt und greift sofort nach Essbarem, anstatt nach dem Grund für das Unbehagen zu suchen.

Wenn man das Empfinden hat, etwas zu benötigen, dann ist es unbedingt wichtig, dies zu erkennen. Herauszufinden, was man braucht und was einem Freude bereitet, bedeutet, das Bedürfnis zu befriedigen und darauf hinzuweisen, in welche Richtung man zu gehen hat.

Das Verlangen des Sakral-Chakras, Vergnügen zu geben und

zu empfangen, zeigt den Weg. Wenn man statt Freude Schmerz empfindet, dann sollte man wahrscheinlich die Richtung ändern. Obwohl man sich im Grunde genommen niemals am falschen Ort oder auf dem verkehrten Weg befindet, bedeutet Schmerz, dass man einfach weitergehen muss. Wenn man sich weigert, diese Botschaft zu hören, mag man sich in seinem Leben im Kreis drehen. Es ist erstaunlich, wie oft man Schmerz empfindet, anstatt ihn aus dem Weg zu räumen. Bei physischen Schmerzen würde man mit Sicherheit seine Anstrengungen verdoppeln, um mit der Schwierigkeit fertig zu werden.

Wie oft haben wir uns wohl schon gesagt: »Das passiert mir niemals wieder« und haben uns später wieder in der gleichen Lage befunden? Wie oft hat man in einer Beziehung den gleichen Schwierigkeiten gegenüber gestanden und hart an deren Lösung gearbeitet, anstatt den Zeichen zu folgen und sie zu lösen? Das Sakral-Chakra spielt in solchen Situationen eine wegweisende Rolle, um den richtigen Weg zu einem glücklicheren und gesünderen Dasein zu nehmen, wenn man ihm erlaubt, sich zu öffnen und seiner Botschaft sorgfältig lauscht. Sollte man aber doch wieder am selben Punkt landen, ist es wichtig, inne zu halten, den Lernprozess zu erkennen und rascher vom Schmerz frei zu werden. Man muss nicht immer wieder in dasselbe Loch fallen.

Das Bedürfnis nach Beachtung gehört zu dem Bedürfnis, umsorgt zu werden. Aufgrund früher Vernachlässigung greift man manchmal zu recht ungewöhnlichen Mitteln, um das zu bekommen, was man benötigt. Aus irgendeinem Grunde spricht man nicht über seine Bedürfnisse. Statt dessen spielt man sie durch und hofft, irgendjemand möge sie verstehen. Manchmal schlägt man die Türen, wenn man verärgert ist, ein so genanntes »schauspielerisches« Verhalten, was oft ignoriert oder abgetan wird, wodurch sich das verzweifelte Bemühen, verstanden zu werden, nur noch steigert. Dann gibt es noch den schrecklich abschätzigen Begriff von der »Beachtung heischenden Verhaltensweise«. Er wird oft missbraucht und als Deckmantel für ein Verhalten genommen, das als ungesund erachtet wird und das man am besten übersieht.

Dieses Beachtung heischende Verhalten signalisiert tatsächlich genau das, was erwartet wird – jemand will beachtet werden, auch wenn dies in einer ungesunden, verzerrten und möglicherweise unangenehmen Art geschieht. Man erreicht natürlich das genaue Gegenteil damit. Die Menschen, die einer solchen Person anfangs versuchten zu helfen, werden schließlich ärgerlich und ziehen sich erbost zurück, was dazu führt, dass diese Person ihre Bedürfnisse noch stärker zum Ausdruck bringen muss, da sie ja immer noch nicht gehört wurde. Wenn man sich nicht eingesteht, dass man sich nach irgendeiner Form der Beachtung sehnt und ihrer bedarf, wird man die Bedürfnisse nur unterdrücken, die sich dann aber an irgendeiner anderen Stelle doch bemerkbar machen.

Ich erinnere mich an einen jungen Mann, dem regelmäßig Unglücke widerfuhren. Gewöhnlich schnitt er sich in die Finger, was aber genügte, um die Aufmerksamkeit anderer anzuziehen. Einige Monate lang geschah dies fast jeden Abend. Als diensthabende Psychiaterin wurde ich gerufen, um zu prüfen, ob eine Selbstmordgefahr bestand. Es entstand eine freundschaftliche Beziehung zwischen uns beiden. Vor mir stand ein trauriger, einsamer Junge, der niemanden hatte, mit dem er reden konnte und sich dieser machtvollen, aber gefährlichen Kommunikationsmethode bediente, damit ihm jemand zuhörte.

Nachdem ich nächtelang viele Stunden mit ihm geredet hatte, erkannte ich, dass diese Gespräche ihn in seinem Verhalten bestärkten. Man belohnte ihn für sein krankhaftes Vorgehen, indem man ihm zuhörte. Da er nicht bereit war, sich einer Psychotherapie zu unterziehen, machte ich ihm den Vorschlag, ihn während meiner Dienstbereitschaft zu sehen, falls es meine Zeit zuließ und er darum bat. Wenn er sich schnitt, würde ich nicht kommen.

In den folgenden Nächten kam er mit den üblichen Schnittwunden ins Krankenhaus. Ich weigerte mich, ihn zu sehen, und er stürmte hinaus. Nach einer Woche kam er wieder und bat, mich sehen zu dürfen. Wir sprachen lange miteinander, ohne zu erwähnen, dass ich ihn zuvor nicht sehen wollte oder dass er sich jemals geschnitten hatte. Das führte zum Durchbruch.

Wir versuchten herauszufinden, warum er der Beachtung bedurfte. Er war sehr einsam und lebte mit zwei weiteren jungen Männern, die ebenfalls von Zuhause fortgelaufen waren, in einem leerstehenden Haus. Alle drei nahmen von Zeit zu Zeit Drogen, die sie sich von erbetteltem oder manchmal auch gestohlenem Geld kauften. Was sie wohl am meisten benötigten, war ein Zuhause, umsorgt zu werden und vor allem eine Menge Liebe. Er saß fest. Ihm fehlte nicht nur das Empfinden, verwurzelt zu sein und irgendwo hinzugehören – die Folge eines blockierten Wurzel-Chakras, hervorgerufen durch den Schmerz, den er sehr früh erleiden musste – sondern er besaß nur ein geringes Selbstwertgefühl und keinerlei Vorstellung von seinem Potential als Mensch. Er sehnte sich danach, beachtet zu werden, was ihm zu Hause aber nur gelungen war, wenn er sich ungezogen benahm. Man schrie ihn an oder schlug ihn, aber das war zumindest etwas. Nun war es an der Zeit, sich auf mehreren Ebenen neu zu orientieren.

Erstens musste er erkennen lernen, dass man ihm nur zuhörte, wenn er sprach, nicht wenn er schrie, tobte oder sich Schnittwunden zufügte; zweitens einsehen, dass man, auch wenn man ihn hörte, er nicht alles bekommen würde, was er verlangte. Darin hatte er sich zu fügen. Drittens musste er lernen, einige seiner Bedürfnisse aus dem Innern heraus zu befriedigen und nicht immer zu erwarten, dass ihn andere Leute zufrieden stellten.

Als ich ihn das letzte Mal sah, besuchte er das College und lebte in einem Jugendheim. Seit über einem Jahr hatte er sich weder geschnitten noch Drogen genommen. Während seiner Heilungsphase entfernten wir zunächst die Blockaden in seinem Wurzel- und Sakral-Chakra und danach im Kehlkopf-Zentrum, um seine Kommunikationsfähigkeit zu verbessern. Schritt um Schritt gelang es ihm, sein leeres Innenleben zu bereichern (Abb. 8) und alle seine Bedürfnisse und die Sehnsucht nach Liebe, Geborgenheit und Freude zu erfüllen.

Wir alle benötigen Liebe, Unterstützung Umsorgtsein und Berührung ebenso nötig wie die Grundnahrungsmittel, Kleidung und Unterkunft. Diese Dinge von der Außenwelt zu erwarten, macht verletzbar. Sein Innerstes zu füllen, beginnt im Wurzel-Chakra, mit der Entwicklung des Selbstwertgefühls, und geht dann weiter zum Sakral-Chakra, indem man seinen Platz in der Familie und in der Gesellschaft findet. Die eigenen Bedürfnisse weitgehend aus dem eigenen Innern zu befriedigen und dabei eine gesunde Verbindung zur Außenwelt zu bewahren, schützt vor Verletzbarkeit.

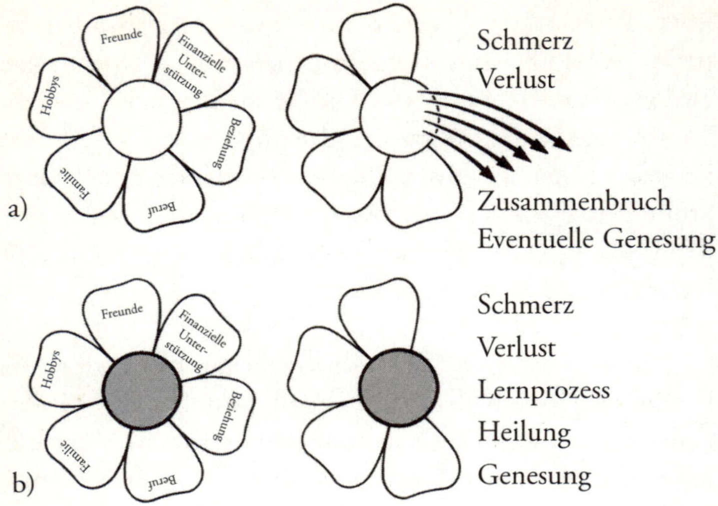

Abbildung 8:
8a) Diese Person findet Unterstützung in der Familie, bei Freunden, durch den Beruf, in einer Beziehung und in finanzieller Sicherheit. Sie besitzt wenig bis gar keine innere Stärke – das Innere ist leer. Sollte eines der unterstützenden Elemente verlorengehen, zum Beispiel der Ehemann seine Frau verlassen und ihr damit auch die finanzielle Sicherheit entziehen, wird diese Person wahrscheinlich nicht mit dem Verlust fertig werden. Es besteht die Möglichkeit eines »Zusammenbruchs«, es sei denn es werden innere Quellen mobilisiert, um die Stabilität wieder herzustellen.
8b) Diese Person besitzt die gleichen unterstützenden Voraussetzungen, daneben aber auch ein starkes Selbstwertgefühl und Selbstvertrauen; ein starkes Inneres. Sollte eine der äußeren Stützen verlorengehen, wird sie zwar Kummer leiden, aber aufgrund ihrer inneren Stärke mit dieser Situation fertig werden und sie ohne Zusammenbruch überleben.

Sich mit neuer Energie versorgen

Das Sakral-Chakra regiert nicht nur unser Verlangen, sondern speichert auch Informationen, und Perioden angeregten Lernens veranlassen es, sich plötzlich zu öffnen. Man verfügt über ein weitaus größeres Potential, als man annimmt. Die Arbeit an diesem Chakra aktiviert den Solarplexus, sodass man seine Ziele erreichen kann. Diese Vorgänge laufen oft sehr schnell ab, und man fühlt sich vielleicht überwältigt. Aber solche Veränderungen zeigen nur positive Auswirkungen. Bald wird man das Wissen in einer zuvor nicht gekannten Weise aufnehmen, das Gedächtnis verbessert sich und aufgrund der steigenden Kreativität strömen neue Ideen ein.

Sobald sich dieses Chakra öffnet, fühlt man sich kraftvoller und bereitet den Weg für die stärkere Entwicklung dieser Kraft im Solarplexus-Chakra. Selbstbewusst, aber nicht eingebildet, beginnen wir, unsere Gaben und Talente zu erkennen und unsere wahre Schönheit und Größe zu sehen. Frei von Eifersucht und Neid wird uns bewusst, dass jeder Mensch einzigartig ist und mit seiner Aufgabe an seinen Platz gehört. Anfangs mag man dies nur flüchtig erhaschen, je mehr man aber an diesem Chakra arbeitet und zum nächsten vordringt, desto stärker wird das Vertrauen in die eigene Fähigkeit.

Unsere Fähigkeiten sind nicht statisch, sie nehmen immer mehr zu. Bei der Arbeit an den einzelnen Chakras handelt es sich nicht um eine einmalige Angelegenheit. Ihre Verfeinerung und Verbesserung gehört zu unserer Lebensaufgabe, und im Zuge unserer wiederholten Erdenleben und der Aufenthalte in geistigen Welten vertiefen wir unser Verständnis. So entdecken wir allmählich, was es bedeutet, ein geistiges Wesen zu sein!

Fehlfunktionen des Sakral-Chakras

Bei einem trägen oder blockierten Sakral-Chakra ist ein Orgasmus oft nicht möglich; es zeigt sich ein Widerwille gegen den Geschlechtsverkehr, bei Frauen ein Verlust der Libido und bei Männern Schwierigkeiten bei der Erektion und Ejakulation. Sexuelles Vergnügen lässt sich kaum erlangen. Daraus ergibt sich ein Mangel an Selbstbewusstsein und bei beiden Geschlechtern die Unfähigkeit, das eigene Potential zu entfalten.

Dieses Chakra wird vor allem von Bewegung und Flexibilität geprägt. Werden diese behindert, kommt es zu Versteifungen, und die anmutigen Bewegungen, insbesondere im unteren Rückenbereich, in den Hüften und Beinen, werden unmöglich. Alles scheint gestaut und die Fließeigenschaft auf allen Ebenen verloren gegangen zu sein. Stauungen im Harnwegssystem können zu Wasseransammlungen, wiederkehrenden Blasenentzündungen, Infektionen, Nierensteinen, Nierenbeckenentzündungen und dergleichen führen. Blockierte Lymphgefäße verursachen geschwollene und empfindliche Knöchel und Beine, und die Blutzirkulation lässt zu wünschen übrig. Es gibt zahlreiche menstruelle Probleme sowie Beschwerden vor der Periode, etwa vermehrte Verspannungen, Reizbarkeit und Ängstlichkeit, da die Schwellung das Gewebe zusammendrückt. Unregelmäßige Perioden, mit oder ohne heftige Blutungen, sind nicht ungewöhnlich.

Von der Stimmungslage bis zu den Muskeln fühlt sich alles beengt und starr an, und eine Entspannung scheint fast unmöglich zu sein, da man sich ständig wehrt. Wie anstrengend! Die folgenden Übungen und Meditationen können Abhilfe schaffen. Alles ist in Bewegung, das sollte man nicht vergessen.

Sprich das Wort »fließen« leise vor dich hin, fühle seine Bedeutung und lasse es geschehen. Fließe physisch, emotional und geistig.

Ich arbeitete eine Zeit lang mit einer Frau, die mich wegen ihrer dick geschwollenen, schmerzhaften Beine aufsuchte. Steif schlürfte sie in den Behandlungsraum. Die Mitvierzigerin sah viel älter aus und litt unter einer Anzahl von Problemen. Alles an ihr schien versteift zu sein, und die Gelenke schmerzten.

Mit trauriger Resignation und unterdrückten Tränen antwortete sie auf meine Fragen nach ihrer Kindheit. Ihr Vater hatte sich einen Jungen gewünscht, und sie war sich seiner Enttäuschung stets bewusst. Er hatte sie erbarmungslos kritisiert, und ihre ersten Schuljahre waren eine Tortur für sie gewesen, da sie sich bemüht hatte, sportliche Leistungen zu bringen, während sie in ständigem Konflikt mit ihrer weiblichen, sanften und mädchenhaften Seite stand. Was immer sie tat, sie schien ihn niemals zufriedenstellen zu können, und nach und nach gab sie den Versuch auf. Trotzdem vermochte sie nicht, eine erwachsene Frau zu werden. Sie hatte nie Freude an der Sexualität empfunden, und ihre spätere Ehe entpuppte sich als eine freudlose Angelegenheit. Ihr Mann verließ sie und fand eine Partnerin, die seinen Vorstellungen eher entsprach.

Seither hatte sie alleine gelebt, und ihr körperlicher Zustand verschlechterte sich zusehends. Sie hatte den Blick dafür verloren, falls sie ihn je besessen hatte, wer sie eigentlich war und erwartete nichts mehr vom Leben. Sie entschuldigte sich laufend, in meine Praxis gekommen zu sein, da ich ihr ja wohl doch nicht helfen könne.

Ihr Sakral-Chakra war völlig blockiert, was zu Stauungen im gesamten Körper führte. Ihre physische und emotionale Energie waren auf dem Tiefpunkt. Zunächst mussten die Dinge einfach wieder in Gang gebracht und ihr Widerstand überwunden werden, der sich ebenso starr zeigte wie ihr Körper. Als wir den Schmerz aus der Vergangenheit aufarbeiteten, den sie fast vergessen hatte und sicherlich nicht mit ihren augenblicklichen Problemen in Zusammenhang brachte, löste sich die Blockade. Einige Wochen später stellte sie erstaunt eine bislang ungekannte Erregung und ein sexuelles Verlangen fest. Die Schwellungen und Versteifungen nahmen allmählich ab, und sie konnte recht selbstbewusst einige der nachfolgenden Übungen versuchen. Es war ihr schließlich möglich, einen lange begrabenen Schmerz loszulassen und die Entwicklung ihrer Weiblichkeit zu fördern. Ihre erwachende Kreativität ergoss sich in Poesie, die ihre Seele umhüllte und heilte. Wir konnten unsere gemeinsame Arbeit beenden, und sie übernahm ihre eigene Heilung.

Kein Chakra kann in Isolation existieren, und wenn sich die Tore des mit dem Element Wasser verbundenen Sakral-Chakras öffnen, entströmt ihm eine starke Kraft, die alle Hindernisse, die sich ihm in den Weg legen, ausräumt, und die Blockaden auf den anderen Ebenen beginnen zu schmelzen. Die Energie, die die Erde genährt hat, wird durch das Wurzel-Chakra umgewandelt, durch das zweite Zentrum mit neuer Energie versorgt und steigt nun aufwärts, um im dritten Chakra weiter veredelt zu werden. Diese Energie muss man unbedingt zügeln, will man sie gezielt nutzen.

Das Ego kann das Potential, das nun im Begriff ist, freigesetzt zu werden, völlig zerstreuen. Man kann spüren, wie diese Kraft, die nun berührt wird, zunimmt und durch den physischen, mentalen und geistigen Körper empor drängt. Sie ist wahrhaft geistiger Natur und muss zum Wohle aller eingesetzt werden. Jeder Versuch, sie zu missbrauchen, wird in einer Katastrophe enden. Die potentielle Energie des Sakral-Chakras muss mit dem Gewissen und der Liebe der höheren Zentren gemäßigt werden, um seine äußerste Kraft zu gewinnen. Wenn man sie aufrichtig, reinen Herzens und in guter Absicht nutzt, wird einem die Fülle der Kraft des Solarplexus zuteil.

Das Recht, seine eigenen Entscheidungen zu treffen und frei zu wählen, gehört zu den Herausforderungen des irdischen Daseins. An diesem Punkt kann man entweder den Kurs zu Wachstum, Erfolg, Fülle und Macht im geistigen Sinne einschlagen oder das verlieren, was bereits unmittelbar vor einem liegt.

Die folgenden Übungen und Meditationen werden dazu beitragen, das Ziel zu erreichen, um das Sakral-Chakra zu reinigen und sanft zu öffnen.

Die Übungen

Übung 1

Spiele sanfte, fließende Musik, die dich an Wasser erinnert. Deine Bekleidung darf nicht einengen; gib dir viel Raum. Dein Körper bewegt sich sacht im Takt der Musik; die Verspannungen beginnen sich zu lösen. Werde ganz locker. Fühle, wie deine natürliche Anmut allmählich hervorquillt. Bewege dich so, als ob du auf dem Wasser dahingleitest. Wenn du deine Füße bisher noch fest auf dem Boden gehalten hast, bewege auch sie. Lasse dir Zeit; gleite und schwinge. Befreie dich von Schmerz und Spannung. Atme in sie hinein. Du bist erfüllt von Harmonie und sanftem Fließen. Bewege dich. Empfinde deinen Körper. Schwinge dich sanft zur Musik. Setze aufkommende Emotionen frei. Lasse sie einfach los. Verliere dich in der Musik. Die Bewegung schafft Veränderungen in deinem Leben; es schwingt ein anderer, geschmeidigerer Rhythmus. Deine Gelenke, deine innere Haltung, deine Lebenseinstellung, alles ist flexibel. Bewege dich; bleibe im Fluss. Werde Teil der Musik. Genieße es, einfach zu sein.

Wenn die Musik aufhört, werde allmählich still. Die Augen sollten geschlossen bleiben, bis du dich wieder gefangen hast. Nimm deine entspannte Haltung wieder ein. Wenn du wieder ganz in den Raum zurückgekehrt bist, öffne die Augen. Räkele dich und sage dir dabei, dass du immer flexibler wirst. Trinke klares, mit Energie aufgeladenes Wasser.

Übung 2

Bereite ein Vollbad oder ein Duschbad vor. Zünde eine Kerze an. Für das Bad verwende ätherische Öle (Rosmarin oder Ambra), zum Duschen versprühe einen Duft oder entzünde ein Räucherstäbchen. Nimm dir Zeit, genieße das Wasser und lasse es alles Negative von dir abwaschen, dich von Unreinheiten säubern und alles Alte und Unnötige fort spülen. Reinige sanft deine Haut, indem du den Körper entlang streichst und die Gelenke mit kleinen, kreisenden Bewegungen säuberst. Sage dir dabei, dass deine Beweglichkeit zunimmt und deine Gelenke frei werden. Spüre auch die innere Bewegung und fühle das Fließen der Körperflüssigkeiten. Lasse alles Unnötige abfließen, damit sie ungehindert strömen können, klar und rein sind und deine Körperzellen nähren. Massiere liebevoll deinen Körper, sanft aber kräftig, mit langen Streich- und Kreisbewegungen und kreisenden Bewegungen über den Gelenken. Liebe dich selbst. Versichere dir, dass du gesünder und frei werden wirst. Nimm dir so viel Zeit, wie du möchtest.

Wenn du fertig bist, hülle dich in warme Handtücher oder einen warmen Bademantel. Entspanne dich und trinke ein Glas Wasser.

Übung 3

Das Sakral-Chakra steht in Verbindung mit dem Geschmack. Halte bei der Zubereitung von Speisen oder Getränken inne und koste sie voll aus. Iss langsam, genieße jeden Bissen. Die Nahrung gibt dir Energie. Rohe Lebensmittel, wie Gemüse und Salate, übertragen ihre Energie und steigern deine Vitalität. Das Wasser, das du trinkst, reinigt dich. Wenn du energetisiertes Wasser nimmst, regt dich die Energie des Kristalls ebenfalls an. Erfreue dich deines Geschmackssinns.

Meditationen

Meditation 1

Wähle eine Zeit, in der man dich nicht stört. Es soll mindestens eine Stunde sein, damit dir nicht nur genügend Zeit für die Meditation, sondern auch für einige stille Minuten danach zur Verfügung steht. Begib dich in deinen dafür vorgesehenen Raum, in dem du dich sicher und geborgen fühlst und dich völlig entspannen kannst.

Die Steine, die sich für diesen Zweck eignen, sind Mondstein und Topas. Der Mondstein gleicht nicht nur die Emotionen aus, sondern wirkt sich besonders günstig auf die Fruchtbarkeit, Periodenschmerzen und das prämenstruelle Syndrom aus. Er steigert auch die Flexibilität und gibt Geborgenheit. Der Topas ist ein wunderbarer Heiler! Abgesehen von einem Amethyst, trage ich diesen Stein fast täglich, vor allem bei der Arbeit. Er wirkt beruhigend und feuert gleichzeitig die Kreativität an, eine kraftvolle Hilfe bei der Heilung und Regeneration.

Du solltest möglichst mit aufrechtem Rücken sitzen; denn es ist wichtig, eine Stellung einzunehmen, die du halten kannst, sei es mit Hilfe eines Stuhls oder eines Kissens.

Der Vergangenheit vergeben

Konzentriere dich auf deinen Atem und entspanne dich. Du bist an einem sicheren Platz. Du bist beschützt und geerdet.

Alles, was dir im Alter von drei bis fünf oder acht Jahren geschah, wirst du jetzt heilen und loslassen. Umfasse in Gedanken diesen Zeitraum deines Lebens. Was damals geschah, ist heute Erinnerung; du hast es überlebt. Du musst es jetzt nur loslassen, damit es dich nicht daran hindert, dein Leben aus der Fülle zu leben. Ohne auf Einzelheiten einzugehen, fasse die Ereignisse jener Zeit zusammen, damit du sie heilen kannst.

Hülle dein Kind-Selbst in deinem Herzen in Liebe und Mitgefühl ein; umfange es liebevoll und sicher.

Sende gedanklich Heilung und Vergebung in jene Zeit, zu jenen Ereignissen und möglichst auch zu jenen Menschen. Umgib und durchströme alles mit Licht, damit es geheilt werden kann und du frei wirst. Sende vor allem deinem Kind-Selbst Heilung und Liebe. Halte diesen Teil von dir in unendlichem Mitgefühl. Sende ihm Liebe.

Wenn möglich, gehe nun zur zweiten Stufe über.

Begib dich zu einer höheren geistigen Sichtweise und betrachte die Lage erneut. Vielleicht erkennst du, dass dich die damaligen Geschehnisse durch Lernprozesse führten, die du für deinen geistigen Fortschritt benötigt hast. Betrachte jene Menschen, die darin verwickelt waren, als geistige Werkzeuge, danke ihnen und lasse sie frei.

Nimm dir Zeit. Bringe deine Dankbarkeit zum Ausdruck.

Fühle dein Kind-Selbst, erfüllt von Frieden und Heiterkeit. Fühle dich ganz. Kehre langsam in dein irdisches Selbst zurück. Spüre deine Füße auf dem Boden. Sei dir deines physischen Körpers und seiner starken Verbindung zur Erde bewusst. Öffne langsam die Augen und bewege dich.

Trinke etwas Wasser und schreibe in dein Tagebuch.

Meditation 2

Mache es dir bequem und ziehe dich in die Stille deines Inneren zurück. Lasse deine Aufmerksamkeit über dein Herz-Chakra und den Solarplexus zum Sakral-Chakra hinab wandern. Siehe sein wunderbares orangefarbes Licht. Bestaune seine Schönheit – dieses leuchtende, quirlende Licht, voll von Energie, von strahlender

Energie. Beobachte, wie es sich dreht. Begib dich in dieses orangefarbene Licht hinein, fühle seine Strahlkraft, seine Wärme, seine Energie. Bewege dich vorsichtig darin und erkunde es voller Freude. Lasse dich sanft durch das Licht in ein wunderbar klares Wasser tragen. Fühle, wie das Wasser dich sanft umfließt. Du atmest leicht. Alles ist in sanftem Fluss. Spüre das Wasser auf deiner Haut, wie es deinen Körper sanft massiert. Zart und sanft fließend. Lasse dich tragen. Genieße das Gefühl. Du bewegst dich völlig mühelos in dem Wasser.

Bewege dich, wohin du willst. Es ist ein wunderschöner, heiterer Ort. Fühle den Frieden, fühle die Schönheit. Nimm dir Zeit.

Von rechts nähert sich dir ein wundervolles, starkes, aber gütiges Wesen. Du bemerkst seine Macht, seine Größe, seine Vitalität und seine starke Liebe zu dir. Beobachte, wie es sich dir nähert. Sende ihm einen liebevollen Gedanken der Begrüßung. Spüre seine anregende Energie. Es ist dein männliches Prinzip. Erfreue dich daran. Berühre es, freunde dich mit ihm an. Fühle seine Gegenwart, sein Wohlwollen, seine Schönheit, seinen Schutz. Fühle seine Kraft, wenn es an deine Seite tritt. Sende ihm eine liebevolle Botschaft.

Blicke nun zur linken Seite. Ein zweites Wesen nähert sich dir. Sanft, gütig, schön und liebevoll, aber streng und weise in seiner Verletzbarkeit. Du nimmst seine Strahlkraft und seine wohlwollende Kraft wahr. Du fühlst seine liebevolle Leidenschaft, seine geheimnisvolle Schönheit, seine Größe. Spüre seine tiefe, leidenschaftliche Liebe für dich. Beobachte es, verliere es nicht aus den Augen. Sende ihm warme, liebevolle Gedanken. Dies ist dein weibliches Prinzip. Erfreue dich an ihm, an seiner Güte, Macht und Heiterkeit. Heiße es willkommen. Berühre es; freunde dich mit ihm an. Beobachte seine anmutigen Bewegungen. Erlaube ihm, dir nahe zu kommen. Sende ihm eine liebevolle Botschaft.

Nun beobachte, wie die beiden anmutig miteinander tanzen

und sich schließlich zur Ganzheit und Vollkommenheit vereinigen. Betrachte ihre Bewegungen. Fühle das Wasser, ihre Liebe zueinander und zu dir; fühle, wie sich das Wasser mit Liebe und Freude füllt; spüre ihre Kreativität, ihre Harmonie, ihre Ausgeglichenheit. Nun locken sie dich heran. Du fühlst dich von ihnen angezogen und verschmilzt mit ihnen. Du wirst von ihrem Tanz erfasst. Du bewegst und vereinigst dich mit ihnen. Du fühlst deine Schönheit und ihre Herrlichkeit. Spüre deine Kraft. Spüre deine Ganzheit. Freue dich daran.

Fühle alles Fließende in dir. In dir und um dich herum befindet sich alles in sanftem Fluss. Spüre das Kreisen der Gewebeflüssigkeit; das reinigende, heilende Wasser, das alles ausbalanciert. Fühle die fließende Bewegung deines Körpers, die Geschmeidigkeit und Freiheit deiner Bewegungen. Fühle dich umsorgt. Sei bereit zu empfangen. Genieße es.

Dein männliches und dein weibliches Prinzip schwingen in Harmonie und Ausgeglichenheit, frei und heiter, und du fühlst dich ganz. Bereite dich nun darauf vor, sanft zurückzukehren. Nimm dir Zeit. Gleite in das orangefarbene Licht zurück und bewege dich durch seinen Glanz und das Sakral-Chakra wieder hinaus.

Lenke deine Aufmerksamkeit behutsam auf deinen physischen Körper, den Raum und die Zeit. Halte die Augen noch geschlossen; spüre die Füße auf dem Boden. Bewege die Zehen. Spüre deine Verbindung mit der Erde. Halte deinen Körper im Bewusstsein, und wenn du bereit bist, öffne langsam die Augen. Verweile einen Augenblick in diesem Zustand, bevor du dich streckst und bewegst.

Trinke etwas Wasser und schreibe in dein Tagebuch.

KAPITEL 6

Der Solarplexus

Macht, Wille und Wohlstand

Ich weihe mein Leben der Macht in mir.
Durch die Hingabe entfalte ich mich auf natürliche Weise zu dem höchsten Potential meines Seins.
Dies ist mein Tag.
Ich beherrsche alles, was auf mich zukommt.
Ich übernehme die volle Verantwortung für mein Leben.
Ich bin Macht.
So sei es.

Lies diese Zeilen noch einmal. Langsam. Nimm jedes Wort in dich auf. Sie geben die ganze Kraft des Solarplexus wieder. »Ich bin Macht.« »Durch die Hingabe entfalte ich mich auf natürliche Weise zu dem höchsten Potential meines Seins.«

Fühle diese Worte. Wiederhole sie und spüre, wie sich dein ganzes Sein bewegt. Sprich sie langsam. Das ist der Solarplexus. Es ist ein magisches Chakra. Es wird von der Sonne regiert. Das Feuerzentrum erglüht goldgelb und strahlt unser Feuer in die Welt hinaus.

Der Solarplexus sitzt in dem Bereich zwischen dem unteren Brustkorb und dem Nabel und führt von der niederen, materiellen Welt zu den geistigen Ebenen empor. Beim Übergang zum Mentalen und Intellektuellen bietet es eine kraftvolle Mischung aus Leidenschaft und Energie, verbunden mit Meinungsbildung und Logik, Motivation und Antriebskraft. Die Arbeit am ersten und zweiten Chakra hat den Anstoß gegeben; die Festigkeit des

Wurzel-Chakras gibt der fließenden Bewegung des Sakral-Chakras Raum. Auf diesen Ideen aufbauend, stehen wir an der Schwelle eines ungeheuren Wandels. Das Vergnügen/Schmerz-Prinzip des zweiten Chakras weist uns den Weg nach vorne. Nun gestalten wir unsere Lebensweise. Der Solarplexus schenkt Befreiung. Es liegt an uns, sie anzunehmen oder abzulehnen.

Es ist an der Zeit zu handeln, Verantwortung zu übernehmen, unseren Kurs zu bestimmen. Alles ist bereit, den Willen zu ergreifen und zu zügeln, dynamisch zu sein und motiviert und schwungvoll voran zu schreiten. Kommunikation und Selbstdarstellung haben ihren Sitz im Kehlkopf-Chakra. Im Solarplexus wird die Meinung gebildet. Hier entwickeln wir den Mut, uns in der Welt zum Ausdruck zu bringen. Wir entdecken unsere eigene innere Stärke, unsere Freiheit und entwickeln die Zähigkeit, trotz aller Schwierigkeiten im Leben weiter zu machen. Wir besitzen jetzt den Willen zum Erfolg und stellen eine Kraft dar, mit der man rechnen muss. Wir sind angekommen, und die Welt soll wissen, dass wir hier sind.

Richtig eingesetzt, bietet die Macht des Solarplexus unbegrenzte Möglichkeiten – zu arbeiten, Veränderungen zu bewirken, unsere Ambitionen zu verwirklichen, zu werden, was wir wollen, glücklich zu sein und unser Leben in die gewünschte Richtung zu lenken. Wird diese impulsive Kraft missbraucht, wird sie zur gefährlichen Waffe, mit der wir Macht über andere ausüben können und diejenigen, die mit ihrer eigenen Macht weniger in Berührung stehen, unbarmherzig überfahren, was unweigerlich zum Dilemma führt.

Der Sitz unserer Persönlichkeit ist erreicht, das Fundament unserer eigenen Identität. Im Laufe unseres Aufstiegs ruft gerade die Arbeit an diesem Chakra oft das größte Feuerwerk hervor, wenn wir alte, aufgestaute Emotionen und nicht zum Ausdruck gebrachte Gefühle loslassen. Mit der Arbeit an diesem Chakra verwandeln wir uns selbst und unser Leben. Wir werden Ruhe und Zufriedenheit mit uns und der Welt in einer Weise erlangen, die wir wahrscheinlich niemals für möglich gehalten haben.

Die eigene Macht erkennen

Wenn ich über die Chakras spreche, beginne ich gewöhnlich mit einem Überblick über das ganze System. Sobald ich zum Solarplexus komme, dem Kraftwerk der Chakras, spüre ich, wie sich meine eigene Kraft rührt. Meine physischen Bewegungen und meine Haltung ändern sich. Das Wesen des Solarplexus zum Ausdruck bringend, verändert sich auch die Atmung. Gewöhnlich beherrsche ich die Kraft, denn ich weiß, dass sie einschüchternd wirken kann.

Wenn mich das Gefühl überkommt, dass das Leben unfair ist, lege ich die Hände über den Solarplexus und wecke seine Kraft. Langsam entfaltet er sich. Ich bin die Macht. Ich spüre dieses Zentrum. Ich bin die Macht. Sie steigt in mir auf. Die Energie beginnt zu prickeln und überflutet mich. Ich bin die Macht. Sie öffnet meinen Brustkorb. Ich bin die Macht. Mein Kinn hebt sich und meine Schultern sinken. Mein Kopf neigt sich nach hinten und mein Gesicht blickt empor. Ich bin die Macht. Ich breite meine Arme aus, und meine Hände strecken sich himmelwärts. Ich bin die Macht. Meine Stimme ist jetzt kräftiger. Obwohl ich mein Kehlkopf-Chakra nicht öffne und voll nutze, weiß ich, wie sie klingt. Ich bin die Macht. Ich bin jetzt stark, aber voller Frieden. Ich kann jetzt alles in Angriff nehmen. Ich kann alles bewältigen. Ich kann alles sein, was ich sein muss. Ich kann alles lernen, was ich zu lernen habe. Ich bin für mich selbst verantwortlich. Ich bin mächtig. Niemand kann mir dies nehmen, gleichgültig, was er mir antut. Mein Solarplexus ist rein und stark. Ich habe mich und das, was mir geschieht, im Griff. Ich bin die Macht. Ich trage die Verantwortung für mein Leben. So sei es.

Es fühlt sich wunderbar an. Innerhalb weniger Minuten habe

ich das Heft wieder in der Hand und bin dem so genannten »Ich Ärmste-Syndrom« entronnen.

Die Macht in jedem Menschen zu erkennen, wirkt befreiend. Wir betrachten uns nicht länger als Opfer, das unfähig ist, die Umstände zu ändern. Endlich fangen wir an, die Verantwortung für unseren Zustand zu übernehmen, sei er gut oder schlecht, was auch zu der Gewissheit führt, dass wir ihn ändern oder verbessern können. Ist dies nicht wunderbar? Wir können unser Leben geschehen lassen. Wir können uns auf den Führersitz schwingen und die Richtung einschlagen, die wir uns wünschen. Es liegt tatsächlich an uns. Welch eine Verantwortung! Es klingt einladend. Sind wir aber auch bereit dazu? Nicht mehr andere dafür verantwortlich zu machen, was uns zustößt! Nicht die Verantwortung niederlegen. Es ist mein Leben, es gehört mir allein. Es liegt an mir, es in meiner Weise zu leben.

Vom glücklosen Opfer zum siegreichen Überlebenden

Der Solarplexus ist der Sitz unseres Willens, unserer Fähigkeit, Dinge geschehen zu lassen, weil wir es so wollen. Ein reines Herz und die Absicht, zum Wohle aller (einschließlich uns selbst) zu handeln, sind die Voraussetzung. Die erstaunliche Kraft, die aufgrund der Vereinigung von Macht und Wille entsteht, befähigt uns in einer Weise, die unsere Vorstellungen übertrifft. Die stärkste Kraft ist natürlich die Liebe. Sie besitzt eine ungeahnte Wirkung. Für das höchste Gute eines jeden zu arbeiten, das nennt man Liebe. Wenn Macht, Wille und Liebe vereint sind, geschehen wunderbare Dinge.

Ich beherrsche alles, was auf mich zukommt.
Ich übernehme die volle Verantwortung für mein Leben.
Ich bin Macht.
So sei es.

Diese Affirmation sollte man sich täglich vor Augen halten und ihre Auswirkungen beobachten.

Manchmal hat man seine Macht nicht weise gebraucht und mag die Folgen einer Entscheidung nicht. Wenn man seine Fehler zugibt, kann man seine Handlungsweise ändern und andere Ergebnisse erzielen. Scheinbare Hilflosigkeit bedeutet, Macht und Wille nicht richtig einzusetzen. Man hat sie nicht unbedingt missbraucht, aber die Entscheidungen waren falsch und führten nicht zu dem gewünschten Ziel.

Wenn man glaubt, nur wenig zu besitzen, schaue man sich um. Wir alle haben mehr, als wir zu schätzen wissen. Es kann sein, dass man einiges davon nicht mehr mag. Vielleicht möchte man es gegen etwas anderes austauschen. Nur zu!

Eine Frau, mit der ich recht lange arbeitete, besuchte schließlich einen meiner Workshops. Sie hatte unter sehr unangenehmen Lebenssituationen gelitten und war fast ihres gesamten Besitzes beraubt worden. Die Affirmation »Ich habe alles, was ich brauche und mehr« verwende ich sehr gerne in meinen Workshops. Sie erzählte, dass sie in ihrer Meditation, teils weinend teils lachend, versuchte, diese Worte schweigend zu wiederholen. Nach einer Weile fand sie Trost darin. Wenn sie ihre Besitztümer und materiellen Werte betrachtete, dann war das gewiss sehr wenig. Was Unterstützung, Freundschaft und Liebe anbelangte, besaß sie mehr als genug. Sie begann, ihre Werte neu zu definieren und diese Affirmation regelmäßig anzuwenden. Ihr Leben veränderte sich daraufhin. Mit dem zufrieden zu sein, was man im Augenblick hat, bedeutet nicht, dass nicht wunderbare Dinge vor uns liegen.

Offensichtlich gibt es Umstände, die man nicht in der Hand hat und die weder auf bewusstes noch unbewusstes Handeln unsererseits zurückzuführen sind. Einige Leute, mit denen ich arbeite, haben tiefen Missbrauch, Schmerz und menschliche Verluste erlitten. Obwohl sie sich als Erwachsene auch weiterhin in derartige Situationen begeben, weil sie nichts anderes kennen, verdienen sie es nicht. Diejenigen, die mit solchen Seelen eng zusammenarbeiten dürfen, sollten aus deren Verhalten lernen, was sie zu lehren haben.

Es heißt, dass Seelen, die vor ihrer Vollendung stehen und in den Schoß Gottes zurückkehren, sich in diesem Leben oft sehr schwierige und schmerzliche Aufgaben auferlegen. Mit der Zeit werden wir alle Lebensereignisse als wertvolle Lektionen im großen Plan betrachten, die jene weisen, uralten Geister erdulden, um ihren Lernprozess abzuschließen. Vielleicht erfüllen sie nicht nur ihr eigenes Karma, sondern tragen auch etwas vom Karma der Menschheit. Sie machen die Welt darauf aufmerksam, was sie erkennen und ändern muss. Bei Kindern, die nur wenige Tage, Wochen oder Monate in Gebieten größter Armut und Entbehrung leben, kann es sich um Seelen handeln, die sich kurzfristig dem physischen Jammer opfern, um das Elend der zahlreichen an Hunger leidenden und kranken Menschen hervorzuheben. Das Gleiche gilt für Kinder, die nur sehr kurz hier sind, um ihre Eltern, vielleicht auch Ärzte oder andere Betroffene, etwas Wichtiges zu lehren.

Das heißt nicht, dass nur solche Menschen, die Schmerzen erdulden, große Seelen sind oder dass Schmerz notwendigerweise ein Zeichen für eine alte Seele ist. Es gibt viele junge Seelen, die viel lernen müssen, was manchmal in sehr schmerzvoller Weise geschieht. Wieder andere begleichen ihre karmische Schuld. In diesem Leben kommen sie der Erleuchtung nicht sehr viel näher, da sie einzig den Schmerz aufarbeiten. Es gibt weise alte und friedvolle Seelen, die vieles von ihrer eigenen Arbeit erledigt haben und nun andere lehren und sich dabei selbst weiter entwickeln. Alle sind sie stark, und jeder handelt in seinem irdischen Dasein nach seinem freien Willen, bevor er in die Freiheit der geistigen Welt zurückkehrt.

Einige Menschen sind keineswegs glücklose Opfer, sondern geben sich nur den Anschein der Hilflosigkeit, weil es ihnen so passt. Oft sind sie in ihrem Umfeld die Stärksten. Sie gewinnen so manches durch ihre »Hilflosigkeit« (vergleichbar mit denjenigen, die den Retter spielen); sie treten ihre Verantwortung fürs Leben an andere ab, indem sie diese tun lassen, was sie selbst erledigen könnten. Neben anderen negativen Folgen, hemmen sie dadurch auch ihr Wachstum.

Betty und Rich gehörten zu einem solchen »Opfer und Retter«-Ehepaar. Sie erschienen gemeinsam. Rich musste sicherstellen, dass Betty heil in meine Praxis kam und alles erzählte, was bei ihr nicht stimmte. Auf jede meiner Fragen gab er die Antwort, selbst wenn ich andeutete, gerne ihre Version hören zu wollen. Bevor sie zu antworten versuchte, blickte sie Zustimmung heischend auf ihren Mann. Rich sorgte sich aufrichtig um sie, und seine Liebe war echt. Sie hatten sich beide in verschiedenen Aspekten des Solarplexus verfangen. Sie war »hilflos«, und er nahm sich der Situation an. Sie musste nicht die Verantwortung für sich selbst übernehmen, und er besaß ihre anhaltende Hingabe.

Es handelte sich um eine gegenseitige Abhängigkeit. Jedes Chakra besitzt sein Thema. Mit einem einzigen Blick vermochte Betty Rich in der Hand zu haben; das war ihre Macht. In ihrer »Hilflosigkeit« war sie die Siegerin. Rich konnte sie davon abhalten, irgendetwas für sich selbst zu tun, indem er ihr ununterbrochen verbale und nicht verbale Botschaften sandte, dass sie nicht stark genug war, damit fertig zu werden. So wirkt ein geschädigtes Solarplexus-Chakra. Beide hatten diese Last mit in ihre Beziehung genommen und sie nie gelöst. Es war wunderbar, sie gemeinsam wachsen zu sehen, als sie begannen, sich gegenseitig zum ersten Mal die ganze Wahrheit zu erzählen. Jeder beobachtete, wie der andere alte Verletzungen ausräumte, sie losließ und frei wurde. Beide richteten sich förmlich auf, als sich ihr Zusammensein positiv und gesund zu gestalten begann. Betty konnte bereits am ersten Tag ärgerlich ihre Zustimmung verweigern, anstatt wie früher ins Bett zu gehen.

Unabhängigkeit und Verantwortlichkeit bringen mehr Vorteile als Gewinne, die auf Abhängigkeit beruhen. Dazu gehören Selbstverwirklichung, Vertrauen, Mut und die Verantwortung, für sich selbst gerade zu stehen. Dieses zunächst aufregende Gefühl mündet in einen neuen inneren Frieden und in Harmonie. Das Leben wird einfacher. Wir beginnen zu erkennen, dass wir unser Leben in die Hand nehmen können.

BEZIEHUNGEN

Obwohl sich das Herz-Chakra mit den Aspekten menschlicher Liebe befasst, ermöglicht es die Ebene des Solarplexus, reif und gefestigt zu werden, um eine langfristige, gut funktionierende Beziehung einzugehen. Eine tiefe Verbindung bedarf eines offenen Solarplexus und eines geöffneten Herz-Chakras. Das macht das Ende einer Beziehung doppelt schmerzvoll, denn es werden nicht nur die verbindenden Herzensbande gelöst, sondern auch die Verknüpfung mit dem Solarplexus durchtrennt.

Der Solarplexus vermittelt uns ein Empfinden von Zuhause, Verpflichtung und Dazugehörigkeit. Hier wurzeln unser Patriotismus, unsere Beständigkeit und Loyalität.

Stolz auf unsere Individualität

Wenn sich der Solarplexus öffnet, entwickeln sich Selbstachtung und dadurch die zunehmende Fähigkeit, andere für das, was sie sind, zu achten. Die Vielfältigkeit wird ein Geschenk und als eine alles bereichernde Herausforderung geschätzt. Wir lernen, Unterschiedlichkeit anzupassen und in Einklang zu bringen und unsere Meinung und Überzeugung zu verfeinern. Die Bereitschaft, ein wenig nachzugeben und wenn erforderlich einen Kompromiss zu schließen, verbindet die mächtige Eiche mit der biegsamen Weide und stellt Fortschritt und eine unkomplizierte Entwicklung sicher.

Die Fähigkeit der Integration und Zusammenarbeit nimmt zu, und das Neue und Andersartige wird freudig erkundet. Wir sind stolz auf unsere Individualität, die sich aber innerhalb einer ausgeglichenen Gesamtheit bewegen muss. Früher mag man sich abgesondert und isoliert gefühlt haben. Jetzt erkennt man, dass man in sich vollständig ist und gleichzeitig Teil eines größeren Ganzen darstellt. Eine aus der Erfahrung geborene Weisheit geht Hand in Hand mit der Bescheidenheit, da wir uns machtvoll im Zentrum des Universums sehen und doch als Winzigkeit im erhabenen Plan des Geschehens verstehen.

Wir beginnen nicht nur in Einklang mit der gesamten Menschheit zu schwingen, sondern ebenfalls mit der Natur und dem ganzen Universum. Vielleicht haben wir in der Vergangenheit auf Autoritätspersonen oder unserer Meinung nach mächtige Leute reagiert und uns klein und unbedeutend gefühlt oder uns rebellisch, überlegen und aggressiv verhalten. Vom Standpunkt der Gleichheit aus sehen wir nun, dass beide Einstellungen unangebracht gewesen sind. Obwohl wir die Meinung anderer und ihren Beitrag zum Leben schätzen lernten, wird uns bewusst, dass wir uns nicht fremd, allein oder unterlegen fühlen müssen. Eine solche Selbstsicherheit lässt uns mit anderen in einem Team arbeiten, ohne unsere Individualität zu verlieren. Jeder hat in jeder Situation etwas Einzigartiges beizutragen.

Lebe gut und mit Erfolg

Die Natur befindet sich in einer unaufhörlichen, zyklischen Bewegung – die Ebbe und Flut der Gezeiten, die Jahreszeiten, der Übergang von Tag und Nacht, der Mond- und Monatszyklus und der Umlauf der Planeten. Der Solarplexus lässt uns diese Bewegung, die notwendig ist, damit die Energie fließen kann, respektieren. Wir strahlen deshalb unsere Macht und unser Licht in die Welt und sind gleichzeitig offen für ihre Gaben.

Um zu empfangen, öffne ich mich im Brustbereich und bemerke ein warmes Prickeln und ein besonderes physisches Empfinden, irgendwo zwischen meinem Herzen und dem Solarplexus. Ich bestätige, dass ich bereit bin, die Fülle des Universums und jegliche Gelegenheit, die meinem höchsten Guten dient, zu empfangen. Ich sende einen liebevollen Gedanken in den Himmel hinauf und vertraue darauf, dass alles Notwendige bald in mein Leben fließen wird. Die Ergebnisse sind oft wundersam und übersteigen meine Erwartungen.

Kürzlich las ich: »Wenn dein Schiff noch nicht eingetroffen ist, warum ruderst du ihm nicht entgegen?« Ähnlich verhält es sich mit dem Bemühen um Erfolg. Man kann brummend darauf warten oder die Angelegenheit selbst in die Hand nehmen und ihm entgegengehen. Erfolgreich sein zu wollen, ist durchaus kein Fehler. Im Gegenteil, es ist in gewisser Weise unsere Pflicht, erfolgreich zu sein, da wir dadurch dazu beitragen, dass die Energie durch das Universum strömt und jedem zum Nutzen gereicht. Die universelle Regel lautet, zuerst geben, um zu empfangen.

Betrachten wir unser heimisches Wassersystem. Das Wasser füllt den Tank und kommt erst in Bewegung, wenn man den Hahn öffnet. Es fließt aus und gibt Raum, damit neues hinein strömen kann. Bleibt der Hahn geschlossen, steht das Wasser und nichts kann nachfließen. Mit dem Leben verhält es sich ebenso. Man kann horten, was man schon besitzt, blockiert damit aber neue und aufregende Möglichkeiten in Form von Energie, Besitz, Liebe und Arbeit.

Erinnert man sich aber an die »Geben und empfangen«-Regel, muss man bereit sein, den Erfolgszyklus anzustoßen. Gibt man, wird sich auf allen Ebenen der Erfolg einstellen – Arbeit, Liebe, Frieden, materieller Wohlstand, Gesundheit, Freundschaften und Beziehungen. Ein offenes, reines Herz und eine gute Absicht führen zum Ziel.

Viele Menschen scheinen erfolgreich zu sein, ohne dieses Gesetz zu beachten. Erfolg lässt sich nicht nur im Sinne von materieller Sicherheit messen. Außerdem sollte man genau hinschauen, ob diese Menschen tatsächlich solche Erfolge verzeichnen können. Eine Menge Geld zu besitzen, hat wohl wenig Wert, wenn der innere Friede fehlt oder die Arbeit überhand nimmt und kaum Zeit bleibt, die Früchte der Mühe zu genießen. Ein gesunder Solarplexus öffnet den Weg zum wahren Erfolg.

VERDAUUNGSFEUER

Die Symptome des Verdauungssystems, die gewissen Vorkommnissen innerhalb einer Beziehung entsprechen (kein Hungergefühl oder Gefräßigkeit zu Beginn einer Liebesbeziehung sowie Übelkeit, Unfähigkeit zu essen oder einen Schlag im Magen zu verspüren, wenn es Verletzungen und Betrug in einer festen Beziehung gibt), beruhen auf dem Solarplexus und seiner Verbindung zur Verdauung und dem gesamten Unterleibsbereich. Der Solarplexus ist das Feuer-Chakra. Es regiert die Verdauungsprozesse, bei denen sofort brauchbare Energie freigesetzt wird. Dieses Verdauungsfeuer lässt uns Hunger verspüren, um den Körper wieder aufzutanken. Wenn man lernt, sich darauf einzustellen, können wir an seinem höchsten Punkt (gewöhnlich am Mittag, wenn die Sonnenenergie ihren Höchststand erreicht hat) Nahrung zu uns nehmen, die wirksam verbrannt wird und alle verfügbare Energie freisetzt, ohne viel Rückstände zu hinterlassen, die als Fett gespeichert werden. Bei niedrigem Feuer können wir nur wenig, wenn überhaupt etwas essen, da unser Körper signalisiert, dass er keinen Nachschub benötigt. Auf dieses einfache Zeichen zu achten, kann dabei helfen, das Gewicht zu halten.

Blockaden im Solarplexus

Gewisse Emotionen bezeichnet man als »negativ«, weil man sie nicht fühlen mag. Dazu gehören Ärger, Wut, Eifersucht, Groll und Schuld. Es handelt sich dabei um sehr machtvolle Antriebskräfte in unserem Leben, wenn man sie zulässt. Wenn man sich aus irgendeinem Grunde nicht mit ihnen beschäftigt hat, bleiben sie im Solarplexus stecken.

Im Alter von acht bis neun Jahren beginnt sich dieses Zentrum zu entwickeln, weshalb sich in dieser Zeit erlittener Schmerz und Kummer stark niederschlagen. Je früher und tiefer der Schmerz war, desto eher verschließt man ihn. Der psychologische Begriff lautet »Unterdrückung«. Manchmal gelingt uns dies so gut, dass wir uns seiner Existenz überhaupt nicht mehr bewusst sind.

Bisweilen begegnen mir Menschen, die sich nicht mehr an ihre Kindheit erinnern, die häufig sehr hart gewesen ist, wie sich später herausstellt. Wenn man mit der Arbeit am Solarplexus beginnt, mag man Angst davor haben, die Gefühle freizulassen, es sei denn sie brechen vulkanartig hervor und wirken zerstörerisch. Geht man behutsam vor, muss dies aber nicht sein. Wenn man die Hitze des Zorns zügelt, kann man sie als Brennstoff nutzen, der einen in gesunder Weise nach vorne schnellen lässt. Oft sind es Ärger und Hass, die einen aus einer sterbenden Beziehung, einer grausamen Situation oder einer alten Gewohnheit hinausschleudern. Man gewinnt genügend Abstand, um nicht in der Emotion oder Manipulation verwickelt zu werden, die einen allzu lange hin und her geschleudert hat.

Wenn dieses Chakra aus dem Gleichgewicht geraten ist oder blockiert wird, fühlt man sich als frustriertes Opfer seiner Umstände, seiner unterdrückten Gefühle, seines schwachen Vertrauens und seiner beeinträchtigten Integrität. Beschwerden über Müdigkeit, Energiemangel und geringes Durchhaltevermögen sind üblich und man sieht seine Pläne durchkreuzt, wenn man vorwärts schreiten will. Ohne die Energie und den Schwung eines gesunden Solarplexus wird das Leben zur großen Anstrengung und ermüdet einen immer wieder, da man ständig auf Widerstand stößt. Man erscheint willensschwach, ohne Selbstbestimmung, Ausdruck und Richtung. Der Antrieb und die Motivation sind ebenfalls in Mitleidenschaft gezogen, wenn man geflissentlich jede Situation vermeidet, die auf eine Krise hindeutet, und die Freisetzung der Angst und des Schmerzes riskiert, die man zu verbergen sucht.

Die Emotion kann so wirkungsvoll abgeschottet sein, dass auch das Gute abgeschnitten wird. Die Liebe und die Freude, die inspirieren und Kraft geben, sind verloren, wenn man ihrer am nötigsten bedarf.

Auf emotionaler Ebene wandert man oft verzweifelt umher. Viele Menschen finden es schwierig, sich zu verpflichten und ihre losen Verbindungen basieren eher auf Bedürfnis als auf Liebe. Da niemand diese Leute so richtig kennenlernt, berauben sie sich der Bestätigung, nach der sie sich so stark sehnen.

Das geistige, emotionale und physische Selbst ist gehemmt. Das Verdauungssystem begehrt mit Magenverstimmung, Geschwüren, Übersäuerung, Verstopfung, Reizdarm und einer Reihe von anderen chronischen Darm- und Verdauungsstörungen auf. Verstopfung und Durchfall können sich abwechseln. (In einem solchen Fall sollte man den Arzt aufsuchen.)

Da die Bauchspeicheldrüse vom Solarplexus regiert wird, kann Diabetes mellitus auftreten. Die Gallenblase und Gallengänge können durch die Bildung von Steinen blockiert werden, und Unterleibsbeschwerden verschlimmern das Bild. Aus dem Bedürfnis nach Trost heraus zu essen, ruft nur zusätzliche Komplikationen hervor. Das ohnehin beeinträchtigte Verdauungssystem ist überladen. Übergewicht setzt die Selbstachtung noch mehr herab.

Die Verbindung zwischen unterdrücktem Ärger und der Entwicklung von Krebs wurde ausreichend dokumentiert. Überlastung, Reizbarkeit, Schlafstörungen, Antriebsschwäche, Müdigkeit, Gewichtsverlust oder Gewichtszunahme, Depressionen und manchmal Gefühle der Verzweiflung nehmen überhand.

Hier liegt auf allen Ebenen eine Stauung vor, die mit einem Überschuss abwechselt. Diese kann folgende Auswirkungen haben: Es gibt nur wenige Emotionen oder sie geraten außer Kontrolle; es liegt nur eine geringe Motivation vor, etwas zu unternehmen, oder es kommt zu einem gelegentlichen Energieausbruch, der zu Übermüdung und Erschöpfung führt; es besteht ein Widerwillen, sich durchzusetzen und das Nötige zum Ausdruck zu bringen, bis dann der gelegentliche Ausbruch kommt, bei dem viele harte Wahrheiten fallen, doch in einer aggressiven und unangebrachten Weise.

Da der Fluss im Hauptkanal zwischen den oberen und unteren Chakras blockiert wird, sind das Becken und die Beine oft kalt, schlecht durchblutet und steif. Wird die Energie an diesem Punkt gereinigt und harmonisiert, verleiht dies physische, emotionale und geistige Bewegungsfreiheit, verbunden mit Willensstärke, Macht, Klarheit, Durchsetzungsvermögen und Zielstrebigkeit. Alte Arthritisschmerzen verbessern sich zusehends, wenn der Solarplexus geklärt und befreit ist.

Steht der Solarplexus zu weit offen, nehmen wir die negativen Energien und Emotionen anderer Leute auf.

GUTE GEFÜHLE

Unsere »guten Gefühle« haben ihren Sitz im Solarplexus. Die rohe Materie unserer Intuition taucht in verfeinerter Form im sechsten, dem Stirn-Chakra wieder auf. Wenn wir uns hier auf unsere Intuition einschwingen und sie darauf vorbereiten, um auf dieser höheren Ebene zur Vollkommenheit ausgefeilt zu werden, lernen wir, ihr zu vertrauen und dankbar zu sein, dass uns ein zusätzlicher, sehr scharfer Sinn zur Verfügung steht, der uns sicherlich besser zu führen weiß als die anderen fünf Sinne, wenn es um Wahrheit, Integrität und unsere Verhaltensweise geht. Die Sensoren des Solarplexus können so akkurat sein, dass man ihn als das zweite Gehirn bezeichnet.

Die Chakras schließen

Menschen, die sich eigenwillig und verwegen benehmen, indem sie sich ihrer Macht bedienen, ohne andere überhaupt zu beachten und ohne einen Gedanken daran zu verschwenden, die rücksichtslos über deren Gefühle hinweggehen, leiden gewöhnlich unter einem Solarplexus Problem. Sie besitzen kaum Einfühlungsvermögen oder Selbstdisziplin. Sie zeigen wenig Achtung vor den physischen, emotionalen oder psychischen Grenzen anderer Menschen (oder der Gesellschaft). Diese Leute können nicht nur ihr eigenes Leben, sondern auch das derjenigen, mit denen sie in Berührung kommen, verwüsten. Man spricht auch von »soziopathischer Persönlichkeitsstörung«.

Man sollte Mitgefühl für solche Leute empfinden. Wenn der Solarplexus festsitzt und nicht von Ärger, Wut und Schmerz, die sich dort angesammelt haben, gereinigt worden ist, kann diese Person oft wenig unternehmen, um einen Ausbruch dieses Chaos, das sie verzweifelt verbergen möchte, zu verhindern. Das Gleiche gilt, wenn der Verdrängungsmechanismus brüchig geworden ist, was oft im Alter geschieht oder wenn ein Ereignis vorliegt, dessen

Kraft uns sozusagen überrumpelt. Man benötigt Mut und Hilfe, um die alten Emotionen auszuräumen, obwohl eine solche Katharsis nur dann von Dauer sein kann, wenn der Bereich, in dem der Schmerz gespeichert wurde, gleichzeitig geheilt wird. Obwohl wir uns auf allen Ebenen verschließen sollten (außer im Wurzel-Chakra, das stets geöffnet sein muss, damit wir geerdet sind), ist es bei keinem Zentrum so wichtig wie beim Solarplexus, da wir hier äußerst negative und schädigende Energie auffangen können.

Ich habe einen Patienten, der mit einem ärgerlichen und unreifen Kollegen zusammenarbeitet, der seinen Mitmenschen wenig Achtung entgegenbringt und mit bösen Worten und sogar Gegenständen um sich wirft. Mein Patient musste lernen, bevor er zur Arbeit ging, sein Solarplexus-Chakra fest zu schließen. Ansonsten fühlte er sich nicht nur erschöpft und niedergeschlagen, sondern trug viel von dem Ärger nach Hause und lud ihn auf seine Familie ab. Letztendlich wird er lernen, nicht in einer solch unwürdigen Lage zu bleiben. Er muss täglich dafür sorgen, die Negativität, die ihn umgab, nicht aufzunehmen – und seine Familie hatte das auch nicht verdient. Mit der folgenden Übung verschloss er sein Solarplexus-Chakra und schützte sich auf diese Weise.

Stelle dir in diesem Bereich eine wunderschöne gelbe Blüte vor, deren Blätter weit geöffnet sind. Dann visualisiere mit geschlossenen Augen, wie sich diese zur festen Knospe schließen. Du wirst keinerlei emotionalen oder psychischen Plunder mehr aufnehmen.

Das Solarplexus-Chakra willentlich zu schließen, bedarf der Übung, und man sollte es nötigenfalls mehrmals täglich überprüfen.

Bereit für eine Veränderung?

Nun ist es an der Zeit, neue Entscheidungen zu treffen. Mittels der Macht, die ein wohl durchdachter Wille verstärkt, können positive und, wenn erwünscht, dauerhafte Veränderungen vorgenommen werden.

- Anerkenne deine innewohnende Macht.
- Führe dir vor Augen, was du wirklich willst.
- Übe deinen Willen gedanklich, diszipliniert und beherrscht aus, damit er dein Leben in die von dir gewünschte Richtung lenkt.
- Sei dir und anderen gegenüber fair, gerecht, ehrlich und einfühlsam.

Klingt einfach! Man muss die Dinge nur positiv, vertrauensvoll und ziebewusst angehen. Alles, was auftaucht, ist nur Erinnerung. Du hast bereits überlebt!

Die Übungen

Übung 1

Schreibe beiden Eltern einen Brief, den du nicht abschicken wirst. Darin kannst du alles sagen, was du ihnen schon immer sagen wolltest, aber niemals konntest. Vielleicht hast du früher schon etwas zum Ausdruck gebracht, fühlst aber, dass man dich nicht gehört hat. Keiner außer dir wird den Brief jemals lesen; er bedarf also keiner Zensur. Du kannst fluchen, schreien, brüllen. Der Brief nimmt es auf. Vielleicht fügst du in den folgenden Tagen noch einiges hinzu.

Wenn du glaubst, alles ausgesprochen zu haben, beende ihn. Vielleicht ist dir eine Befreiung und Vergebung möglich. Wenn du noch nicht so weit bist, mache dir keine Sorgen.

Stecke den Brief in einen Umschlag und klebe ihn zu. Lasse ihn etwa eine Woche lang liegen und lies ihn nochmals durch. Vielleicht willst du auch niemals mehr hineinschauen. Das ist auch in Ordnung. Verbrenne ihn feierlich oder zerstöre ihn anderweitig oder bewahre ihn an einem sicheren Ort auf, um ihn später zu vernichten.

Nimm ein Bad und reinige dich von der Vergangenheit, damit du loslassen kannst (Ylang-Ylang oder Rosenduft eignen sich).

Übung 2

Setze dich an deinen Platz und ziehe einen leeren Sitz heran. Schließe die Augen für einen Moment und rufe dir deine Kind-Persönlichkeit im Alter von neun oder zehn Jahren ins Gedächtnis. Lasse das Kind sich auf den anderen Stuhl setzen. Höre still und aufmerksam zu, voller Liebe und Mitgefühl, was es zu erzählen hat. Antworte so, wie du es für richtig hältst, liebevoll und mitfühlend. Bedarf das Kind einer Umarmung? Braucht es Lob oder Ermutigung? Das letzte, was es benötigt, sind Verurteilung, Tadel, Schläge oder Strafe. Es muss vor allem gehalten, geliebt und liebkost werden. Sage ihm, dass du es niemals mehr verlassen wirst. Nimm dir Zeit. Sei ruhig und geduldig. Liebe dich selbst. Liebe deine Kind-Persönlichkeit. Wenn du bereit bist, lasse dein Kind in dein Herz zurückkehren, wo es hingehört. Heiße dein Kind zu Hause willkommen. Führe die Übungen durch, die dich erden. Sei gütig zu dir selbst. Nimm dir Zeit für dich und schreibe dann in dein Tagebuch.

Übung 3

Beginne mit den folgenden Affirmationen als Richtlinie und stimme sie nach und nach auf dich ab. Schreibe sie auf Karten, die du überall dort verteilst, wo du sie regelmäßig siehst. (Ich bevorzuge immer noch die Kühlschranktür, weil ich diese mit Sicherheit mehrmals am Tag öffne.)

- Ich öffne mein Herz und meinen Geist und empfange die Kraft des Universums, die mein höchstes Gut ist und die ich für das Wohl aller Menschen einsetze.
- Ich heiße Gelegenheiten willkommen, um mein höchstes Potential zu erfüllen.
- Ich bin verantwortlich für mich, meine Gesundheit, mein Wohl und mein Verhalten. Ich akzeptiere das voller Dankbarkeit.
- Ich nutze meinen Willen, um das bestmögliche Leben für mich und andere zu erschaffen.
- Ich bin offen, um jede Form von Erfolg anzunehmen.

Wenn diese Affirmationen wirken sollen, musst du an ihnen arbeiten.

Meditation 1

Nimm dir eine Stunde Zeit und sorge dafür, dass du nicht gestört wirst. Ziehe dich an deinen Platz zurück und lege einen Topas oder Citrin in deine Nähe. Letzterer eignet sich besonders gut für den Solarplexus. Man nennt ihn auch den »Stein der Fülle«. Er regt die persönliche Macht, den Wohlstand und die Kreativität an. Er bringt Fröhlichkeit, Hoffnung und Bestimmtheit.

Eine gelbe Blume oder irgendetwas Gelbes sollte in Reichweite stehen. Zünde eine Kerze an und schalte das Telefon aus.

Entspanne dich und bereite dich auf die erste Meditation vor.

Gehe zurück bis zu einem Alter von acht Jahren. Du bist beschützt, und alles, was in dir hochsteigt, ist nur Erinnerung. Nichts kann dich jetzt verletzen. Du hast bereits alles überlebt. Öffne deinen Geist und umfasse deine ersten zwölf Lebensjahre. Einzelheiten sind nicht wichtig, es sei denn, du möchtest dich an sie erinnern. Schnüre diese Jahre in ein Bündel, das du reinigen, heilen und loslassen wirst. Du bist nicht dort, sondern hier. Nichts kann dir etwas anhaben.

Nimm dir Zeit.

Umhülle deine Kind-Persönlichkeit mit einem Lichtstrahl aus deinem Herzen, damit sie sich wohlig und sicher fühlt. Halte sie in einer Weise, dass sie Geborgenheit empfindet. Sende einen Lichtstrahl aus, der diese Zeit reinigt und heilt. Durchdringe und umhülle sie mit Licht, damit sie für immer klar und geheilt ist.

Vergib den Menschen jener Zeit und den mit ihnen verbundenen Ereignissen und erlöse dich selbst und auch sie von allem Negativen und bewahre nur das Gute. Erhebe dich auf eine höhere geistige Ebene und erkenne, dass sich die damaligen Menschen aufgrund ihrer eigenen Schmerzen und Lebensprozesse derartig verhielten. Vergib ihnen. Lasse sie los. (Sollte es dir nicht möglich sein, gehe zum Ende dieser Meditation über.)

Erhebe dich auf eine noch höhere geistige Stufe und erkenne, dass sie dich eigentlich das lehrten, was du in diesem Leben lernen musstest. Sie spielten eine ebenso wichtige Rolle in deinem Werdegang wie du in ihrem. Danke ihnen dafür und lasse sie los. (Wenn du noch nicht soweit bist, komme später darauf zurück.)

Nun ist alles geklärt. Lege deine Kind-Persönlichkeit liebevoll und mitfühlend in dein Herz. Hülle sie ein in unendliche Liebe. Kehre in den Raum zurück. Fühle deine physische Gegenwart. Bewege deine Zehen. Lege deine Arme um den Körper. Liebe ihn. Erfreue dich an deiner menschlichen Person. Spüre die Verbindung zur Erde und öffne langsam die Augen.

Lasse dir Zeit. Trinke etwas Wasser. Dehne deine Glieder und schreibe in dein Tagebuch.

Meditation 2

Nimm dir eine Stunde Zeit und achte darauf, dass du nicht gestört wirst. Schalte das Telefon aus und entspanne dich. Konzentriere dich auf deinen Atem und lasse alles Negative los.

Eine Lichtwoge der Heilung strömt durch den Scheitel in deinen Körper hinein, gleitet abwärts und erfüllt jede Zelle und jedes Atom. Heilung. Reinigung. Harmonie. Jede Zelle ist in Licht gebadet. Fühle die erfrischende Berührung des Lichts. Fühle die Reinigung. Fühle dich selbst im Gleichgewicht.

Nun lenke deine Aufmerksamkeit durch das Kehlkopf-Chakra, hinunter durch die Brustmitte und das Herz bis zum oberen Bauchbereich, in dem dein Solarplexus liegt. Erschaue ihn – einen wunderschönen, goldgelben Lichtball, deine eigene persönliche Sonne, die in alle Richtungen strahlt und dich mit Wärme und Licht erfüllt. Fühle seine Wärme. Blicke in seine Helle. Erschaue, wie der Sonnenschein das gesamte Gewebe dieses glühenden Lichtballs durchdringt.

Das Licht wärmt dich und du spürst seine Sanftheit und seine Kraft. Fühle, wie die Kraft in den Lichtball hinein- und hinausfließt. Spüre die Kraft in dir. Spüre, wie deine Fähigkeiten zunehmen. Fühle dich stark. Du kannst neue Dinge in Angriff nehmen und alles erreichen, was du dir vornimmst. Fühle, wie die Kraft alle Körperbereiche durchflutet. Du bist physisch stark. Fühle sie in warmen Wellen durch deinen Körper pulsen. Du bist dir einer neuen Kraft, einer neuen Macht bewusst. Du wirst diese Kraft zu deinem eigenen Wohl und zum Wohle anderer einsetzen. Gelobe in diesem Augenblick, dass du jede Kraft, die das Universum dir schenken mag, für deine höheren Ziele und das Wohl anderer Menschen nutzen wirst. Verpflichte dich, die Kraft, die dir jetzt gegeben wird, nicht zu missbrauchen. Bestätige, dass du bereit bist, die Kraft des Universums zu empfangen und sie weise anzuwenden.

Erfreue dich an den Gefühlen, die dich jetzt durchströmen. Genieße die Wärme, die Kraft und die Stärke. Nimm dir Zeit. Koste es aus.

Bitte darum, dass diese Kraft jede alte Wunde heilen und so auch dich heilen möge. Fühle die Macht. Atme sie, wohin du möchtest, die sonnengleichen Lichtstrahlen. Heile dich jetzt selbst.

Verweile in diesem goldgelben Glanz. Sobald du bereit und dir bewusst bist, dass du für immer über die nötige Kraft verfügst, solange du sie für das höchste Gute einsetzt, kehre zurück und lasse das Sonnenlicht dort strahlen. Lenke deine Aufmerksamkeit auf den Solarplexus. Die Lichtstrahlen dringen in das Lichtrad und werden dort immer leuchten. Vorerst aber erschaue eine wunderschöne goldgelbe Blume über dem Chakra und lasse die Blütenblätter sich zu einer ganz festen Knospe schließen. Lasse sie schlummern.

Lenke deine Aufmerksamkeit durch den Brustkorb und die Kehle hinter die Augen. Fühle deine körperliche Anwesenheit. Bewege die Zehen. Spüre deine Verbindung zur Erde. Halte deinen physischen Körper im Bewusstsein und wisse, dass du hier her, in deinen irdischen Zustand gehörst. Öffne langsam die Augen.

Trinke etwas Wasser und schreibe in dein Tagebuch.

KAPITEL 7

Das Herz-Chakra

Die Heilung des Herzens

Wer unter euch fühlt nicht,
dass die eigene Fähigkeit zu lieben endlos ist?
Und doch, wer fühlt nicht genau diese Liebe,
auch wenn sie endlos ist,
in der Mitte des eigenen Seins?
Diese Liebe bewegt sich nicht
von einem Liebesgedanken zum anderen,
und nicht von einer Liebestat zur anderen.
Und ist die Zeit nicht wie die Liebe,
ungeteilt und stufenlos?

Khalil Gibran

Im Wurzel-Chakra haben wir uns geerdet und im Sakral-Chakra unsere Sexualität umfasst, wodurch wir Flexibilität und Stärke gewonnen haben. Im Solarplexus konnten wir unsere Macht und unseren Willen miteinander vereinigen, um unser Potential zu erschließen. Nun gelangen wir zum Herzen, dem Zentralpunkt unseres geistigen Aufstiegs. Es bildet die Brücke zwischen dem Irdischen und dem Göttlichen. Die niederen Chakras halten uns sicher in unserem menschlichen Dasein verankert, während die darüber liegenden Chakras in den geistigen Bereich führen.

Das Herz-Chakra liegt in der Brustkorbmitte und dreht sich mit der Frequenz des grünen Lichts. Es strahlt seine machtvolle, heilende Energie nicht nur bis in die äußersten Bereiche unseres Seins, sondern in das gesamte Universum aus. In diesem Zentrum liegen die Funktionen, ohne die wir innerhalb weniger Minuten aufhören würden, als menschliche Wesen zu existieren – der Herzschlag und der Leben spendende Atem. Hier sind auch die Liebe, das Mitgefühl und die Berührung angesiedelt, und wir werden aufgefordert, unsere Beziehung zu uns selbst und unsere tiefe Verbindung mit dem gesamten Universum neu einzuordnen.

Die Luft, der Atem, gehören zu den Grundbedürfnissen und sind das Element des Herz-Chakras. Der Atem ist so selbstverständlich, dass man kaum an ihn denkt, es sei denn, er wird eingeschränkt. Obwohl er zu den wenigen automatischen Körperfunktionen gehört, kann man ihn durch die Veränderung seiner Tiefe, seiner Geschwindigkeit und seines Rhythmus kontrollieren. Durch das Autogene Training vermag man die meisten durch das autonome Nervensystem gesteuerten Funktionen zu verändern, wie Herzschlag, Blutdruck, Kreislauf und Verdauungsprozesse. Diese Vorgänge betrachtete man bislang als automatisch ablaufend und daher unkontrollierbar. Der Zusammenhang zwischen der Atmung und den Emotionen sticht hervor. Wenn man ängstlich, furchtsam oder ärgerlich ist, neigt man dazu, rascher und tiefer zu atmen (Hyperventilation). Bei einem Schock scheint der Atem zu stocken. Wenn man seine Aufmerksamkeit ganz leicht auf die Atmung lenkt und die Atemzüge zählt, kann das den Blutdruck senken, ein jagendes Herz beruhigen, Angst beschwichtigen und innerhalb weniger Minuten das Gleichgewicht wieder herstellen. Wenn man täglich still über den Atem meditiert, wird das Immunsystem gestärkt.

Warum nicht gleich jetzt bewusster atmen! Schließe die Augen und konzentriere dich auf deine Atmung. Atme langsam ein, zähle dabei bis sechs und stelle dir vor, du nimmst Stille und Frieden in dich auf. Atme aus, zähle dabei wieder bis sechs und lasse alle Gifte, Ängste und Spannungen abfließen. Halte zwei Sekunden lang inne, atme wieder ein, lasse dich vom Gefühl des Friedens durchströmen und löse dich beim Ausatmen von allem Unnötigen. Erkenne, wie du vollkommen gereinigt wirst. Halte inne. Atme erneut ein, wobei du diesmal bis acht zählst, und lasse alles Nährende in deinen Atem mit einfließen. Halte ihn einige Sekunden lang, nimm das Gute auf und atme alles Unnötige aus. Atme nochmals ein und zähle dabei bis acht. Dieses Mal atme Licht ein, das dein ganzes Sein durchströmt, es heilt, reinigt und ausbalanciert. Entspanne dich beim Ausatmen. Lasse einfach los. Fühle dein Gewicht auf der Erde. Öffne wieder die Augen.

Fühlst du dich besser? Es bedurfte nur einiger Atemzüge in wenigen Minuten, um dich an einen völlig anderen Ort zu bringen. Wenn du diese Übung stündlich oder sobald du daran denkst durchführst, wird dich der Unterschied auf physischer und psychischer Ebene überraschen.

Liebe und Beziehung

Die Energie eines gesunden Herz-Chakras nennt man Liebe. Obwohl es sich einer genauen Erklärung entzieht, wird am meisten über dieses Thema gesprochen, geschrieben und gesungen. Einige Kulturen kennen mehrere Namen dafür, aber ob nun von dem Gefühl zwischen zwei Liebenden, Eltern und Kindern, unter Freunden, Geschwistern oder für unsere Haustiere die Rede ist oder ob man von der glühenden Gottesverehrung spricht, die Energie ist ähnlich, und wir nennen sie Liebe.

Liebe, die beflügelt und bereichert, macht schön und weise. Liebe, die alles verzeiht, löst Konflikte und heilt Wunden. Es ist die Liebe, die uns zur tiefsten Verbindung und schließlich zur Vereinigung mit anderen befähigt. Liebe öffnet Türen und überquert Kontinente.

Zur Liebe im Herz-Chakra gehört die Beziehung zu allen Dingen im gesamten Universum. Sie bewirkt, dass wir uns zur höchsten Ebene in uns selbst erheben und Mitgefühl für alle Lebewesen empfinden. Sie schenkt uns die größte Freude des Zusammenseins, aber auch den tiefsten Schmerz in Traurigkeit und Kummer. Sie verwandelt das Gewöhnliche in das Erhabene und berührt nicht nur unser eigenes Leben, sondern das Leben aller, mit denen wir in Berührung kommen. Ihre charismatische Macht zieht andere Menschen zu uns, schenkt ihnen Vertrauen und Hoffnung und befähigt sie, ihr eigenes Herz zu öffnen und um der Liebe willen zu lieben, mit Offenheit und Begeisterung.

Von hier bis zum Höhepunkt unseres geistigen Aufstiegs regiert in irgendeiner Form die Liebe; die machtvolle, liebenswürdige und beschützende Liebe; die verstehende, durch Weisheit gereifte Liebe; eine Liebe, die niemals enden wird.

Die Liebe im Herz-Chakra vereint das menschliche Bedürfnis nach Beziehung, dem wir im Sakral-Chakra begegnet sind, mit dem Verständnis, das wir im Kronen-Chakra finden werden. Dadurch wird es uns möglich, in einer Weise zu lieben, die nicht nur alle Wesen, sondern auch alle Zeiten und alle Räume umfasst und in jede Handlung mit einfließt. Diese Liebe nennt man »göttliche Liebe«.

Liebe und Heilung

Es dauerte einige Jahre, bis ich begriff, was jene geistige Aufregung im Innern bedeutete, die ich mit vier oder fünf Jahren zum ersten Mal spürte und die mich heute noch manchmal überrumpelt, obwohl ich sie inzwischen kenne und kontrollieren kann.

Anfangs glaubte ich, diese starke, fühlbare Strömung, die sich daraus entwickelte, nehme ihren Ursprung in der Brustmitte. Als ich mich darauf konzentrierte, erkannte ich, dass sie oben auf dem Kopf eintritt und in meinen Brustkorb hinabfließt, dort explodiert und in alle Richtungen schießt. Innerhalb von Sekunden erfüllt sie mein gesamtes Sein, und ich fühle, wie sie sich in meine Aura ergießt. Ich weiss dann, ich ströme wie eine Fackel Liebe aus. Lange bevor ich irgendetwas über Chakras hörte, spürte ich in mir und um mich Stellen, an denen die Energie für den Bruchteil einer Sekunde innehielt und sich ein wenig veränderte, bevor sie weiterströmte. Ich befand mich in einer Energieblase.

Heute weiß ich natürlich, wie ich mein Kronen-Chakra öffne, um Liebe und Licht einfließen zu lassen, das innere Schauen mittels des dritten Auges hinzufüge und sie in meinem Herz-Chakra willkommen heiße. Dort konzentriere ich mich darauf, bis die Energie einem Laserstrahl gleich mit großer Kraft aus meinem Herzen, meinen Händen oder Füßen ausströmt. Oder ich zerstreue sie sanft. Ich kann sie in einen Raum fließen lassen, damit sie schwierige Situationen beruhigt oder Menschen hält, die mit ihren Problemen zu kämpfen haben. Ich bediene mich ihrer, um Leuten zu helfen, sich selbst zu heilen, indem sie ihre eigene Energie in irgendeiner Weise einsetzen. Diese reine, geistige Liebe gilt allen und allem ausnahmslos. Sie ist mein wertvollstes Werkzeug. Das Gleiche gilt für dich! Jeder ist zu dieser Liebe fähig, sobald er das Chakra von allen Blockaden befreit hat.

Nimm dich so an, wie du bist

Was muss man erreichen, um so zu lieben, wie das Herz-Chakra es fordert? Es ist schwierig, wahrhaft zu lieben, wenn man sich selbst nicht annehmen kann und in innerem Frieden lebt. Das Sakral-Chakra förderte den Ausgleich zwischen dem männlichen und weiblichen Aspekt in uns. Nun müssen Körper, Geist und Seele in Einklang gebracht werden, damit man sich selbst und andere in einer Weise lieben kann, die Freiheit schenkt und das geistige Wachstum aller ermutigt und unterstützt.

Es gibt Leute, die befremdet die Vorstellung, sich einfach anzunehmen, da sie glauben, man gebe das Bemühen um weiteren Fortschritt auf. Das Gegenteil ist der Fall!

Annahme bedeutet ein Sprungbrett für Wachstum und Entwicklung, eine Art fester Grundlage, die man vielleicht nicht so recht mag. Das hat weder etwas mit Selbstgefälligkeit noch mit Arroganz zu tun. Man denkt nicht, man sei vollkommen und bedürfe keiner Veränderung. Man muss aber zu dem stehen, wie man im Augenblick ist. Dann kann man sich mitfühlend und ein wenig nachsichtig betrachten, so wie man auf ein Kind schaut, das sich bemüht zu lernen.

Jetzt steht die Tür zumindest für bedingungslose Selbstliebe offen, was die Möglichkeit und Wirklichkeit einer Veränderung bietet. Indem ich mich selbst an dem Punkt meines Pfades, an dem ich jetzt stehe, bedingungslos annehme, kann ich beginnen, auch andere bedingungslos anzunehmen. Liebe bedeutet, das Wachstum, den Lernprozess und die geistige Entfaltung des anderen zu unterstützen. Andere Menschen anzunehmen und zu achten, bedeutet nicht unbedingt, sie in seinem Leben haben zu wollen. Manchmal heißt Liebe, eine Beziehung, die nicht mehr funktioniert, zu verlassen, damit niemand verletzt wird.

Das Gleiche gilt für die Annahme von Umständen in der Gesellschaft und auf dem Planeten. Zunächst muss man sie so nehmen, wie sie sind und Liebe einließen lassen, ehe man den liebevollsten weiteren Weg bestimmen kann. Verharre ich in dieser Situation oder verlasse ich sie? Bemühe ich mich, zu einer Veränderung beizutragen. Welcher Weg ist der beste und liebevollste? Wie sähe das Ergebnis aus?

In fast allen Fällen kann man die Angelegenheit neu formulieren, um eine liebevolle Lösung für alle Beteiligten zu finden, was auch bedeuten kann, sich zurückzuziehen, weil man nicht möchte, dass sein Leben von der Lebensweise anderer beeinträchtigt wird. Wenn man die Angst verliert, vermag man in viel umfassenderer und gesünderer Weise zu lieben.

Manchmal betrachten die Menschen die Liebe als einen Gebrauchsartikel, einen Kuchen, den man anschneidet. Wenn ich ein großes Stück bekomme, kriegt der andere ein kleines. Man stelle sich die Liebe besser als eine Hand voller Luftballons vor, von denen jeder einzelne mit einer speziellen Liebe eigens für eine besondere Person gefüllt ist. Diese Liebe gilt nur diesem einen Menschen. Den Ballon betrachtend, fließt die Liebe zu ihm. Vielleicht sieht man sich niemals wieder; der Ballon aber bleibt gefüllt mit all den Dingen unserer Gemeinsamkeit, an die man sich erinnert. Niemand sonst wird jemals Teil daran haben. Wenn man beschließt, den Ballon loszulassen, weil die Person, zu dem er gehört, keinen Platz in unserem Leben mehr hat, schickt man ihn mit einem liebevollen Gedanken hinauf in die Himmel. Niemand erhält weniger. Jeder bekommt genug. Das ist Liebe.

Liebe und Eifersucht

Manchmal frage ich die Leute, was sie damit meinen, wenn sie sagen, sie liebten einander. Gewöhnlich enthält die Antwort Aspekte wie: Zusammensein, gegenseitige Anziehung, sich ohne den Partner verloren zu fühlen oder ohne ihn nicht auskommen zu können. Der wichtigste Aspekt der Liebe scheint zu fehlen.

Das ist die Freiheit, der Wunsch, der andere möge gesund und in sich ganz sein, das Beste aus sich machen, ungeachtet dessen, ob es einen selbst mit einbezieht. Dieser Aspekt der Liebe kann bedrohlich sein, da er die Möglichkeit birgt, dass einem die Person, die man liebt, entwächst und zurücklässt. Vielleicht muss man dann lernen, wieder alleine zu sein. Die Reaktion auf diese Angst äußert sich in einem Anklammern, als ob man dadurch den Prozess anhalten und die Person für immer festhalten könnte. Dieses Bedürfnis, jemanden festzuhalten, fast zu besitzen, hat überhaupt nichts mit Liebe zu tun. Es ist Abhängigkeit, eine Abhängigkeit, die aus dem persönlichen Mangel an Vertrauen und Selbstachtung geboren wird, wodurch oft Probleme entstehen, weil der Entwicklung von Eifersucht Raum gegeben wird. Sie beraubt die Liebe ihres göttlichen Aspekts, würdigt sie zum Alltäglichen hinab und zerstört sie unter Umständen völlig.

Das einzige Ziel unserer Reise auf diesem Planeten ist unser geistiges Wachstum, und die Reise geht ununterbrochen weiter. Selbst wenn man eine Verschnaufpause einlegt und für eine Weile aussteigt, weil man sich übermüdet fühlt oder sich einfach nicht mehr die Mühe machen will, bleiben weder die Zeit noch unser Fortschritt stehen, denn wir lernen und wachsen unaufhörlich, indem wir das Leben und seine Lektionen passiv aufnehmen.

Versucht man, dieselbe Person zu bleiben und nimmt Abstand von weiterem Wachstum, um sich auf die Bedürfnisse eines anderen einzustellen, wird dies schließlich zu Widerstand führen und jegliche Emotion töten. Wahre Liebe engt niemals ein oder verlangt den Stillstand der Entwicklung.

In Liebe loslassen

Manche Leute denken, dass man an dem, was man liebt, hängen und sich nicht von ihm befreien muss. Das Wesen wahrer Liebe ist die Freiheit; und Freiheit bedeutet loszulassen. Innerer Abstand hält uns zusammen, da wir einander genügend achten, um darauf zu vertrauen, dass der andere sein Leben ohne unser Eingreifen leben kann, egal welchen Wachstums- oder Entwicklungsprozess er durchmachen muss.

Ein gesundes Herz-Chakra erlaubt uns, losgelöst zu bleiben und gibt uns das wunderbare Gefühl, ungehindert atmen zu können, schenkt uns Freiheit und Raum, genügend Zeit, unser eigenes Leben zu leben und trotzdem andere weiterhin zu unterstützen und wirklich zu lieben.

Gibt es die bedingungslose Liebe? Es gibt sie. Doch obwohl man die Verhaltensweise der Menschen, die man liebt, respektiert, muss man sie nicht mögen. Jemanden bedingungslos zu lieben und so anzunehmen, wie er ist, heißt nicht, sein Benehmen zu mögen oder zu akzeptieren.

Einen Menschen, nicht aber seine Verhaltensweise zu lieben, ist der Punkt, an dem sich die Theorie der bedingungslosen Liebe oft auflöst. Du und dein Verhalten sind nicht gleichbedeutend. Betrachte dein Verhalten als einen Mantel, den du für einen bestimmten Zweck überziehst. Manchmal gewöhnst du dich so sehr daran, dass jeder denkt, und auch du selbst es glaubst, er sei ein Teil von dir. Das trifft nicht zu; er verbirgt dich nur für eine Weile.

Du kannst den Mantel ausziehen oder gegen einen besseren austauschen. Man trägt die Verantwortung für seinen Mantel selbst und kann nicht erwarten, dass die Menschen einen genügend lieben, um zu bleiben, wenn man sich hinter einem unschönen Gewand verbirgt. Ich habe kein Recht, irgendjemanden zu ändern; das hieße, am Wesen der Liebe vorbeizugehen. Es gilt, dem anderen die Freiheit zu geben, zu sein, was er werden kann.

Jeder mag eine andere Vorstellung davon haben, ganz und gesund zu sein. Wer kann sagen, er sei im Recht? Jeder muss seinen Frieden auf seine Art und Weise finden dürfen. Ich liebe dich also auch weiterhin bedingungslos, obwohl ich dein Verhalten nicht mag und es vorzöge, wenn du es ändern würdest. Egal wie sehr ich dich lieben mag, wenn mich dein Benehmen auch weiterhin abstößt, kann es geschehen, dass ich dich eines Tages trotz meiner Liebe zu dir nicht mehr in meinem Leben haben möchte.

Zu wissen, wann man gehen muss

Es gibt Menschen, die eine Beziehung eingehen, weil sie eine karmische Verbindung aus der Vergangenheit spüren und glauben, es handelte sich um eine wunderbare, märchenhafte Liebe, nur um einige Monate später herauszufinden, dass sie nicht zu einander passen und sich trennen müssen.

Früher dienten lange Verlobungszeiten dazu, eine Beziehung auszuloten. Wenn man sich näher kennenlernt und weiter entwickelt, treten die Bereiche der Uneinigkeit und des Zwiespalts deutlicher hervor, die im Laufe der Zeit so zahlreich werden, dass man sich nicht mehr miteinander verträgt und die Beziehung unhaltbar wird. Ein solcher Zustand mag dann zur Trennung führen, manchmal nach einer kurzen Zeit und manchmal erst nach Jahren. Falls es im Herz-Chakra eine echte Verbindung gegeben hat, kann die Liebe bestehen bleiben, obwohl es aufgrund der Unvereinbarkeit in diesem Leben kein Zusammensein mehr geben kann.

Die eigene innere Harmonie und Ausgeglichenheit spielt auf Dauer eine wesentlich größere Rolle als das Gleichgewicht mit anderen Menschen, selbst wenn wir diese lieben. Manche Leute scheinen ihr ganzes Leben damit zu verbringen, anders zu denken als die ganze Welt, sind aber glücklich, weil sie sich selbst treu bleiben.

Wenn in einer Beziehung eine solche Disharmonie herrscht, dass die Meinungsverschiedenheiten einen aus dem Gleichgewicht werfen, dann sollte man ernsthaft darüber nachdenken, welchen Gewinn eine solche Zweisamkeit überhaupt bringt. Manchmal kann eine Kleinigkeit den Anstoß zur Trennung geben. Gerade in einer Beziehung ist die Toleranzgrenze oft dehnbar. Man beginnt gewöhnlich mit einem bestimmten Maß an Nachgiebigkeit, die zunimmt, wenn sich jemand beleidigend verhält, auch wenn man in seinem eigenen Interesse häufig zu weit geht. Wie oft erklärt man, irgendeine Sache auf keinen Fall hinnehmen zu wollen. Wenn es aber darauf ankommt, toleriert man die Verhaltensweise, vergibt sie und schwört, eine ähnliche Situation niemals mehr zu akzeptieren.

Geschieht es dennoch wieder, übt man erneut Nachsicht, um sich anzupassen. Je häufiger sich dies wiederholt, desto eher stößt man an einen Punkt, an dem man nicht mehr nachgeben kann. Man mag den anderen darauf hinweisen, dass man nicht länger imstande ist, sich mit dieser Situation auseinanderzusetzen, aber wir hören nicht einmal auf uns selbst, und unser Verhalten drückt natürlich etwas ganz anderes aus.

Einmal zuviel, und es ist vorbei mit unserer Nachsicht, die nun noch geringer als zu Beginn ist. Wir haben die Beziehung schon halb verlassen.

Obwohl der andere sich unseren Wünschen entsprechend verändern mag und die Beziehung noch eine Weile dahintröpfelt, war sie in jenem Augenblick beendet, in dem wir keine Nachsicht mehr üben konnten. Man mag sich verzweifelt bemühen, aber tief im Inneren weiß man es. Auch wenn die Entscheidung hinausgezögert wird, eines Tages müssen wir gehen.

Das im Herz-Chakra verknüpfte Band, das uns durch beachtliche Schmerzen zusammengehalten hat, ist brüchig geworden und schließlich gerissen. Nun muss man sich mit dem Schmerz auseinandersetzen, um den Riss zu heilen. Die Lektion besteht darin, von Anfang an liebevoll realistische Grenzen zu setzen und sie zu belassen. Zum Verliebtsein gehört ab und zu der Wunsch nach Exklusivität. Den besten Beziehungen liegt wahrscheinlich das Verständnis zu Grunde, dass Monogamie und gegenseitige Achtung nebeneinander bestehen. Dies muss freiwillig gegeben und darf nicht erzwungen werden. Das Wesen der Liebe ist die Freiheit, die Freiheit zu sein, die Freiheit zu wachsen, die Freiheit alles zu werden, was wir vermögen und die Freiheit, ohne Hass oder Vergeltung zu riskieren, die Beziehung aufzugeben.

Sich verlieben

Sich in jemanden zu verlieben, in jemanden vernarrt zu sein oder abhängig von ihm zu werden, fühlt sich oft ähnlich an. Obwohl es das Richtige zu sein scheint, entpuppt sich manche Beziehung als kurzlebig und recht chaotisch.

Sich zu verlieben und zu lieben, sind zwei sehr verschiedene Dinge. Das männlich/weibliche Gleichgewicht des Sakral-Chakras herzustellen, lässt uns nach jemandem Ausschau halten oder hingezogen fühlen, der uns ausgleicht. Es spielen natürlich auch andere Faktoren eine Rolle, wie unsere persönliche Erfahrung, die jeweiligen Stärken und Schwächen unserer Eltern und was wir im Laufe unserer Kindheit gelernt haben. Es heißt, dass Mädchen ihr Vater-Bild und junge Männer ihr Mutter-Bild heiraten. Manchmal aber sucht man das genaue Gegenteil. Der Vater stellt das erste männliche Rollenbild dar, die Mutter das erste weibliche. Es hängt viel davon ab, ob man es mag oder nicht. Oft folgt man derselben Spur, obwohl man niemals den Vater oder die Mutter heiraten möchte.

Ein Mann erzählte mir während eines Fluges über sich und seinen Bruder und wie sie in ihrem Leben verschiedene Wege eingeschlagen hatten. Der Vater, ein Trunkenbold, war schwierig und ausfallend gewesen und hatte die Mutter geschlagen. Der eine Sohn trank zu viel, war verheiratet, hatte zwei erwachsene Kinder und lebte verhältnismäßig glücklich. Der Bruder befand sich seit seiner Jugend ständig in Schwierigkeiten, war zweimal geschieden und quälte sich durch sein Leben. Man hatte die Brüder unabhängig voneinander einmal gefragt, warum sie einen solch schwierigen Lebensweg wählten. »Wie hätte ich anders sein können, bei diesen Eltern?« hatten beide geantwortet.

Jeder besitzt die freie Wahl; jeder verfügt über einen anderen Lebensplan, ein anderes Temperament, ein anderes Maß an Duldsamkeit und schleppt ein anderes karmisches Gepäck mit sich. Sich zu verlieben und verliebt zu bleiben, beruht oft auf einer uralten Dualseelen-Verbindung. Mit dieser Seele, die wir auf einer geistigen Ebene sehr gut kennen und mit der wir vieles gemeinsam haben, sind wir in früheren Zeiten zahllose Male und auf verschiedene Weise inkarniert gewesen. Abhängigkeit hingegen ist etwas ganz anderes.

Damit sich die Verliebtheit zweier Menschen zu einer lang anhaltenden, gesunden Beziehung entwickeln kann, müssen beide Partner unabhängig sein (vgl. Abb. 9).

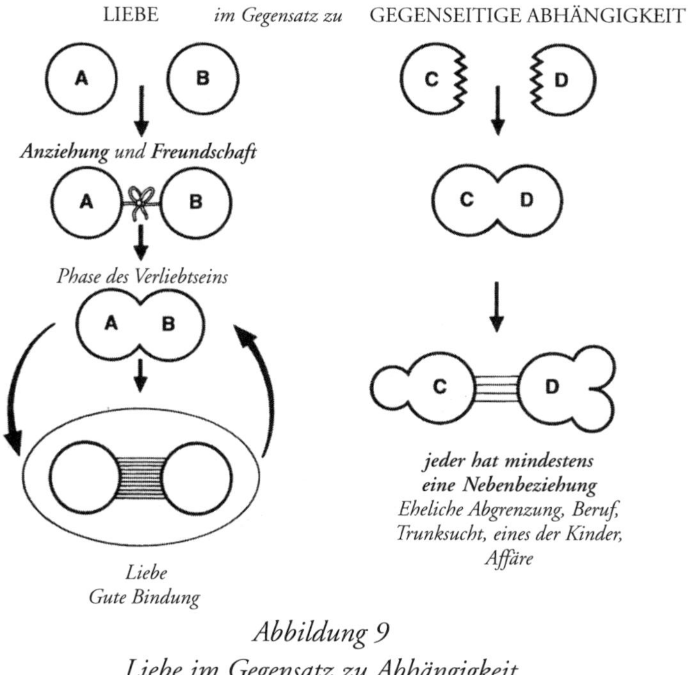

Abbildung 9
Liebe im Gegensatz zu Abhängigkeit

Zwei gesunde, sich abgrenzende Menschen mit einem gut funktionierenden Herz- und Solarplexus-Chakra fühlen sich zueinander hingezogen. Sie gehen aufeinander zu, schließen Freundschaft, bewahren aber ihre eigene Abgrenzung und fühlen sich glücklich und bereichert in der Gegenwart des anderen. Dann verlieben sie sich. Die Grenzen fallen und sie gehen ineinander auf und bilden fast eine Einheit. Man meint, auf Wolken zu gehen, tut Dinge, die man sonst nie tun würde, bleibt nachts wach, schreibt Gedichte, schickt Briefe, telefoniert, erzählt Freunden und Familienmitgliedern unangebrachte Einzelheiten und so fort. Haben wir uns nicht alle so verhalten?

Die Phase kann sehr anstrengend sein. Der Adrenalinspiegel steigt, die Chakras sind weit geöffnet, und gewöhnlich bemerken wir gar nicht, dass wir viel mehr Energie als sonst verbrauchen, wenig schlafen und kaum essen. Das geht auf Dauer nicht gut. Es wird die Zeit kommen, in der man Bestandsaufnahme machen muss, was den eigenen Energiehaushalt anbelangt, was meistens dann geschieht, wenn sie zum zwanzigsten Mal seine Unterhosen vom Boden aufheben muss und er der offenen Zahnpastatube überdrüssig wird. Plötzlich wacht man auf und erkennt, dass die andere Person den eigenen Raum einnimmt, dann wird die Abgrenzung blitzschnell eingefordert. Man bleibt eng miteinander verbunden, erkennt aber seinen eigenen psychischen sowie emotionalen Bereich und den des anderen.

Nun entwickelt sich eine Abgrenzungslinie, die beide umgibt und der Welt bekundet, dass sie ein Paar sind. Ihrer Liebe und engen Verbundenheit sicher, mögen sie sogar von einander getrennt sein (was ihnen vielleicht nicht lieb ist). Es mag wunderbare Zeiten in dieser Beziehung geben, wenn sie sich erneut verlieben und langsam wieder in den Zustand der Liebe übergehen. Ein solches Paar mag zwischen Verliebtsein und Liebe im Laufe seiner Beziehung hin und her pendeln und diese frisch und aufregend erhalten.

Falls sie beschließen, auseinander zu gehen, sollte dies ohne Bitterkeit geschehen, obwohl es schmerzlich sein wird, wenn die Bindung auf der Ebene des Herz-Chakras und des Solarplexus gelöst wird. Nach der Trennung bleiben sie vielleicht Freunde.

Im zweiten Fall fühlt sich keiner der beiden Partner vollständig. Sie finden zusammen, weil sie jemanden brauchen, der sie ergänzt.

In ihrem Bemühen, jemanden zu lieben und geliebt zu werden, verlieren sich ihre Abgrenzungen sehr rasch, die Phase der Freundschaft wird häufig übergangen und es entsteht eine strukturlose Verbindung. Da sie sich vor Beginn der Beziehung derartig verloren und unvollständig fühlten, können sie nur zögernd, wenn überhaupt, auseinandergehen, sollte die Beziehung schief laufen.

Es fällt ihnen schwer, mit dem Partner über ihre wirklichen Bedürfnisse zu sprechen, da sie befürchten, ihn zu verlieren. Dadurch blockieren sie sich auf allen Ebenen, und die festgefahrene Lage bietet keinem von beiden genügend Raum für Bewegung oder Wachstum. Oft quälen sie sich sehr lange, da eine Trennung bedeutet, wieder alleine zu sein, und deshalb leiden sie lieber unter der Situation.

In einer solchen Beziehung hängt jeder von dem anderen ab, um sich vollständig zu fühlen. Der einzige Ausweg, um ein wenig Freiraum zu gewinnen, besteht darin, eine »Ausweichbeziehung« einzugehen. Dies mag mit einer anderen Person geschehen (eine Frau kann ein sehr starkes Band zu einem ihrer Kinder knüpfen) oder sich in einer Affäre, Alkoholgenuss oder übermäßigem Arbeiten ausdrücken. Diese Beziehungen enden oft mit Schärfe, Bitterkeit, manchmal auch mit Gewalt, Drohungen oder sogar Rache.

Michael suchte mich mit einem Alkoholproblem auf. Beredt erklärte er mir die Gründe dafür und schob die Schuld hauptsächlich auf seine Frau, mit der ihn eine typische Liebe/Hass-Beziehung verband. Fantasiereich erzählte er seine Geschichte und konnte die Schwere seiner Trunksucht und andere Abhängigkeiten kaum verhehlen, zu denen auch Beziehungen zu anderen Frauen gehörten, was er wiederum auf seine Frau schob, da diese angeblich frigide war.

Er besaß sehr viel Fantasie (seine Geschichte an sich war sehr fantasievoll), aber kaum ein Gespür für sich selbst und seine Grenzen, so dass er seine Umgebung ohne den geringsten Respekt für deren Freiraum manipulierte. Mit allen ihm zur Verfügung stehenden Mitteln schloss er andere in seine Welt ein, klammerte sich dann an sie und begegnete jedem ihrer Versuche, ihr eigenes Leben in ihrer Weise zu leben, mit theatralisch aggressivem Gehabe.

Seine Frau Margery, die sich darin verfangen hatte, versuchte sich daraus zu befreien. Sie unterzog sich einer Therapie, um mit dem Schmerz fertig zu werden, den der Zerfall einer angeblichen Märchenromanze mit sich brachte. Ihre eigene Abhängigkeit war noch offensichtlich, ein Liebhaber stand schon bereit, da sie sich nicht damit abfinden konnte, vielleicht wieder alleine zu sein. Beide mussten lernen, dass sie alleine und ohne Krücken, auch ohne den anderen, zurecht kommen konnten.

Obwohl jeder Partner in einer Beziehung gegenseitiger Abhängigkeit schließlich gesunden und in sich ganz werden kann, mag die Beziehung dabei in die Brüche gehen. Als sich Michael langsam erholte, musste er feststellen, dass Margery sein Verhalten nicht länger tolerieren konnte und ihn verlassen musste. Sie hatte ihn gebeten, nicht mehr zu trinken. Als er zu diesem Punkt gelangte, war es bereits zu spät.

Trennung, Scheidung, Kummer über den Verlust

Aufgrund der Bande, die sich zwischen den Herz-Chakras zweier Menschen bilden, die sich in Liebe für einander öffnen, gestaltet sich eine Trennung niemals einfach. Je tiefer die Liebe, die sie für einander empfunden haben, desto schneidender der Verlustschmerz.

Andere Trennungen, wie der Verlust eines Heims oder der Heimat, können einen ähnlichen Schmerz hervorrufen, da die Herzensbindung plötzlich zerrissen wird. Zum Schluss dieses Kapitels findet sich eine Meditation, die einen solchen Kummer lindern mag.

Obwohl sich die Chakras bei dem ungeborenen Kind noch im Elementarzustand befinden, entwickeln die Eltern bereits eine Herzensbindung mit dem zu erwartenden Baby. Sollte es zu einer Fehl- oder Totgeburt kommen, benötigen die Eltern sehr viel Unterstützung, um die Wunden dieser Trennung zu heilen. Diese Tatsache wurde bisher gewöhnlich übersehen. In ihrem Buch *Cutting the Ties That Bind* leistete Phyllis Krystal hervorragende Pionierarbeit zu diesem Thema.

Ob die Trennung bewusst erfolgt (Scheidung) oder nicht, Herzensbindungen müssen dennoch gelöst, getrennt und geheilt werden. Der Schmerz quält oft schon lange vor der tatsächlichen physischen Trennung, wie im Falle des bevorstehenden Todes eines Partners. Bei einem Paar, das sich trennt, geht zumindest bei einem der Partner eine geistige und emotionale Trennung voraus.

Funktionsstörung im Herz-Chakra

Da dieses Chakra mehr als alle anderen zu Extremen neigt, gestaltet es sich oft sehr schwierig, das nötige Gleichgewicht im gesamten Chakra-System herzustellen.

Eine Person mit wohl ausgewogenem Herz-Chakra betrachtet die Welt trotz auftretender Schwierigkeiten gewöhnlich als einen freundlichen Ort. Ist das Herz-Chakra blockiert, überwältigen Negativität und Pessimismus den Blick für das Gute.

Als Gesellschaft zeigt sich manchmal eine Blockade in diesem Chakra; es werden nur schlechte Nachrichten verbreitet und wir scheinen alle diese traurigen, schockierenden und schmerzlichen Einzelheiten über die Fehler und das Unglück anderer Menschen begierig zu lesen.

Seelische Erschütterung und emotionaler Schmerz im Alter von zwölf bis fünfzehn oder sechzehn Jahren beeinflussen die Entwicklung des Herz-Chakras. Es suchen mich viele Leute auf, die leicht verletzbar sind und sich zurückgestoßen fühlen. Sie vermögen weder zu lieben noch sich lieben zu lassen; ihr Herz-Chakra kann sich nicht öffnen. Diese Menschen sind oft kritisch veranlagt und man kann ihnen nichts recht machen; sie sind nachtragend und haben Schwierigkeiten mit Beziehungen. Sie empfinden eine tiefe Abneigung, sogar Hass, gewissen Menschen gegenüber und rächen sich, wenn sie beleidigt wurden, während sie andere Menschen, die in ihren Augen keine Fehler begehen können, vergöttern. Sie fühlen sich von allen Seiten abgewiesen und ziehen sich oft entweder zurück oder machen es ihrer Umgebung schwer, entspannt und spontan zu sein. Ihre Haltung beraubt sie oft der Nähe, die sie so verzweifelt suchen. Menschen, die in einer Beziehung gegenseitiger Abhängigkeit gelebt haben, weisen schwerwiegende Probleme im Herz-Chakra auf.

Evelyn hatte etwa sieben Jahre lang mit der großen Liebe ihres Lebens zusammengelebt, als sie mich um Hilfe bat. Es erschien eine hochgewachsene, attraktive, gescheite Frau, die artikuliert sprach und scharfsinnig und recht spirituell zu sein schien. Sie beschrieb ihren Lebenspartner Terry als einen wundervollen Mann, in den sie sich sofort verliebt hatte. Ihre Beziehung war von tiefer

Zuneigung und aufregender Sexualität geprägt. Materiell hatten sie keinerlei Probleme gehabt; sie konnten verreisen und sich alles leisten, was sie sich wünschten. Ihre Umgebung hatte sie als das »goldene Paar« betrachtet, und manche waren eifersüchtig auf sie gewesen. Niemand wusste jedoch, was von Zeit zu Zeit in dieser Beziehung vor sich ging, da sie niemals darüber sprach.

Von Anfang an hatte sie gewusst, dass Terry Drogen nahm, was er mit der Geschäftswelt, in der er sich bewegte, verband. Jeder dort nahm Drogen, und wenn er sich ausschloss, könnte das den Verlust von wichtigen Kontakten bedeuten, die er auf solchen »Partys« knüpfte, so verteidigte er sich.

Evelyn konnte sich nicht daran gewöhnen. Eine solche Situation war ihr bis dahin fremd gewesen. Sie hoffte auf eine Änderung und versuchte, die Angelegenheit nicht überzubewerten. Mit der Zeit entdeckte sie aber, dass Gelder verschwanden, die gewöhnlich für ihr Haus oder für Reisen ausgegeben wurden. Wenn sie Terry darauf ansprach, wurde er wütend. Was sie an der ganzen Sache am meisten beunruhigte, war ihre eigene Reaktion. Sie empfand immer noch eine sehr tiefe Liebe für ihn. Die Situation verärgerte sie aber so sehr, dass sie nicht mehr damit fertig wurde. Unter Tränen und mit niedergeschlagenen Augen gestand sie, ihm gegenüber gewalttätig geworden zu sein. Obwohl er sich niemals rächte, beunruhigte sie der Gedanke, zu was sie fähig gewesen war, zutiefst. So konnte sie nicht weiter machen. Sie konnte sich selbst nicht mehr leiden, und es fiel ihr mitunter schwer, ihn anzuschauen. Sie fürchtete sich davor, wozu sie möglicherweise eines Tages noch fähig sein könnte, da ihre Toleranzgrenze auf ein Minimum gesunken war. Schluchzend gestand sie, dass ihre Wut manchmal so gewaltig in ihr aufstieg, dass sie ihn am liebsten umbringen möchte.

Als Krankenschwester fühlte sie sich dazu bewogen, anderen zu helfen, was teilweise auf eigene Erfahrungen in der Familie zurückzuführen war. Die damals Vierzehnjährige und ihre Familie hatten sehr darunter gelitten, als der Vater, ein starker Trinker, bei einem Unfall ums Leben kam. Eine Mischung aus Liebe und Ärger hatte sie erfüllt, die niemals aufgearbeitet worden war. Ihr Herz-Chakra wies eine offene Wunde auf, und Terry hatte sie niemals geschlossen. Sie hatte alles unternommen, um ihn noch mehr zu lieben, und genauso wie ihre Mutter Lügen erzählt, um ihn zu retten. Jenen Menschen, die sie liebten, hatte sie die Wahrheit vorenthalten. Sie war unfähig, länger Nachsicht zu üben und hatte ihr Herz fest verschlossen, um sich vor weiteren Verletzungen zu schützen. Es beschlich sie das Gefühl, einen kostbaren Teil ihrer selbst verloren zu haben. Mit vierunddreißig Jahren wünschte sie sich nun, eine Familie zu gründen, wusste aber, dass unter diesen Umständen eine Schwangerschaft unmöglich war. Sie trauerte um den Traum der Beziehung, den Verlust ihrer selbst, ihres Vaters und ihrer Kindheit.

Als erstes musste sie lernen, ihr Herz-Chakra willentlich zu öffnen und zu schließen, damit sie das Gute empfangen und geben, sich vor weiterem Schaden aber schützen konnte. Sie musste sowohl die Trauer als auch rein praktische Dinge in Angriff nehmen. Sie musste sich der Frage stellen, wo sie sein und was sie wirklich tun wollte, wenn Terry nicht aufhörte, Drogen zu nehmen. Wie konnte sie ihm ihre neue Einstellung zu dieser Situation direkt und unmissverständlich nahelegen? Auf wen konnte sie sich verlassen, wenn sie Hilfe benötigte, was natürlich bedeutete, einer Person, der sie vertraute, die Wahrheit zu erzählen? Welche Möglichkeit gab es, mit dem geistigen Aspekt ihres Selbst in Berührung zu gelangen, den sie liebte und verloren glaubte?

Es überraschte sie, dass sie durch eine sehr einfache Übung ihren Schmerz sofort bis zu einem gewissen Grad beherrschen konnte. Sie musste sich nur eine wunderschöne grüne oder rosafarbene Blume über ihrem Herz-Chakra vorstellen und anstrengungslos beobachten, wie sich diese öffnete und schloss. Sie nahm sich vor, in einer bestimmten Weise vorzugehen, wenn Terry das nächste Mal Drogen nahm. Sie würde eindeutig, aber nicht aggressiv ihre eigenen Bedürfnisse und den Weg, den sie zu gehen gedachte, darlegen. Sie wollte das Haus für eine Weile verlassen, sich in dieser Zeit selbst bemuttern, ihre Affirmationen sprechen und Terry keine hasserfüllten Schwingungen senden, was niemandem nutzte.

Sie erzählte ihm von ihrer Therapie und riet ihm, sich ebenfalls einer solchen Behandlung zu unterziehen. Außerdem eröffnete sie ihm ihre Absicht, ihre Beziehung zu ihm genau zu überprüfen und eine Entscheidung zu treffen.

Zu ihrer Überraschung stellte Evelyn fest, dass sobald sie ihre Verhaltensweise änderte, sich sein Benehmen ebenfalls wandelte. Er setzte die Drogen nicht sofort ab, unterzog sich aber später einer Therapie. Doch als Evelyn etwas von ihrer Selbstachtung zurückgewann, konnten sie wieder miteinander reden und entwickelten gegenseitiges Vertrauen und Freundschaft. Als sie begann, ihr Leben neu zu gestalten und erkannte, dass sie notfalls auch ohne ihn auskam, verschob sich die Dynamik. Sie stieg aus diesem gegenseitigen Abhängigkeitsverhältnis aus und wandte sich ihren eigenen Bedürfnissen zu. Ihre Beziehung hatte sich endlich auf ein gleiches Niveau eingependelt, sie entwickelten eine wirkliche Partnerschaft und bereicherten ihre Ehe durch individuelles Wachstum.

Viele Menschen mit einer Fehlfunktion des Herz-Chakras befinden sich an einem Punkt, an dem sie sich selbst und die Situation oder die andere Person nicht leiden können. Sie verunglimpfen und verabscheuen sich, und es fällt ihnen oft schwer, sich in andere einzufühlen. Manchen fehlt die emotionale Reife und sie neigen dazu, sich der Verantwortung zu entziehen.

Ihre negative Einstellung stößt andere ab und bestätigt die

Überzeugung, man sei ungeliebt. Eine der größten Ängste besteht darin, zurückgewiesen zu werden, weshalb solche Leute Beziehungen oft sabotieren, um ihren Standort zu bestimmen und eine gewisse Kontrolle auszuüben, anstatt furchtsam darauf zu warten, dass die Axt fällt. Eines der Kennzeichen einer in Abneigung verstrickten Person besteht darin, dass sie jedes Angebot zu helfen mit einer Reihe von Sätzen ablenkt, die mit den Worten beginnen: »Ja, aber…«, was schließlich den gütigsten und aufmerksamsten Menschen verärgert. Obwohl sie so sehr der Zärtlichkeit bedürfen, verwirrt es sie gewöhnlich und sie machen sich über die zarten Gefühle anderer nur lustig.

Menschen, die ihr Herz-Chakra nicht willentlich öffnen und schließen können, findet man häufig in helfenden Berufen. In dem verzweifelten Bemühen zu helfen, wird der Schmerz aller anderen zur fast unerträglichen Bürde. Ihr schlimmster Albtraum bewahrheitet sich, wenn sie sich völlig verausgabt haben, kraftlos und erschöpft sind, nur weil sie die Kunst, Abstand zu halten, nicht gelernt haben. Ihr Herz-Chakra ist eine offene Wunde und durchlebt die Gefühle jedes anderen Menschen.

Ein blockiertes Herz-Chakra verursacht eine Verzerrung unserer Emotionen. Wenn es uns nicht gelingt, uns zu lösen und anzunehmen, sind wir unfähig, das Gesamtbild zu sehen. Es gibt zahlreiche Beispiele für eine »Liebe«, die mit recht tragischen Folgen verzerrt wurde. Manche Menschen bemühen sich leidenschaftlich, eine Sache zu verändern, aber in ihrer engen Sichtweise und in der fanatischen Verteidigung ihrer eigenen Angelegenheiten verlieren sie die Tatsachen aus den Augen, schaffen eine andere Ungerechtigkeit und demzufolge neue Opfer.

Diejenigen, die die Rechte der Ungeborenen schützen, schaden jenen, die eine Abtreibung durchführen; jene, die für die Rechte der Tiere eintreten und dadurch Menschen schädigen, die in gewissen Laboren tätig sind, haben viele Sympathisanten abgeschreckt und ihrer eigenen Sache geschadet. Wenn wir aus der übergreifenden Sicht der Liebe und Annahme die Dinge betrachten, gibt es immer einen besseren und machtvolleren Weg, das heißt, dorthin Liebe zu atmen, wo sie am meisten benötigt wird.

BERÜHRUNG UND MITGEFÜHL

Das Sinnesorgan des Herz-Chakras ist die Berührung – Berührung im physischen Sinne (zärtliches Streicheln, liebevolle Umarmung, Massage), aber auch in einer mitfühlend emotionalen oder geistigen Weise. Inwieweit lässt du Berührung zu? Erlaubst du Mitgefühl?

Vielleicht darf man dich so sehr anrühren, dass dein Schmerz dich lähmt, da dich das Leid, das du siehst, nach unten zieht. Ein wenig Abstand erweist sich auf Dauer für jeden als nutzbringender.

Stehst du in Berührung? In Berührung mit der Welt, die dich umgibt? Mit den Schwierigkeiten anderer? Vielleicht nimmst du die Liebe, die sie dir entgegenbringen, aufgrund deiner vorgefassten Meinung nicht wahr. Warum nicht über die gesprochenen Worte hinausgehen und schauen, auf welche Weise der andere Mensch seine Botschaft zu übermitteln sucht? Vielleicht kann er sich nur nicht so gut verständlich machen wie du. Hörst du, was er nicht sagen will? Sagst du alles, was du sagen könntest? Bringst du seiner augenblicklichen Lebenslage Mitgefühl entgegen? Hast du so viel Verständnis für ihn, dass du nach Entschuldigungen suchst und dich ausnutzen lässt? Sei in erster Linie mitfühlend mit dir selbst. Berühre und lasse dich in einer Weise berühren, die du in diesem Augenblick zu verarbeiten vermagst.

Die Übungen

Übung 1

Ein gesundes Herz-Chakra führt zu einer positiven Auffassung und optimistischen Sichtweise, die das Leben verändern kann. Was geschieht, wenn man negativ eingestellt ist?

Nehmen wir einen negativen Gedanken, wie etwa folgenden: »Ich bin nicht liebenswert.« Ich nehme an, niemand mag mich. Da ich mich nun darauf eingestellt habe, dass mich die Leute nicht mögen und zurückweisen, werde ich mich wahrscheinlich nicht in einer offenen und freundlichen Weise verhalten. Ein solches Benehmen wird auf eine unfreundliche Reaktion stoßen. Dieses negative Feedback bestätigt nur meine ursprüngliche Befürchtung, nicht liebenswert zu sein. Damit beginnt ein neuer Zyklus negativer Gedanken, Vermutungen, Verhaltensweisen und Reaktionen, die ich ständig wiederhole, bis ich mich allein und isoliert fühle. Im Grunde genommen habe ich diesen Prozess ohne das Zutun anderer ganz alleine in Gang gesetzt. Ich habe die Vorbereitungen getroffen, das Bühnenstück geschrieben, alle Rollen gespielt und der letzte Vorhang galt mir.

Wir wollen den Vorgang umdrehen. Ich kann mein Herz öffnen und das Risiko einer positiven Betrachtungsweise eingehen. Vielleicht bin ich liebenswert. Dann mögen mich die anderen und ich lächle, und – Überraschung, Überraschung! – die Leute lächeln zurück. Diese positive Reaktion bestätigt, dass ich liebenswert bin. Mein Selbstvertrauen steigt. Nun bin ich in der Lage, mehr zu wagen, da meine Selbstachtung zunimmt und meine Welt sich nach außen öffnet und mich in einen glücklicheren Zustand führt.

Folgende Affirmationen dienen dazu, dein Herz-Chakra zu beleben, was nicht heißen soll, dass sie alles heilen, was dich schmerzt, aber sie prägen sich deinem Geist ein. Die besten Affirmationen sind natürlich diejenigen, die du selbst formulierst. Spiele mit den folgenden Vorschlägen, bis du glaubst, sie entsprechen deinen Bedürfnissen.

- Mein Herz ist offen, um Liebe zu geben und zu empfangen. Ich erreiche in meinem Leben vollkommene Harmonie und Ausgeglichenheit.
- In erster Linie bin ich für mich selbst verantwortlich, um mich liebevoll und mitfühlend zu behandeln.
- In meinem Leben gibt es viele Möglichkeiten, Wunder und Freuden. Ich brauche nur mein Herz zu öffnen und sie zu empfangen.
- Ich lasse Liebe in jede Situation fließen, in der Gewissheit, dass Liebe in mein Leben flutet.

Übung 2

Schreibe einen Brief an dich selbst, wie an einen guten Freund. Erzähle von deinen Sorgen, Frustrationen, Wünschen, Zielen und den Dingen, auf die du stolz bist und die dich erfreuen. Sprich von den guten Dingen in deinem Leben und davon, was du gerne ändern möchtest. Verschließe den Brief und lies ihn drei oder vier Tage später in deiner Ecke nochmals sorgfältig durch, voller Mitgefühl und Verständnis.

Schreibe nun aus liebevoller Sicht einen Antwortbrief, in dem du deine Gefühle zu dem Geschehenen zum Ausdruck bringst und vorschlägst, was unternommen werden sollte. Vielleicht stellst du eine Liste auf. Erwarte aber nicht, alles an einem Tag zu erledigen. Wo könntest du anfangen? Welche winzige Veränderung könnte heute schon vorgenommen werden? Es gibt immer irgendetwas. Fertige einen realistischen Zeitplan an und beginne mit den Veränderungen.

Zum Beispiel:

- Vom heutigen Tag an werde ich mich wie meine beste Freundin (mein bester Freund) behandeln. Sollte ich abfällig über mich selbst sprechen, werde ich meine Worte in eine passendere und freundlichere Weise abwandeln.
- Heute werde ich im Veranstaltungsprogramm nachschauen, ob es einen Kurs gibt, an dem ich teilnehmen kann.
- Am Dienstag werde ich mir beim Einkauf ein paar Blumen mitnehmen.
- Ich werde in meinem Haushaltsplan eine Summe vorsehen, damit ich mir Dinge kaufen kann, die meinem Wohlbefinden und geistigen Wachstum dienen, wie Heilungsmusik, Kerzen, einen Kristall, heilendes Öl.
- Am Freitag hole ich meine alte Schwimmurkunde hervor, damit ich sie ab und zu anschauen und auf meine Errungenschaft stolz sein kann.
- Jeden Tag werde ich nach dem Bad meinen Körper mit duftendem Öl einreiben und einen Termin für eine professionelle Massage ausmachen, wenn ich sie mir finanziell leisten kann.
- Wenn mich meine Schwester das nächste Mal anruft und mir eröffnet, dass sie zum Wochenende mit der gesamten Familie anreist, werde ich um Bedenkzeit bitten.

Übung 3

Da ich meinen Verstand und meinen Geist mit guten und schönen Dingen füllen möchte, versuche ich, sie mit guten Neuigkeiten, positiven Gedanken, heilender Musik, angenehmen Erinnerungen, liebevollen Handlungen, süßen Düften, sanften Berührungen und erleichternden Seufzern zu füttern.

Ich möchte nicht über Unglück, Mord und Tragödien nachgrübeln, weshalb ich weder darüber lesen noch in Film und Fernsehen solche Dinge anschauen werde. Ich weiß, es gibt sie und ich stecke nicht den Kopf in den Sand. Ich sende den Opfern und Tätern überall auf der Welt Liebe und Heilung und auch denjenigen, von denen ich weiß, dass sie mit schmerzlichen Dingen kämpfen, die sie sich für dieses Leben vorgenommen haben.

Bist du unnötig beunruhigt, weil du deinen Geist dahingehend fütterst? Nützt es dir? Vielleicht solltest du dich fragen, ob du deinem Körper dementsprechende Nahrung zukommen lassen willst. Was glaubst du wird geschehen, wenn du verdorbene Nahrungsmittel, giftige Substanzen und unreines Wasser zu dir nimmst? Betrachte dein Leben und finde heraus, woher deine augenblicklichen negativen Überzeugungen herrühren. Benötigst du sie noch? Sind es »alte Platten«, die seit deiner Kindheit abspielen? Willst du sie durch positive und passende Themen ersetzen?

Übung 4

Stelle eine Liste mit fünf Beweisen für das Gute zusammen, dem du heute begegnet bist und sende mindestens fünf Leuten gute Gedanken voller Licht und Liebe. Vielleicht könnte dies zur alltäglichen Disziplin werden. Dein eigenes Herz und das derjenigen Menschen, denen du diese Gedanken sendest, würden die heilende Wirkung spüren.

Ein guter Rat. Wenn du jemandem etwas Gutes zukommen lassen, aber keinen Kontakt mit ihm aufnehmen möchtest – vielleicht jemandem, von dem du dich bewusst getrennt hast – dann wäre es für beide besser, die Herzensbindung nicht wieder aufzubauen, die du geheilt hast. Sende dieser Person Licht statt Liebe. Sie wird den Frieden und die Heilung empfangen, ohne dass sich dein Herz wieder bindet.

Meditationen

Meditation 1

Ziehe dich in deinen stillen Raum zurück und sorge dafür, dass du mindestens eine Stunde lang ungestört sein wirst. Lege einen Kristall in deine Nähe – einen Rosenquarz, grünen Turmalin oder ein Schmuckstück mit einem Smaragd.

Den Rosenquarz hat man auch den »Liebesstein« genannt, da er die Liebe zu uns selbst und zu anderen machtvoll unterstützt. Er heilt ein verwundetes Herz und taut ein im Schmerz erstarrtes Herz wieder auf. Den Turmalin gibt es in einer Vielzahl von Farben; grün wirkt heilend und schützend und hilft, Negatives zu zerstreuen. Der Smaragd steht für bedingungslose Liebe, regt Freundlichkeit und Erfolg an und fördert die Einsicht. Ein alter Ausspruch besagt, dass man Jade nur denjenigen geben soll, die man liebt, da sie so viel Liebe mit sich tragen. Solltest du einen Jadestein verwenden, sende ein wenig Liebe zu demjenigen zurück, von dem du ihn erhalten hast.

Lavendel oder Jasmin eignen sich als Duft. Eine Blume oder Pflanze an deinem Platz zu haben, wäre gut, ansonsten sorge für etwas Grünes oder Rosafarbenes. Schalte das Telefon aus.

Entspanne dich und mache es dir bequem. Alles, was in dir hochsteigt, ist nur eine Erinnerung; nichts aus der Vergangenheit kann dich verletzen. Du hast es bereits überlebt.

Dieses Mal gehst du zurück bis zu einem Alter von zwölf bis fünfzehn oder sechzehn Jahren. Schnüre die Ereignisse und Gefühle dieser Zeit in ein Paket. An Einzelheiten brauchst du nicht zu erinnern. Sammle nur alles in ein Bündel, um es zu heilen. Nimm dir Zeit.

Sende einen Lichtgedanken hinein, durchdringe und umhülle es mit Licht. Lasse das Licht alles aus jener Zeit heilen, besonders aber jenen Teil in dir, der in den Jahren von zwölf bis sechzehn steckengeblieben ist. Lasse das Licht dich liebevoll durchströmen und heilen.

Hülle nun deine junge Persönlichkeit wohl behütet in einen Strahl der Liebe. Halte sie fest, damit sie sich geborgen fühlt. Die Vergangenheit ist nun vorbei.

Wenn möglich, vergib den Menschen und Ereignissen jener Zeit und löse dich aus jeglicher Bindung. Es besteht keine Verbindung mehr zwischen euch, es sei denn, du möchtest sie. Vergangenheit ist Vergangenheit; sie kann geheilt werden. Alles kann in diesem Moment gelöst werden. Wenn du dich für den nächsten Schritt noch nicht bereit fühlst, halte inne und verschiebe ihn auf einen späteren Zeitpunkt. Ansonsten erhebe dich auf eine höhere geistige Ebene und erkenne, dass die Menschen damals aus ihrer eigenen Unzulänglichkeit und ihrem eigenen Schmerz heraus handelten. Vergib ihnen, fühle mit ihnen und lasse sie ziehen.

Nun erhebe dich zur höchsten geistigen Ebene und erkenne, dass diese Menschen dich eigentlich jene Lektionen lehrten, die du in diesem Leben zu lernen hattest, und zwar in der einzigen Weise, in der du sie aufzunehmen vermochtest. Sie spielten eine wesentliche Rolle in deinem Werdegang, so wie du in ihrem. Danke ihnen für die Lehre und die Rolle, die sie in deinem Leben einnahmen. Lasse sie dankbar und in Liebe ziehen. Nimm dir Zeit.

Nun ist alles bereinigt. Atme Liebe und Mitgefühl in dein junges Selbst und erfülle es mit Frieden und Heilung. Hülle dich in unendliche Liebe ein. Wenn du bereit bist, kehre langsam in den Raum zurück. Fühle deine physische Anwesenheit. Bewege deine Finger und Zehen, lege deine Arme um den Körper und sende ihm Liebe. Erfreue dich deines irdischen Daseins. Kehre zurück, fühle die Verbundenheit mit der Erde und öffne langsam die Augen.

Nimm dir Zeit. Trinke etwas Wasser. Strecke dich und schreibe in dein Tagebuch.

Mache eine Pause, bevor du zur nächsten Meditation übergehst.

Meditation 2

Schließe die Augen. Tauche in die Sicherheit deines Inneren. Lenke deine Aufmerksamkeit zum Herzen hinunter. Erblicke dort eine wunderschöne Rosenknospe. Die Blütenblätter sind geschlossen. Betrachte die noch unentfaltete Schönheit. Wenn du bereit bist, atme Wärme und Licht hinein und beobachte, wie sie sich allmählich öffnet. Die Blütenblätter beginnen, sich langsam zu bewegen. Sie gleiten übereinander und entfalten die Blume zu ihrer vollen Pracht. Eine makellos geformte rosa Rose. Sie steht auf dem Höhepunkt ihrer Pracht. Jede einzelne Stufe ihres Werdegangs ist lieblich anzuschauen, doch erst in voller Blüte erreicht sie Vollkommenheit. Erfreue dich an der Herrlichkeit dieser voll erblühten Blume.

Betrachte diese Blüte als ein Bild deines eigenen Erblühens. Du erreichst deine volle Blüte. Du gleichst der Rose; vollständig entfaltet und ein Bild strahlender Schönheit. Diese Rose ist ein Geschenk an dich selbst. Ihr seid ein Geschenk an die Welt. Bewahre die Schönheit. Bewahre die Größe. Du bist das Geschenk. Erfreue dich dieses Gefühls. Genieße diesen Augenblick. Umarme die Großartigkeit deiner Reife, deiner Blüte. Erfreue dich daran.

Entsende nun aus dem Rosenzentrum einen Strahl der Liebe, wohin du willst – heilende, reinigende, reinste Liebe. Auch du wirst von ihr geheilt. Lasse diese Liebe erstrahlen, wo sie am meisten benötigt wird. Lasse sie alles, was sie berührt, heilen. Lasse diese bedingungslose Liebe die Welt heilen. Diese niemals endende, bedingungslose Liebe ist dein Geschenk an die Welt.

Verweile so lange du magst. Der Strahl der Liebe heilt dich für immer. Ziehe ihn sanft zurück. Schließe die Rose in deinem Herzen ein und bewahre sie dort. Lächele. Fühle deine Heilung. Erfreue dich daran. Wenn du bereit bist, lenke deine Aufmerksamkeit wieder in deinen physischen Körper. Sei dir deines Gewichts auf dem Boden bewusst. Stehe mit der Erde in Berührung. Dehne deine Glieder und kehre in den Raum zurück. Fühle deinen physischen Körper; lege die Arme um ihn. Halte ihn und sende ihm Liebe.

Langsam öffne die Augen. Nimm dir Zeit. Sei einfach nur.

TRAUER-MEDITATION

Ziehe dich in deine Ecke zurück, in der du ein paar Blumen und einen Kristall arrangiert hast (möglichst einen Rosenquarz) sowie ein Bild oder irgendeinen Gegenstand, der dich an die Person oder die Sache erinnert, um die du trauerst (dein Zuhause, einen geliebten Gegenstand, vielleicht sogar deine Kindheit, die du dir gewünscht hättest). Konzentriere dich auf deinen Atem. Beim Ausatmen lasse alles Negative durch deine Fußsohlen und dein Basis-Chakra entweichen.

Verweile einige Augenblicke liebevoll bei dir selbst und lasse dich von Licht durchdringen und umhüllen. Rufe dir die Person oder die Sache ins Gedächtnis, um die du trauerst und empfinde das Gefühl des Verlustes. Denke daran, dass dein Leben weitergeht und du loslassen musst, auch wenn es schmerzt, um frei zu sein für dein weiteres Wachstum.

Lenke deine Aufmerksamkeit auf den Gegenstand deiner Trauer und erblicke die Person oder Sache vor dir. Du musst dich nun liebevoll heilen. Lasse ein wunderschönes weißes Licht durch deinen Scheitel in dich eintreten und dich erfüllen. Jede Zelle und jedes Atom wird durchlichtet und geheilt. Das Licht strahlt in deine Handflächen und entströmt den kleineren Chakras. Mit einem tiefen, von Liebe erfüllten Atemzug lasse das Geliebte los. Wölbe deine Hände über dein Herz und mit dem aus deinen Handflächen strömenden Lichtstrahlen heile die Wunden, die entstanden sind, als die Verbindung durchtrennt wurde.

Diese Meditation lässt sich auch mit jemandem gemeinsam durchführen, der einen ähnlichen Verlust zu beklagen hat; den Verlust eines Elternteils, eine Fehlgeburt, den Tod eines Kindes. Bereitet euch gemeinsam vor; lest die Meditation zusammen durch, lasst euch von Licht durchfluten und wölbt eure Hände gleichzeitig über euer Herz. Lasst die Liebe zwischen euch fließen, während ihr euch selbst und gegenseitig heilt. Lasst das Verlorene los und unterhaltet euch ein wenig über die Verlusterfahrung und die Heilung. Umarmt euch oder haltet euch bei der Hand, bevor jeder wieder seines Weges geht. Wähle einen Tag ungestörten Beisammenseins. Sollte ein Todesfall vorliegen, ist es gut, auch andere Familienmitglieder einzuladen.

KAPITEL 8

Kehlkopf-Chakra: Die eigene Wahrheit a

Möge es viele Fenster in deiner Seele geben,
Damit die ganze Herrlichkeit des Universums sie verziere.
Nicht die schmale Facette eines einzigen armseligen Credos
vermag die
leuchtenden Strahlen einzufangen,
die aus zahllosen Quellen hervorbrechen.
Reiße die Tarnung des Aberglaubens nieder;
Lasse das Licht durch helle Fenster fallen,
Hell wie die Wahrheit selbst
Und hoch wie die Himmel.
Lausche der überirdischen Musik der Sterne
Und der Stimme der Natur,
Und dein Herz wird sich der Wahrheit und Güte zuwenden,
wie die Pflanze dem Sonnenlicht.
Tausend unsichtbare Hände reichen hinab, um dich in ihre vom
Frieden gekrönte Höhen zu heben,
Und alle Kräfte des Firmaments werden deine Stärke vermehren.
Habe keine Angst, die Halbwahrheiten beiseite zu schieben und
nach dem Ganzen zu greifen.

Ralph Waldo Trine

Wir sind von unseren Urinstinkten des Überlebens im Wurzel-Chakra durch das Sakral-Chakra mit seiner Betonung auf unsere Sexualität und die Fähigkeit, mit anderen in Verbindung zu treten, emporgestiegen. Im Solarplexus-Chakra erkundeten wir unsere Macht und gelangten schließlich zur bedingungslosen Liebe in unserem Herz-Chakra. Nun dringen wir zum Klang und zur erständigung vor, da das fünfte Zentrum, das Kehlkopf-Chakra, unserer Stimme Ausdruck verleiht. Es vereint die Emotionen und Instinkte der unteren Chakras mit der Vision, dem Gedanken, dem Wissen und Verstehen der über ihm liegenden Zentren. Mit einem entwickelten Kehlkopf-Chakra können wir die Gaben einer besseren Verständigung, Kreativität, Integrität, Hellsichtigkeit und Medialität entdecken.

Das Kehlkopf-Chakra bildet die Brücke zwischen dem fühlenden und dem intellektuellen Selbst und umfasst auch Dinge wie geistige Fähigkeiten und die Kunst der Improvisation, die durch eine Entfaltung dieses Zentrums gesteigert werden. Eine wunderbare Leichtigkeit liegt über dem geöffneten Chakra. Man nimmt sich selbst weniger ernst, zeigt sich spontaner und verspielter, besitzt eine kindliche Art, vermag aber augenblicklich Aufmerksamkeit zu fordern und die Führung zu übernehmen, wenn dies notwendig werden sollte. Man scheint zwei verschiedene Menschen zu sein, da man sich mühelos der jeweiligen Situation anzupassen weiß. Das Kehl-Chakra gibt die Möglichkeit, in Worte zu kleiden, was man bisher nur gefühlt hat. Dadurch können wir uns der Außenwelt mitteilen, was uns über die anderen Lebensformen hinaushebt. Während wir unser Kehlkopf-Chakra öffnen, verleihen wir unserer ursprünglichen Ausdrucksform Klang und nehmen jene, die uns hören, in unsere Welt auf.

Leider sprechen wir oft gedankenlos dahin. Sobald wir unsere Verantwortung erkennen, lernen wir, unsere Worte sorgfältig zu wählen, denn wenn sie einmal in den Äther gedrungen sind, können sie nicht wieder zurückgeholt werden.

Verbessere deine Kommunikation

Das Kehlkopf-Chakra sorgt für unsere sprachliche Verständigung. Das gesprochene Wort ist so wesentlich, dass es im Johannes-Evangelium heißt: »Am Anfang war das Wort.« Die Lebensform Mensch scheint mit dem Klang und der Sprache begonnen zu haben. Im Kehlkopfbereich kommunizieren wir in einer Weise, wie es nur der Mensch vermag, vom Flüstern zum Rufen, vom Gesang zum gellenden Schrei.

Verständigung bedeutet aber nicht nur das Wort, sei es gesprochen, geschrieben oder ausgestrahlt. Erst das Zuhören und Lauschen vervollständigt den Bogen der Kommunikation. Dabei kann es sich um die Töne der Delphine, das Geschnatter von Kinderstimmen oder die feinste Veränderung im Atem eines Babys handeln; das menschliche Ohr ist auf den Klang eingestimmt, wenn auch im Vergleich zu den Tieren nur innerhalb einer schmalen Klangbreite.

Unsere Verständigung wird durch nicht-verbale Kommunikation bereichert. Wir hören auf unseren Körper und die Signale, die er ununterbrochen gibt; wir lauschen unserer Seele, die uns sanft führt und dem Universum und der höheren Weisheit, die stets im Hintergrund schwingt. Wie an das Zirpen der Zikaden in einer tropischen Nacht gewöhnen wir uns so sehr daran, dass wir sie oft nicht mehr hören. Wir müssen innehalten und lauschen, um ihre Schönheit zu vernehmen und ihren Einfluss auf unser Leben zu schätzen. Ohne Kommunikation bleiben Gedanken und Ideen einsam, unausgedrückt, unklar und sind, abgesehen von der gedanklichen Weite des Denkers, wenig sinnvoll. Die Kommunikation ergreift sie, verleiht ihnen Gestalt, formt sie und macht sie real. Ihre Energie wird in dem Augenblick freigesetzt, in dem wir weitergeben, was wir wissen, indem wir Bewusstsein um unsere einmaligen Gedanken sammeln und andere ihre Energie hinzufügen lassen. Es gleicht dem Aufrollen eines Seidenballens, dessen Schönheit andere Menschen bewundern, berühren und an ihrem Zauber teilhaben können.

Alle Probleme einer Beziehung lassen sich auf eine schlechte

Verständigung reduzieren. Damit sind nicht nur Liebesbeziehungen gemeint, sondern auch jene zu Kollegen und fast allen Menschen, denen wir begegnen. Wenn eine Verbindung mit einem Lächeln beginnt, liebevoll und höflich weitergeführt, falls angebracht mit ein wenig Humor gewürzt und mitfühlend und einfühlsam gelebt wird, können wir kaum versagen.

Unsere Stimme finden

Unsere Stimme ist ein großes Geschenk. Meine Freundin besitzt eine wunderbare Stimme, die sie sicherlich aus einer anderen Zeit herüber brachte, so voll, stark und gefühlvoll ist ihr Klang. Aber leider gebraucht sie diese nur selten, zum Teil aus Schüchternheit.

Wir sprachen bereits über den Gebrauch unserer Gaben und Fertigkeiten und wie man auf ihnen aufbaut. Ich meine nicht, dass sie ihre Stimme beruflich nutzen sollte. Sie besitzt andere Talente, die sie zum Wohle aller einsetzen kann. Aber wenn uns eine Freundin ein Geschenk macht, dann teilen wir unsere Freude darüber mit anderen. Warum verfahren wir nicht in gleicher Weise mit den von Gott gegebenen Geschenken? Legen wir falsche Bescheidenheit an den Tag oder lassen wir andere erfreut daran teilhaben? Alles, was uns gegeben wird, sollten wir in irgendeiner Weise mit anderen teilen.

Unsere Kehle zu öffnen und zu singen, adelt uns. Es klärt unser Kehlkopf-Chakra und bereitet den Weg für Verständigung, Kreativität und höhere Gaben. Wenn du singen kannst, ist das auch gut. In jedem Fall ist es dir möglich, ein Mantra rhythmisch zu wiederholen, was ebenfalls dieses Zentrum öffnen und beachtliche Veränderungen in deinem Leben hervorrufen wird.

Lasse es dir zur Gewohnheit werden, deinen Dank über die Stimme zum Ausdruck zu bringen, auch wenn es Zeiten gibt, in denen ein stilles Gebet angebracht ist.

Wenn ich morgens aufstehe, spreche ich mit allem. Zuerst begrüße ich den Morgen, dann den Himmel und gehe anschließend durchs Hause und wünsche allem und jedem einen guten Morgen. Ich danke für seine Existenz und die Rolle, die es in meinem Leben spielt. Klingt verrückt? Vielleicht, doch meiner Dankbarkeit Ausdruck zu verleihen, bringt eine liebevolle Schwingung ins Haus.

Es freut mich, wenn man mir bestätigt, dass mein Heim Liebe und Frieden ausstrahlt. Das liegt zum Teil daran, dass ich dort Heilungen vornehme. Andererseits durchströme ich es mit Klangwellen, indem ich spreche, singe oder rhythmisch in die Hände schlage und fröhlich die Energie im Haus verteile. Man kann auch wunderbare Klänge mit Musik, Glocken und Windspielen, einem Gong und Klangschalen hervorzaubern, die dem Ohr schmeicheln, das Kehlkopf-Chakra reinigen und eine funkelnde Energie freisetzen, die das Gemüt hebt.

Erzählst du Geschichten? Hast du als Kind gerne Märchen gehört? Einer meiner Kollegen erzählt uralte Geschichten, die seit Jahrhunderten zur jüdischen Kultur gehören und die mündlich überliefert wurden. Zu meinem fünfzigsten Geburtstag begann er im Schein der Kerzen zu erzählen. Die gesamte Atmosphäre veränderte sich in magischer Weise. Die Energie der Zuhörer verwandelte sich, und seine Stimme verzauberte uns. Hin und wieder entzog ich mich dem fast hypnotischen Trancezustand, um zu sehen, was geschah. Es ging gar nicht um die Geschichte, sondern um die Art, in der wir uns auf seine wunderschöne Stimme konzentrierten. Unsere Kehlkopf-Chakras hatten sich weit geöffnet, und die Liebe, die zwischen uns strömte, wirkte wie ein Magnet. Die Heilung jener Nacht besaß magische Züge, so stark ist die Kraft, die sich der Kreativität, Kommunikation und Liebe öffnet.

Die Kraft, ehrlich zu sich selbst zu sein

Der Sanskrit Name für dieses Chakra lautet Vishuddha, was rein bedeutet. Das gesunde, entwickelte Kehlkopf-Chakra sorgt für die Verfeinerung unserer Kommunikationsfähigkeit. Es verpflichtet uns, unsere Erfahrung und Macht, unseren Willen und unsere Liebe zusammenzunehmen und den Mut aufzubringen, die Wahrheit, die wir kennen, in die Welt hinaus zu tragen. Eine Wahrheit, die nicht bloß aus einer Ansammlung statischer Fakten besteht, sondern einen lebendigen, sich entwickelnden, dynamischen Prozess darstellt.

Die Wahrheit ist für jeden einzigartig, gemildert durch Erfahrung und Wachstum. Die Tatsachen sind natürlich wichtig, aber die Wahrheit des Kehlkopf-Chakras geht darüber hinaus. Sie beinhaltet Integrität, Tiefe und Macht und stellt eine Synthese unserer bisherigen Lernprozesse dar. Intuition, Weisheit, Klarheit und Verständnis der höheren Chakras bereichern sie.

Dann umfasst unsere Wahrheit unsere Vision, unsere Träume, Hoffnungen und Erkenntnisse, die Ergebnisse unserer gedanklichen Untersuchungen und die Bedachtsamkeit unseres Herzens und unseres Geistes. Sie ist unsere höchste Integrität und unterscheidet sich vielleicht von der eines jeden anderen. Handeln wir ihr entsprechend, mag dies zu unterschiedlichen Maßstäben oder Standpunkten führen. Wir kennen unsere eigene Wahrheit und gefährden unsere Integrität, wenn wir jemals die inneren Grenzen unseres Verhaltens überschreiten, die diese Wahrheit fordert. Wenn wir uns nicht im Einklang mit unserer Wahrheit verhalten, leiden wir unter Reue, Kummer, Verlust, Scham und einer Art persönlicher Trauer, weil wir unserer inneren Weisheit nicht gefolgt sind.

Wenn wir von einem entwickelten Kehlkopf-Chakra sprechen, werden wir im Allgemeinen gehört, da unsere Botschaft nicht nur wahr klingt, sondern die Worte mit einer aus den höheren Chakras stammenden Kraft, Anmut und Klarheit gesprochen werden.

Dieses Zentrum fordert uns auf, ungeachtet der Meinung anderer, unserer Wahrheit mutig Ausdruck zu verleihen. Wir müssen allerdings immer an ihr arbeiten. Was noch vor fünf Minuten meine Wahrheit gewesen sein mag, kann aufgrund neuer Erfahrungen, neuer Tatsachen und eines neuen emotionalen Zustands nicht mehr meine Wahrheit sein. Das Kehlkopf-Chakra erwartet von mir, dass ich den Mut aufbringe, meine Wahrheit zu erneuern und, wenn nötig, zuzugeben, dass eine vor einer Weile noch so leidenschaftlich von mir vertretene Ansicht überholt ist.

Diese Fähigkeit gibt das Mitgefühl und Verständnis, die Tatsache anzuerkennen, dass wir uns alle an verschiedenen Punkten in unserer Evolution befinden und damit auf unterschiedlichen Entwicklungsstufen unseres Verständnisses für die universelle Wahrheit. Unterschiedliche Meinungen und leidenschaftlich vertretene Ansichten können unterstützt und in Einklang gebracht werden, wenn man sie als ein Produkt der Zeit und des eigenen Werdegangs betrachtet. Es handelt sich nur um Schnappschüsse in einem fortlaufenden Film.

Solange wir unsere Wahrheit verantwortungsbewusst mitteilen und bereit sind, die Wahrheit anderer Menschen anzuhören, bleibt der Evolutionsprozess innerhalb des Universums niemals stehen. Daher müssen wir der Wahrheit gelassen und flexibel gegenübertreten und bereitwillig neue Tatsachen und Gedankengänge in unser Leben einbauen.

Das Kehlkopf-Chakra fordert uns heraus, mutig und verantwortungsbewusst für unsere Wahrheit einzustehen, zuzugeben, wenn wir uns geirrt haben, und unsere Ansichten zu ändern, um die Wahrheit lebendig und stets auf dem neuesten Stand zu halten. Die folgende Geschichte verdeutlicht diesen letzten Punkt.

Ein bedeutender General rief am Morgen sein Kriegskabinett

zusammen und unterbreitete ihm seinen Schlachtplan, der an die Truppen weitergeleitet wurde. Am Mittag rief er das Kabinett wieder zu sich und erklärte, man solle die am Morgen gegebenen Anweisungen ignorieren und gab ihnen neue Richtlinien. Wieder leiteten die Kabinettsmitglieder diese an die Truppen weiter. Am Abend rief der General den Stab erneut zu sich und machte seine am Mittag gegebenen Anweisungen rückgängig, um ihnen erneut eine andere Strategie vorzulegen. Einer der Generäle beklagte sich darüber, dass sie sich lächerlich machten, wenn sie den Plan dreimal an einem Tag abänderten. Der Oberbefehlshaber blickte sie an und meinte: »Soll ich den abendlichen Plan aufgrund meiner Information vom Morgen zusammenstellen oder würdet ihr es vorziehen, dass ich den Mut besitze, das Richtige zu tun, da ich nun besser informiert bin, selbst wenn ich mich lächerlich mache?« Sie gewannen den Krieg.

Seiner Berufung nachgehen

Der vordere Teil des Kehlkopf-Chakras dient der allgemeinen Verständigung. Der im Nackenbereich gelegene Teil sorgt dafür, dass unsere persönliche, einzigartige Botschaft in die Welt hinausgeht. Am besten geschieht dies über unseren Beruf und unsere Berufung.

Die Arbeit am Kehlkopf-Chakra beschäftigt sich teilweise mit der Frage, was wir wirklich wollen und wohin das Herz uns lenkt. Es geht darum, den Mut aufzubringen, unserem Herzen wirklich zu folgen. Aus dem Vergnügen/Schmerz-Prinzip des Sakral-Chakras haben wir bereits gelernt, dass das Universum uns führen wird, indem es uns ungehindert und leicht vorwärts bewegt, wenn wir uns auf dem richtigen Pfad befinden und uns sanft Hindernisse in den Weg legt, wenn wir davon abgekommen sind. Darauf müssen wir nun aufbauen und den Plan verbessern, damit wir dem richtigen Pfad folgen.

Es gab eine Zeit in meinem Leben, in der meine Lebensaufgabe darin bestand, Mutter zu sein und nach den Kindern zu schauen. Dann kam die Zeit, in der ich hauptberuflich als Ärztin und Heilerin arbeitete. Ich gehe auf meinem Weg weiter, der mir jetzt mehr Raum zum Lehren, Schreiben und Heilen gibt. Ich weiß, ich habe mein volles Potential noch nicht erreicht und ich widme mein Leben der Liebe, dem Frieden, der Lehre, dem Heilen und meinem eigenen unaufhörlichen Wachstum und dem anderer Menschen.

Entdecke deine Kreativität

Wie mit jeder Stufe der Lebensleiter, bauen wir alles, was wir in den vorangegangenen Kapiteln gelernt haben, in unser umfassenderes Verständnis ein. In dieser Hinsicht besteht zwischen dem Sakral- und dem Kehlkopf-Chakra eine Verbindung. Die Ideen, die auf einer niederen Ebene aufzutauchen begannen, werden nun durch die Kreativität des fünften Chakras gestärkt, und alles wird möglich.

Oft höre ich Leute sagen: »Aber ich bin nicht kreativ.« Wie voreingenommen wir doch sind. Wer hat uns das eingeredet? Lehrer, die unsere Zeichnungen nicht an die Wand gehängt haben; die uns im Schultheater nicht Kleopatra spielen ließen?

Wir alle sind kreative Geschöpfe. Manche haben diesen Aspekt noch nicht ans Tageslicht gebracht, was häufig darauf zurückzuführen ist, dass das Kehlkopf-Chakra sich erst im Alter von sechzehn Jahren zu entwickeln beginnt. Für viele gehört diese Zeit der Vergangenheit an, als sie diesbezüglich täglich angeregt und ermutigt wurden, kreativ zu sein. Leider freuen sich manche Menschen niemals über die von Gott gegebenen inneren Quellen und glauben auch weiterhin, sie seien geringer als andere. Das soll nicht heißen, dass wir alle gleichermaßen schöpferisch begabt sind. Jeder von uns ist mit seinen eigenen Talenten in dieses Leben getreten. Ich mag eine einfache Melodie auf dem Klavier spielen können, doch ich weiß, dass ich in diesem Leben keine große Konzertpianistin mehr werde. Aber ich besitze Talente, an denen andere teilhaben. Das trifft auch für dich zu. Vor Jahren gehörte ich noch zu denjenigen, die behaupteten, nicht schöpferisch veranlagt zu sein. Doch wenn mich einige Menschen jetzt sehen könnten…

Alles, was wir gerne tun, zeigt uns an, wo unsere Kreativität liegt. Ich leite einen Workshop unter dem Titel »Tue, was du liebst, und liebe, was du tust«, der die Teilnehmer ermutigt, herauszufinden, welche Tätigkeiten sie in Schwung bringen und welche Fähigkeiten sie besitzen. Darauf können sie dann aufbauen und einen wirklich erfolgreichen Lebensstil entwickeln, der kreativ ist, in Einklang mit ihrer Persönlichkeit steht, ihnen Freude bereitet, ihre Energie in positiver Weise einsetzt und einen guten Lebensunterhalt sichert. Sie nützen der Welt dadurch nicht nur, sondern strahlen auch Glück und Liebe in ihre Umgebung aus, weil sie ihre Tätigkeit gerne verrichten. Das heißt wirklich, kreativ zu sein.

Lauter zu leben

Eine lautere Lebensführung bildet einen wesentlichen Teil der Arbeit am Kehlkopf-Chakra.

Ebenso wie die Wahrheit, gehört auch die Lauterkeit zu den ganz persönlichen Angelegenheiten. Die Lauterkeit bringt meine Wahrheit zum Ausdruck. Ich muss mich in ihr bewegen und ihre Maßstäbe, die mein Verständnis und meine Umstände bestimmen, in mein Verhalten einbauen. Letztere sind weitgehend das Ergebnis einiger jener Konstanten, die ich für dieses Leben gewählt habe. Die Tatsache, dass ich meinen wunderbaren Eltern in einem kleinen Dorf im Nordwesten Englands geboren wurde und eine einfache Erziehung mit den Werten des Landleben genoss, eine Frau und Kaukasierin im 20. Jahrhundert bin, ist für die Entwicklung meiner Persönlichkeit von großer Bedeutung. Ich hätte mich anders entwickelt, wäre ich dreißig Jahre später in einem äthiopischen Dorf oder vor einigen Jahrhunderten in einem indischen Palast zur Welt gekommen. Jene Konstanten, meine Umstände und meine geistige Entwicklung haben mein Wesen geformt. Meine Persönlichkeit drückt sich durch mein Kehlkopf-Chakra aus, und ich muss ihr in Wort und Tat folgen.

Meine Persönlichkeitsstruktur erlaubt mir vielleicht nicht, ein Stück Abfall in der Umgebung liegen zu lassen, ohne mich deswegen zu schämen, lässt mich aber hin und wieder einen von Menschen gemachten Erlass ignorieren, der für mein Leben kaum eine Bedeutung besitzt. Sollten meine Kinder an Unterernährung sterben, würden sich meine Wertmaßstäbe zweifellos ändern. Ich will damit nicht sagen, dass es in Ordnung ist, Gesetze und Regeln zu übertreten. Ich glaube aber, wirklicher Fortschritt stellt sich nur dann ein, wenn wir von der Ebene unserer Lauterkeit das anfechten, was wir für falsch, einschränkend und unnötig halten. Neben Wahrheit und Lauterkeit hat auch die Moral ihren Sitz im Kehlkopf-Chakra. Auch hier handelt es sich um ein äußerst persönliches und veränderbares Thema, das sich unablässig unseren Umständen entsprechend entwickelt.

Es gab eine Fernsehshow, in der wurden die moralischen Grundsätze der Teilnehmer herausgefordert, indem nur jeweils ein Bruchteil einer Geschichte enthüllt und die Frage nach dem besten Weg gestellt wurde. Gewöhnlich begannen die Teilnehmer mit einer bestimmten Richtung, doch als sie alle Tatsachen kannten, verhielten sie sich völlig anders. Obwohl sich ihre hohen Maßstäbe bezüglich der Moral nicht geändert hatten, veranlassten sie die gegebenen Umstände, unterschiedlich zu urteilen.

Wenn ich gelegentlich auf mein Leben zurückblicke, schüttele ich manchmal den Kopf angesichts meiner Handlungen, obwohl ich sie damals für angemessen hielt. Bisweilen denke ich darüber nach, was ich wohl aufgrund meiner Wertmaßstäbe und moralischen Grundsätze versäumt habe. Aber ich muss akzeptieren, was damals gewesen ist. Meinem heutigen Verständnis entsprechend, würde ich wohl nicht mehr so handeln. Ich muss es liebevoll loslassen und mir selbst und den damaligen Menschen in meinem Umfeld verzeihen, denn es gehörte zu meinem und ihrem Entwicklungsprozess. Der augenblickliche Entwicklungsstand meines Kehlkopf-Chakras (und der übrigen Zentren) ließe es nicht zu, ohne Schuldgefühl bei einigen Dingen in der gleichen Weise vorzugehen, wohl aber andere Sachen ungestraft durchzuführen, über die ich vor fünf oder zehn Jahren oder sogar noch gestern nicht nachgedacht hätte.

Die Ätherebene

Das Element des Kehlkopf-Chakras ist der Äther, das vereinende Feld, aus dem sich alles erhebt und in dem alles wie in einem Ozean schwimmt. Alles Materielle steigt aus diesem Feld empor. Es entspringt nicht nur der Ätherebene, sondern ist Teil von ihr und wird von ihr umhüllt. Moleküle, die seit Anbeginn der Zeit bestehen, die wiederverwertet, neu gestaltet, verändert und bei verschiedenen chemischen Reaktionen verwendet wurden, bleiben Teil dieses Ätherfeldes. Obgleich es leere Stellen zu geben scheint, handelt es sich nur um Stellen, an denen es wenige Moleküle gibt. Es gibt keinen leeren Raum; keine Trennung zwischen uns. Alles ist in irgendeiner Weise über die Ätherwelt miteinander verbunden.

Alles wirkt sich auf alles aus. Da wir alle miteinander verwoben sind und uns zusammen in der universellen Lebenswelt bewegen, wird eine liebevolle Geste alles berühren und zu mir zurückkehren. Das Gleiche gilt für eine Handlung, der keine reine Absicht zugrundeliegt. Sie wird ihren Weg zurück finden, egal wie lange es dauern mag.

Hellhörigkeit, Channelling, Telepathie

Je höher wir die geistige Leiter emporsteigen, desto mehr Gaben werden uns auf der Ebene eines entwickelten Kehlkopf-Chakras zuteil. Zu ihnen gehören das Hellhören, die Medialität und die Telepathie.

Unter Hellhören versteht man die Gabe inneren Hörens, was sich in gewisser Weise vom Hören mit den physischen Ohren unterscheidet. Selbst Taube können hellhörig werden. Ich persönlich nehme es eher als ein Wissen wahr, das aus dem Nichts kommt und dass ich mit meinem Geist »höre«.

Channelling gibt es schon seit Jahrhunderten, obwohl sich sein Wesen in den letzten Jahren verändert hat. Es ermöglicht uns, Kanäle zu öffnen, um mit den Meistern Verbindung aufzunehmen und in der Sprache, die wir kennen, ihre Weisheit und Lehre auszudrücken. Diese Informationen haben unser Wissen zu Themen wie der Tod, das Universum, die Astrophysik und das Wesen des Lebens bereichert. Es gibt wunderbare und inspirierende Lehren von nicht mehr verkörperten Wesen.

Da die Medialität, die in die Astralebene eintaucht, ein solch hohes Ansehen genoss, wurde das Channelling, das eine völlig andere und höhere Ebene anzapft, oft kritisch beurteilt. Wahres Channelling, das unmittelbar und ungefiltert erfolgt, erfordert ein offenes und bedingungslos liebendes Herz sowie ein entwickeltes Stirn- und Kehlkopf-Chakra. Diejenigen, die gewaltige Kräfte besitzen, zeigen sich sehr bescheiden (keine *falsche* Bescheidenheit), dass sie damit gesegnet wurden. Hüte dich vor solchen Leuten, die mit ihrer Kraft protzen, denn ein solcher Stolz entspringt dem Ego, nicht dem Geist.

Eine ähnliche Gabe stellt die Telepathie dar, derer wir alle bis zu einem gewissen Grad fähig sind, besonders mit Menschen, die wir lieben oder mit denen wir in Einklang schwingen. Die meisten Mütter können sich auf ihre Kinder einschwingen und fühlen selbst aus großer Entfernung, wenn etwas nicht stimmt. Liebende wissen genau, was der andere denkt oder sagen will (eine Fähigkeit, die sie leider später oft verlieren, wenn andere Formen dürftigerer Kommunikation einsetzen). Die meisten von uns haben die Erfahrung gemacht, dass wenn man beabsichtigt, eine bestimmte Person telefonisch zu erreichen, besagte Person anruft. Die Telepathie stellt eine verfeinerte Form dieser alltäglichen und oft unterbewerteten Begebenheiten dar und wird durch ein entfaltetes Kehlkopf-Chakra möglich. Es gibt eigentlich keinen Raum zwischen uns. Letztendlich sind wir alle im Geist vereinigt. Wenn ich also eine Botschaft in den Äther schicke, wird die Person, der sie zugedacht wurde, diese auffangen.

Nehmen wir an, ich sende meinem Sohn einen liebevollen Gedanken. Die liebevolle Schwingung meines Gedankens entschwindet in den Äther und erreicht ihr Ziel. Er wird sie aufnehmen, vielleicht sogar auf einer Ebene, derer er sich nicht bewusst ist. Eigentlich spielt es keine Rolle, wenn er nicht erkennt, dass die Liebe von mir kommt; sein Leben wird in jedem Fall dadurch bereichert werden. Das Aussenden liebevoller Gedanken vermag grundlegende Veränderungen hervorzubringen. In gleicher Weise kann man mit der Aussendung hasserfüllter Gedanken großen Schaden anrichten. Da alles auf einen zurückfallen wird, muss man sehr vorsichtig sein, dass alles, was man bewusst oder unbewusst aussendet, liebevoll ist und zum höchsten Guten der betreffenden Person gereicht.

In einigen Fällen sollte man Licht anstelle von Liebe ausstrahlen, wenn es um Vergebung geht. Dies ist besonders dann wichtig, wenn man einem anderen Menschen zwar Gutes senden, von ihm aber getrennt sein möchte und sein Herz-Chakra ausschließen will.

Die Telepathie stellt eine Erweiterung, eine Intensivierung dieses Phänomens dar. Es geht darum, sich der Botschaft bewusst zu werden, die eine ausgesandte Gedankenform enthält und sie fast willentlich lesen zu können. Sei vorsichtig, denn auch diese geistige Fähigkeit kann missbraucht werden. Dringe nicht in andere Menschen ein. Man sollte diese Gaben auch niemals zur Schau stellen. Natürlich besitzt das Ungewöhnliche seinen Reiz, lasse dich aber nicht da hineinziehen. Wir haben unsere Talente erhalten, um sie in angemessener Weise zu nutzen. Ich glaube, es verhält sich wie mit jeder anderen geistigen Gabe; wenn wir die Telepathie missbrauchen, verdienen wir sie nicht und werden sie wahrscheinlich verlieren.

Funktionsstörungen des Kehlkopf-Chakras

Das Kehlkopf-Chakra dreht sich mit der Geschwindigkeit eines klaren, leuchtend blauen Lichtes und umhüllt den Hals mit allen seinen Organen – die Kehle selbst, die Stimmbänder, die Schilddrüse und die Nebenschilddrüse sowie den Mund, die Luft- und die Speiseröhre, die Ohren, die Halswirbelsäule und die Halsschlagader.

Ein blockiertes oder träges Kehlkopf-Chakra wird sich auf physischer Ebene in immer wiederkehrenden Halsentzündungen, Erkältungen, geschwollenen Mandeln, Nackenschmerzen und Zahnbeschwerden niederschlagen. Es können Symptome von Schilddrüsenfehlfunktionen auftreten. Eine Überfunktion äußert sich in Lethargie, Gewichtszunahme, gedrückter Stimmung sowie der Vergröberung von Haut und Haaren und eine Unterfunktion in Gewichtsabnahme, Ängstlichkeit, schlechtem Schlaf und zunehmender Energie, die von Unruhe begleitet wird.

Ein verärgerter und niedergeschlagener Mann namens Melvin suchte mich eines Tages auf. Dieser sehr gescheite Mann in seinen Dreißigern fühlte sich vom Leben enttäuscht. Die Menschen, denen er begegnet war, verhielten sich ihm gegenüber am Anfang sehr freundlich und hilfsbereit, interessierten sich aber nach einer

Weile nur für sich selbst. Er war häufig umgezogen und hatte mehrmals geglaubt, den richtigen Beruf, das richtige Umfeld und die richtige Freundin gefunden zu haben, doch es ging immer schlimm aus. Immer mehr verlor er die Hoffnung, dass es jemanden mit Lauterkeit und gesundem Menschenverstand gab. Er schien sich seiner Arroganz überhaupt nicht bewusst zu sein und fuhr fort, mich über die Dummheit und mangelnde Sensibilität, der er tagtäglich ausgesetzt war, aufzuklären.

Er sprach klar, mit großer Autorität und vielen Worten. Ich konnte mir gut vorstellen, dass die Leute sich zunächst aufgrund seiner Klugheit und Leidenschaftlichkeit, mit der er über ein Thema sprach, zu ihm hingezogen fühlten. Ich konnte mir aber auch vorstellen, dass sie sich auf die Dauer langweilten, weil er mehr *zu* ihnen als *mit* ihnen sprach und ihre Ansichten einfach ignorierte.

Trotz seiner ausgezeichneten Artikulation, seines abwechslungsreichen Sprachgebrauchs und seiner Begeisterung für das Thema fehlten ihm einige wesentliche Aspekte für eine gute Kommunikation. Er schien nicht die Fähigkeit zu besitzen, aufmerksam zuzuhören, war gedankenlos, und es fiel ihm schwer, den anderen reden zu lassen. Er versäumte nicht nur eine Menge, was er hätte lernen können, da er seiner Meinung nach alles bereits wusste, sondern vermittelte den Eindruck, dass niemand außer ihm eine solche Autorität besaß. Dies untergrub die Selbstachtung der meisten Leute, mit denen er in Verbindung trat. Seine Kollegen betrachteten ihn zweifellos als aufgeblasen und beleidigend, da er jede leicht dahin geworfene Bemerkung als frivol beanstandete und den anderen mangelnde Tiefe vorwarf, nur weil sie sich selbst nicht so ernst nahmen. Melvin betrachtete das Leben als eine sehr ernste Angelegenheit, in der es Schwarz und Weiß, aber kein Grau gab.

Er veranschaulichte dieses Problem im Kehlkopf-Chakra sehr deutlich, indem er Wortreichtum mit Verständigung verwechselte. Er nahm sich und die Welt äußerst ernst und befand sich, wie manche anderer mit einer Blockade in diesem Zentrum, auf einer Art Kreuzzug. Leider tun solche Menschen wenig Gutes und stoßen ihre Umgebung mit ihrem gewalttätigen Angriff eher ab.

Eine Zeit lang mögen sie beliebt sein, fühlen sich dann aber bald missverstanden und glauben, von Trotteln umgeben zu sein. Sie übersehen die goldene Regel, dass wenn sie sich immer wieder unverstanden fühlen, sie sich für die allgemeine Wahrheit halten. Die Fähigkeit der Verständigung und der Mangel an Verständnis müssen angesprochen werden. Blockierte Kehlkopf-Chakras führen zu blockierter Kreativität, was oft eine endlose, ruhelose Suche nach dem richtigen Platz im Leben bedeutet. Kein Wunder, dass Melvin keinen Beruf, kein Zuhause und keine Freundinnen mehr fand.

Wenn man sich auf dem Pfad befindet, geht es genau darum – um den Pfad. Man ist ununterbrochen in Bewegung, klettert den nächsten Hügel empor, verändert die Dinge ein wenig, fügt dem Bestehenden etwas hinzu oder baut auf ihm auf, um dorthin zu gelangen, wo man hingehört. Unser Kehlkopf-Chakra spielt in diesem Prozess eine wesentliche Rolle. Wie alle anderen Chakras, arbeitet auch dieses Zentrum nicht in Isolation und bedarf der Vision des sechsten, der Liebe des vierten, der Macht, des Willens und des Potentials des dritten und der Ideen und Meinungen des zweiten Chakras, um voll zu erblühen und uns ans Ziel zu führen.

AFFIRMATIONEN

Bisher haben wir in jedem Kapitel Affirmationen benutzt und uns der Macht des Kehlkopf-Chakras bedient, damit sie wirken. Die Kraft des Wortes als kreatives Werkzeug darf nicht unterschätzt werden, besonders wenn die Vision es ausschmückt. Unsere Welt aufgrund von Affirmationen zu schaffen, gleicht jedem anderen kreativen Prozess.

Nehmen wir an, wir besitzen einen schönen Stuhl. Wie kam er dort hin? Jemand gestaltete irgendwo ein mentales Bild von dem, was er schaffen wollte. Dann stellte er einen Plan oder eine Zeichnung von dem Geschauten her oder beschrieb es mit Worten. Als nächstes wurde vielleicht an dem Plan so lange gearbeitet, bis er sich richtig anfühlte. Schließlich wurde gebaut, und der Stuhl entstand.

Affirmationen helfen uns, unsere Welt zu formen und ändern unser Leben in gleicher Weise. Am Anfang steht die Vision. Was will man wirklich erschaffen? Näheres dazu findet sich im nächsten Kapitel. Oft frage ich die Leute, was sie wollen. Sie wissen es nicht. Kein Wunder, dass sie es noch nicht erlangt haben. Heilung ist ein aktiver Prozess. *Du* hast ihn zu vollziehen. Es gibt Menschen, die dir helfen und dich leiten werden, aber nur du allein kannst dein Leben heilen. Was willst du eigentlich? Sobald du es weißt, kannst du beginnen, es in derselben Weise zu gestalten wie den Stuhl. Affirmationen sind die Zeichnungen oder Pläne. Du kannst eine tatsächliche Zeichnung anfertigen, wenn du magst, nenne sie eine Schatzkarte. Oder du stellst eine Collage zusammen, die du dort aufhängst, wo du sie regelmäßig siehst. So kannst du dich darauf konzentrieren, was du schaffen willst. Die Feineinstellung bildet einen sehr wichtigen Teil des Vorgangs. Das geschieht einfach mit Hilfe der Affirmationen, da man alles mit nur einem Wort abzuändern vermag.

Die Übungen

Türkis und Lapislazuli eignen sich besonders gut für das Kehlkopf-Chakra. Der Türkis wirkt nicht nur als starker Schutz, sondern fördert auch die Kommunikation, den kreativen Ausdruck und das emotionale Gleichgewicht. Der Lapislazuli kräftigt die

Schilddrüse und stärkt die geistigen Fähigkeiten, inspiriert die höheren kreativen Ausdrucksformen und verbessert die Vitalität. Silber fördert die Sprache und stärkt das Vertrauen in das höhere Selbst. Trage möglichst ein Silberschmuckstück mit einem der genannten Steine.

Lavendel und Hyazinthe eignen sich als Duftöl, da sie besänftigend wirken. Patchouli oder White Musk regen die Kreativität an.

Übung 1

Diese Übung hilft dir, deinen Raum durch den Klang zu reinigen. Angenehme Klänge schmeicheln nicht nur dem Gehörsinn und verbessern die Kreativität, sondern bereichern auch dein Kommunikationsgeschick, da sie das Kehlkopf-Chakra klären.

Zu den angenehmen Klängen zähle ich die menschliche Stimme, Vogelgesang, Musik, Glocken, Windspiele, den Wind, Donner, fließendes Wasser, den Regen und vieles mehr. Lärm und disharmonische Geräusche greifen mein Kehlkopf-Chakra an und schaden ihm. Ich brauche eine Weile, um mich zu beruhigen und wieder kreativ sein zu können.

Angenehme, harmonische Töne helfen, die Schwingungen im Raum zu verändern. Öffne das Fenster und lasse die Melodie eines Windspiels hereinfließen oder lausche einer Aufnahme von Naturklängen, wie Regen oder Wellen, die ans Ufer schlagen. Du kannst natürlich auch deine eigene Melodie erfinden, indem du in die Hände klatschst, singst, trommelst oder eine Klangschale zum Tönen bringst. Die dadurch bewirkte Veränderung der Energie im Raum und in dir selbst wird dich überraschen. Versuche es!

Übung 2

; den Geist besonders stark zu beeinflussen. Es gibt ...mmte Stücke, die zu den einzelnen Chakras passen. Eine irdische, erdende Melodie für das Wurzel-Chakra, eine dahingleitende Musik für das Wasserelement des Sakral-Chakras, ein machtvoll aufwühlendes Epos für das Solarplexus-Chakra und ein sanftes, liebevolles für das Herz-Chakra.

Sie werden alle im Kehlkopf-Chakra wahrgenommen. Musik ist eine sehr persönliche Angelegenheit, und unser Geschmack verändert sich mit unserer Entwicklung. Musik zur Heilung unterscheidet sich von der, die man während des Autofahrens hören möchte oder wenn man im Zimmer umher tanzt. Suchst du nach einer Musik, in der du dich verlieren, deine Chakras heilen und dich auf eine andere Ebene erheben kannst, magst du vielleicht meine Lieblingsstücke einmal ausprobieren. Wähle aber auch selbst einige aus.

Besonders der erste Soundtrack aus *Der letzte Mohikaner* eignet sich ausgezeichnet dazu, die Energie für eine Heilung zu erwecken, wenn Ärger freigesetzt werden soll. Sie kann Berge versetzen, vor allem bei einer emotionalen Abreaktion. Geheilt wird die zurückgebliebene offene Wunde. Lasse etwas Sanftes nach einem solchen Ausbruch folgen. Der Klang der Panflöte oder der Trommel schwingen sich auf mein Wurzel-Chakra ein.

Für das zweite Zentrum eignet sich der Klang von Wellen, die sich am Strand brechen, fallender Regen oder ein gurgelnder Bach. Es gibt auch eine wunderbare klassische Musik, die dieses Chakra berührt. Ich liebe Grieg und Chopin. Höre dir etwas im Plattengeschäft an. Der Solarplexus reagiert auf recht machtvolle, emotionale Musik. Rachmaninovs fünftes Klavierkonzert, das er schrieb, als er selbst aus einer Depression hervorkam, bewegt mich persönlich ganz besonders. Die Molltöne besitzen eine erstaunliche Fähigkeit, meine Emotionen umzustellen.

Der Soundtrack aus »Out of Africa« bewegt mein Herz ebenso wie zwei wunderschöne Klavierstücke von David Lanz. Es gibt sehr viel romantische Musik aus dem klassischen wie aus dem modernen Bereich, aus der man wählen kann. Für das Kehlkopf-Chakra mag sich Vokalmusik gut eignen. Ich liebe Gregorianische Gesänge, und eines meiner Lieblingsstücke ist *Canticles of Ecstasy* von Hildegard von Bingen.

Für das Stirn-Chakra eignet sich Terry Oldfields Musik. Ich liebe »Music for Healing« von Stephen Rhodes ganz besonders. Für das Kronen-Chakra ist die beste Musik die Stille! Einige Menschen mögen Naturlaute, wie etwa Vogelgesang, für dieses Chakra. Als Musikstück eignet sich »Return of the Angels« von Philip Chapman.

Für dein Kehlkopf-Chakra

Gönne dir ein wenig Zeit, schalte das Telefon ab und ziehe dich in deine Ecke zurück. Bereite die Musik vor, damit du sie leicht einschalten kannst, ohne dich viel dabei zu bewegen. Sitze oder liege für diese Übung. Schließe die Augen. Nimm einige tiefe Atemzüge, stelle dir eine wunderschöne himmelblaue Blume an deiner Kehle vor und beobachte, wie sich ihre Blätter öffnen. Schalte die Musik ein. Du musst ihr nicht lauschen. Sei einfach nur in ihrem Klang. Lasse sie durch dein geöffnetes Kehlkopf-Chakra in dich hineinfließen. Sei ein Teil von ihr. Fühle ihre Kraft.

Bewege dich erst, wenn die Musik aufhört. Schreibe in dein Tagebuch. Kümmere dich nicht um die Grammatik, den Wortlaut oder den Inhalt. Schreibe einfach weiter und teile alles mit, was dir in den Sinn kommt. Lasse es einfach fließen. Versuche, dabei nicht zu denken. Lasse es einfach auf der Seite erscheinen. Wenn dir sprechen leichter fällt, nimm das Gesagte auf. Vergiss nicht, das Datum zu vermerken, damit du später darauf zurückkommen kannst.

Übung 3: Chanting und die Kraft der Mantras

Unter Chanting versteht man einen sich wiederholenden spirituellen Sprechgesang. Er kann sich auf den Bewusstseinszustand auswirken, die Bewusstheit erhöhen und als Unterstützung der Meditation die Konzentration schärfen.

Es gibt einige uralte Gesänge und Anrufungen, die du verwenden kannst, falls du Worte und Melodie nicht selbst zusammenstellen willst. Seinen eigenen Namen in dieser Weise zu singen, kann sehr machtvoll sein. Man beginnt zunächst sehr ruhig und steigert dann den Ton, die Kraft und Struktur der Stimme und beobachtet den Unterschied. Vielleicht überflutet dich ein Strom der Selbstliebe oder Selbstachtung in diesem Augenblick. Ich persönlich singe das Wort OM, nehme es als Mantra oder lasse darüber meine eigene innere Schwingung anklingen. Letzteres ruft bei Workshops am Anfang oft eine gewisse Erheiterung und/oder Verlegenheit hervor, bis die Wirkungsweise erkannt wird. Um deine innere Schwingung anklingen zu lassen, magst du jedes beliebige Wort oder jeden Klang benutzen, der Ort spielt dabei keine Rolle. Diese Übung wird auch deine Umgebung reinigen und die Energie ändern.

Schließe die Augen und konzentriere dich eine Weile auf irgendein Chakra. Fülle deine Lungen mit Luft; dein Kehlkopf-Chakra öffnet sich dann und du singst heraus, was dir in diesem Moment angenehm ist. Singe die Note sanft und weich oder machtvoll und kräftig. Sowohl die Energie deines Körpers als auch die deines Umfelds wird sich vollkommen verändern, sobald du mit den Klangwellen, die du hervorbringst, eine andere Schwingung erzeugst.

Wende dich nun einem anderen Chakra zu. Die Schwingung, die du erklingen lässt, wird wahrscheinlich eine andere sein, selbst wenn du nicht darüber nachdenkst. Diese Übung eignet sich besonders für Sänger oder Redner. Schließe die Augen. Konzentriere dich lautlos auf jedes einzelne Chakra. Ziehe nun bewusst die Energie der niederen Chakras in die Kehle empor und die der oberen Zentren in sie herunter. Öffne nun mit dieser geballten Kraft deine Kehle und lasse deine Seelenschwingung erklingen. Lasse sie klar und kräftig erklingen. Atme ein, lasse deine Klangschwingung erneut erklingen und halte sie, solange es dir möglich ist. Achte darauf, wie die Kraft des Klanges anschwillt. Fühle, wie du eine wunderbare, klare Energie, einen herrlichen, liebevollen Klang und heilende Schwingungen in das Universum hinausströmst. Lasse deinen inneren Ton stolz erklingen. Man soll dich hören. Das Universum soll dich hören. Verkünde der Welt in diesem einzigen Klang deine Wahrheit und deine Lauterkeit.

Diese Übung kann dabei helfen, dein ganzes Leben zu ändern, wenn du sie neben den anderen Übungen einherlaufen lässt.

Übung 4

Für diese Übung benötigst du dein Tagebuch und etwa eine halbe Stunde, in der dich niemand stört. Die meisten von uns besitzen nicht all die Dinge, die sie gerne hätten, was größtenteils daran liegt, dass sie gar nicht recht wissen, was sie eigentlich wollen. Verweile ein paar Minuten bei dem Gedanken, wie du dir dein Zuhause, deinen Beruf oder deine Beziehung wünschst. Was willst du wirklich? Versuche, deine Vorstellungen herauszuarbeiten und schreibe sie nieder. Im Laufe der Zeit wirst du wahrscheinlich noch einiges hinzufügen müssen, da sich deine Wünsche klarer gestalten.

Bilde aus dem, was du niederschreibst, deine Affirmationen; es sind positive Aussagen in der Gegenwart. Wenn du geschrieben hast: »Ich möchte ein Haus auf dem Land mit einem weißen Holzzaun und einer Pferdekoppel«, dann lautet die Affirmation: »Ich habe ein Haus auf dem Land…«

Obwohl ich seit Jahren an mir arbeite, spreche ich täglich meine Affirmationen. Sie erfassen jeden Aspekt meines Lebens, Gesundheit, Beziehungen, Heim, Arbeit, Erfolg – einfach alles. Ich besitze einen ganzen Stapel von Affirmationsheften, die ich im Laufe der Jahre angelegt habe und in die ich hin und wieder hineinschaue, um zu sehen, was ich geschaffen habe. Ich danke dann dafür, wie sich mein Leben entwickelt hat. Ich datiere die Affirmationen, und manchmal arbeite ich mehrere Tage oder sogar Wochen an einem bestimmten Gebiet, bis ich erreicht habe, was ich will (oder etwas Besseres), bevor ich zum nächsten Thema übergehe.

Manche Dinge gleichen einer Litanei, die ich mehrmals täglich wiederhole, oft mitten im Straßenverkehr oder wenn ich mit einer Sache nicht vorankomme. Bisweilen spreche oder schreibe ich mehrere Male dasselbe und ändere das eine oder andere Wort, um der Sache mehr Ausdruck zu verleihen. Ich schließe jede Aussage mit einem Satz, den Shakti Gawain in ihrem Buch *Stell dir vor* anführt: »Diese Dinge oder bessere werden sich jetzt in meinem Leben verwirklichen.« Dann drücke ich meinen Dank aus, weil ich weiß, dass sie sich in meinem Leben manifestieren, obwohl ich sie im Augenblick noch nicht zu erkennen vermag.

CADILLAC ODER VOLKSWAGEN

Visualisiere genau das, was du willst und fürchte dich nicht, darum zu bitten.

Ich erinnere mich nicht mehr, wo ich die kleine Geschichte gehört habe, aber ich erzähle sie oft in meinen Workshops, und die meisten Leuten halten sie für unterhaltsam und nützlich. Ich hoffe, es wird mir verziehen, dass ich keine besondere Erlaubnis erhielt, sie zu erzählen.

Ein Mann starb und kam in den Himmel. Man empfing ihn am Tor und führte ihn den Eingangsweg entlang. Der Begleiter entschuldigte sich für die am Rand aufgestapelten brandneuen materiellen Güter.

»Es tut mir so Leid«, meinte er, »aber uns fehlt der Platz, die Dinge

unterzubringen, die wir für die Leute bereithalten und die sie dann einfach nicht wollen.«
»Ich kann mir nicht vorstellen, dass irgendjemand diese wunderbaren Dinge zurückweist«, erwiderte der Mann. »Sieh doch nur den Cadillac dort drüben. Warum würde jemand dieses Auto nicht haben wollen?«
»Nun, es ist interessant, dass du dies erwähnst«, entgegnete seine Begleitung, »denn er war für dich vorbereitet.«
»Aber ich hätte ihn niemals zurückgewiesen«, meinte der Mann erstaunt.
»In deinen Gebeten hast du immer nach einem Volkswagen gefragt«, lautete die Antwort. »Und den haben wir dir gegeben.«
Es zahlt sich aus zu wissen, was man wirklich will.

Meditationen

Meditation 1

Ziehe dich in deine Ecke zurück, schalte das Telefon aus und nimm dir eine Stunde Zeit für diese Meditation. Mache es dir bequem, konzentriere dich auf deinen Atem und lasse alles Negative von dir abfallen.

Wenn du dich entspannt hast, lasse deine Aufmerksamkeit zu dem Alter von fünfzehn bis sechzehn Jahren zurückwandern. Du wirst diese Zeit bis zu deinem einundzwanzigsten Lebensjahr in ein Bündel schnüren. Es ist nicht nötig, sich an Einzelheiten zu erinnern, es sei denn, du möchtest es. Alles, was damals geschah, gehört der Vergangenheit an, nichts kann dich mehr verletzen, es ist nur eine Erinnerung. Du hast bereits überlebt. Nimm dir Zeit.

Entsende aus deinem Herzen Licht und Liebe und hülle dich und die damalige Zeit darin ein. Halte und schütze dich zärtlich und sanft. Halte dich so sicher und liebevoll, wie du es damals benötigt hättest. Wenn es dir möglich ist, sende Licht und Vergebung aus, um jene Zeit zu läutern und zu heilen.

Erhebe dich auf eine höhere geistige Ebene. Vielleicht erkennst du, dass die Menschen, du eingeschlossen, aufgrund ihres eigenen Werdegangs und ihrer damaligen Umstände so handelten, wie sie es taten. Sie durchlebten ihre eigenen Schwierigkeiten und ihren persönlichen Schmerz. Fühle mit ihnen und vergib ihnen. Befreie dich und sie für immer. Lasse los.

Gehe nun zur dritten Phase über. Erhebe dich auf eine noch höhere geistige Ebene und betrachte die Situation erneut. Vielleicht kannst du nun erkennen, dass jene Menschen, die damals zu deinem Leben gehörten, dich Lektionen lehrten, die du in diesem Leben lernen wolltest. Sie haben dir geholfen, vollkommener zu werden, und du hast sie unterstützt. Vergib ihnen in Liebe, Mitgefühl und Dankbarkeit und bringe dieses Gefühl auch dir selbst entgegen. Setze sie frei. Lasse sie los.

Da du nun von jener Zeit befreit bist, heile die Vergangenheit.

Danke der höheren Macht, an die du glaubst.

Lasse dein heranwachsendes und junges Selbst in dein Herz zurückkehren und empfinde Frieden und Ganzheit. Wenn du bereit bist, kehre allmählich in dein physisches Sein zurück. Fühle deine Zehen und bewege sie. Bewege deine Finger. Dehne deine Glieder.

Sei dankbar für deine physische Gegenwart. Liebe deinen irdischen Körper. Öffne die Augen und kehre vollkommen in den Raum zurück.

Trinke etwas Wasser und schreibe in dein Tagebuch.

Meditation 2

Ziehe dich in deine Ecke zurück, schalte das Telefon aus und mache es dir bequem. Deine Kristalle, Öle und vielleicht eine blaue Blume befinden sich nahe bei dir. Entspanne dich in der üblichen Weise und lasse alles Negative los.

Lenke deine Aufmerksamkeit sanft zum Kehlkopf hinunter, schließe die Augen und visualisiere in diesem Bereich ein wunderschönes hellblaues Licht. Ein kühles, aber lebendiges Licht, von durchscheinendem, strahlendem, klarem Blau.

Siehe dieses Licht weit ausstrahlen, in alle Richtungen, zu allen Menschen. Es strahlt in die Welt und auf das höhere Selbst der anderen. Leuchtendes, klares, heilendes Licht. Wie ein Scheinwerfer beleuchtet es die Kommunikationswege. Sende deine liebevolle Botschaft an die Welt diesen Lichtpfad entlang. Sende einen starken Strahl liebevoller, heilender Verständigung in dem Wissen hinaus, dass jeder Gedanke, den du in diesem Augenblick der Klarheit denkst, von jedem aufgefangen wird, auf den er gerichtet ist.

Kommuniziere liebevoll und klar auf telepathischem Wege. Sende deine Botschaft in ferne Universen, über die Grenzen von Raum und Zeit hinaus, zu all dem Guten, das war, ist und sein wird. Sende eine machtvolle Botschaft der Liebe und Dankbarkeit hinaus, verbunden mit der Bitte um Verständigung und Liebe. Lege deinen wahren Pfad jetzt frei.

Lasse jeden Hinweis, der deinem höheren Selbst dient, über diesen wunderschönen blauen Lichtstrahl in dein Kehlkopf-Chakra eintreten. Empfange die Weisheit bezüglich deines Berufes, deines geistigen Weges und deiner wahren Bestimmung. Lasse die Information einfach einfließen. Sei der passive Empfänger, ohne darüber nachzudenken oder es auszuarbeiten.

Schalte das Tonbandgerät ein oder nimm dein Tagebuch zur Hand. Öffne deine Kehle und sprich deine Botschaft. Lasse sie einfach fließen, ohne Unterbrechung, ohne Selbst-Bewusstsein. Halte die einfließende Weisheit fest.

Wenn du glaubst, alles gesagt zu haben, beende deine Botschaft.

Schließe wieder die Augen und entspanne dich. Öffne alle deine Chakras mit einem einzigen Gedanken. Konzentriere die Kraft jedes einzelnen Zentrums zu diesem Punkt – die Beständigkeit des ersten, die Flexibilität des zweiten, die Macht und das Potential des Solarplexus und die Liebe des Herzens, die Vision des Stirn-Chakras und das Verstehen des Kronen-Chakras. Ziehe sie alle in diesem Punkt zusammen und lasse die vereinte Kraft in deine Kehle fließen.

Öffne sie. Bringe die ganze Kraft deines Seins in einem einzigen Klang zum Ausdruck. Lasse sie mit einem Atemzug ausströmen. Halte ihn, so lange du kannst; nimm einen weiteren tiefen Atemzug und lasse deine Stimme erneut hören. Lasse deine Schwingung die entferntesten Winkel des Universums erreichen. Wenn der Klang in die Welt hinausschwingt, ändert er alles. Die Schwingung breitet sich aus und berührt alles, und die Liebe, die du ausstrahlst, wird die ganze Welt berühren. Wiederhole diesen Vorgang, so oft du möchtest. Wenn du bereit bist, lasse den Klang abebben und wisse, dass der Widerhall niemals enden wird.

Schweige und lasse die Stimme des Universums zu dir sprechen. Lausche der inneren Stimme, die voller Liebe zu dir spricht.

Verweile, so lange du möchtest und bringe deinen Dank zum Ausdruck, bevor du zurückkehrst.

Werde dir deiner Umgebung wieder bewusst. Schließe alle deine Chakras mit einem einzigen Gedanken, bis zu einem sicheren und angenehmen Punkt.

Werde dir deiner physischen Anwesenheit erneut bewusst. Fühle deine Finger und deine Zehen. Bewege sie ein wenig. Dehne dich. Liebe deinen Körper, öffne allmählich die Augen und kehre in den Raum zurück. Trinke etwas Wasser und schreibe Tagebuch.

KAPITEL 9

Das Stirn-Chakra: Der Weg der Weisheit

Wir fürchten uns nicht vor unserer Unzulänglichkeit. Wir fürchten uns davor, über alle Maßen mächtig zu sein. Es ist unser Licht, nicht unsere Dunkelheit, das uns am meisten schreckt. Wir fragen uns, wie kommt es, dass ich großartig, wunderbar, talentiert und fabelhaft bin?
Warum solltest du es nicht sein?
Du bist ein Kind Gottes. Sich klein zu machen, nützt der Welt nichts. Es hat nichts mit Erleuchtung zu tun, zusammenzuschrumpfen, damit die Leute in deiner Umgebung sich nicht unsicher fühlen. Wir sind geboren, um die Herrlichkeit Gottes in uns zu verwirklichen.
Sie ist nicht nur in einigen von uns, sie ist in jedem!
Wenn wir unser Licht leuchten lassen, geben wir den anderen unbewusst die Erlaubnis, das Gleiche zu tun.
Wenn wir uns von unserer Furcht befreien,
befreit unsere Anwesenheit automatisch die anderen.

Nelson Mandela
Rede zur Amtseinführung

Je höher wir schreiten, desto ruhiger und sanfter fließt die Kraft und desto befreiter fühlen wir uns. Der Sanskrit-Name für dieses Chakra lautet *Ajna* und bedeutet »befehlen«. In diesem Chakra übernehmen wir die Herrschaft über unser Leben. Das Stirn-Chakra gestaltet alles, was wir bisher erkannt haben, in eine wohlklingende Symphonie. Obwohl die einzelnen Stufen uns auf unserem Pfad nach oben geholfen haben, unser Leben selbst in die Hand zu nehmen und uns vorwärts getrieben haben, wird es hier in magischer Weise vollendet. Dies ist der Ort der Verwirklichung und der Wunder.

Das Erwachen dieses Chakras, mit seinen Gaben der Inspiration, Erkenntnis, Wahrnehmung, Weisheit und Schau, vermag uns zu unvorstellbaren Ekstasen zu erheben. Es bereichert uns mit Gaben, von denen wir kaum zu träumen wagten. Es sind die Träume der Kinder. Magische Dinge. Dinge, die wir uns in der Jugend vorstellen konnten, als wir uns noch daran erinnerten, welche mächtigen Geistwesen wir sind und als noch alles möglich war. Bevor man uns ermahnte, die Fantasiegespinste beiseite zu schieben und die Füße auf dem Boden zu behalten. Bevor die Erziehung, die Wissenschaft und der logische Gedanke die Macht übernahmen.

Hier magst du einige dieser Träume wieder aufdecken, deine Füße fest verankert in der Erdenergie. Indem dein Wurzel-Chakra dafür sorgt, dass du in deinem irdischen Sein bleibst, kannst du erneut die Freuden inneren Schauens und den weiten Flug der Gedanken genießen. Schwinge dich in die geistigen Welten empor. Dort schaust du über das physische Sehen hinaus, hörst feiner als das menschliche Gehör und bedienst dich der Intuition statt der logischen Erklärung.

Du kannst deinen Alltag bereichern, indem du auf beiden Ebenen gleichzeitig lebst. Dein geistiges Leben wird so sehr zur zweiten Natur, dass alle Unternehmungen anregender und fröhlicher verlaufen, alle Erfahrungen reicher und lebendiger werden, und das Leben wird dich mit Staunen erfüllen, da du erkennst, dass du aus jedem einzelnen Geschehen etwas lernen kannst. Man fragt sich, warum man eine andere Straße entlang fährt, nur weil man die Abbiegung auf dem Weg von der Arbeit nach Hause verpasste; warum dir ein Fußgänger, der die Straße überquerte, tief in die Augen blickte, als du bei Rot halten musstest und du diesen Blick nicht vergessen kannst. Warum jemand feindselig und eifersüchtig zu sein scheint, oder warum dich das Leben an diesen Ort geführt hat.

Im Laufe unserer Reise haben wir immer wieder betont, der Vergangenheit zu verzeihen, damit wir keinen alten und unnötigen Ballast mehr mit uns herumschleppen. Nun erkennen wir, dass der einzige Weg vorwärts darin bestand, dort zu sein, wo wir waren und wo wir vergeben und verstehen können. Denn nun wird uns die Weisheit aller unserer bisherigen Erfahrungen zuteil. Obwohl das umfassende Verstehen erst im siebten Chakra angesiedelt ist, findet sich hier eine Weisheit, die jenseits alles Erlernbaren liegt, jenseits intellektuellen Wissens und akademischer Studien. Es gibt Menschen, denen möchte man am liebsten stundenlang zuhören, obwohl sie keine besondere Ausbildung genossen haben. Sie scheinen aus einer anderen Sichtweise zu sprechen, und die Weisheit gleitet nur so über ihre Zunge, oft farbenfroh und bildhaft, da sie Beispiele und Vergleiche bringen, die auf eine große Lebenserfahrung schließen lassen.

Mein Vater gehörte zu diesen Menschen. Ich konnte ihm stundenlang zuhören, wenn er die erstaunlichsten Einsichten aus den einfachsten Begebenheiten gewann. Ich habe solche Leute überall auf der Welt gefunden. Alte Frauen in Afrika vermittelten in schlichten Worten eine Weisheit, die das Leben ändern konnte. Eine solche Weisheit entspringt einem offenen und nicht versperrten sechsten Chakra. In seinen Büchern *A Story like the Wind* und *A Far Off Place* bedient sich Laurens van der Post dieser Art der Weisheit in einem afrikanischen Umfeld, um seine wunderbare Botschaft zu übermitteln.

Um den Merkurstab winden sich zwei Schlangen. Der Stab versinnbildlicht den zentralen Energiekanal oder die *Sushumna*, und die beiden Schlangen stellen die beiden seitlichen Kanäle dar, *Ida* und *Pingala*. Der oberste Punkt, an dem sich alle drei treffen, bildet das sechste Chakra.

Es ist das erste der zwei im Kopf angesiedelten Chakras, die beide miteinander verknüpft sind und in unmittelbarer Verbindung zum Gehirn stehen.

Irrtümlicherweise oft als drittes Auge bezeichnet, sitzt das Stirn-Chakra oberhalb der physischen Augen. Es ist das Chakra des Sehens, nicht nur im praktischen, physiologischen Sinn, sondern im Sinne von innerer Schau und Intuition. Der Ort der Einsicht (Ein-Sicht) des inneren Sehens. Das Stirn-Chakra führt alle anderen zusammen, um zum Kronen-Chakra emporzusteigen, wo unser höheres Selbst schließlich voll erblühen wird.

Magie, Wunder und Verwirklichung

Wir können wieder zur Magie unserer Kindheit zurückkehren, zu den unendlichen Möglichkeiten, zu den Fähigkeiten, die wir immer besessen haben, die das Leben aber verschüttete. Nun entdecken wir sie neu und veredeln sie. Die wahre Kraft, über die wir als Geistwesen verfügen, wird uns wieder zuteil.

Obwohl die Enthüllungen der unteren Chakras dein Leben verändert haben, wenn du beständig daran gearbeitet hast, wird erst im sechsten Zentrum die Magie zur Wirklichkeit werden. Durch die Läuterung und Entfaltung dieses Chakras gelangen wir an den Punkt, an dem wir lernen, materielle Dinge fast mit einem Gedanken zu manifestieren. Mittels eines Gedankens vermögen wir zu heilen, unser Leben zu verändern und ein Vorbild für unsere Umgebung zu sein. Nun kannst du alles erhalten, was dein Herz begehrt.

Wir kennen inzwischen die Kräfte der Affirmationen, die Veränderungen in unserem Leben bewirken können, wenn wir sie ständig wiederholen und fein abstimmen. Wir müssen natürlich auch weiterhin an den anderen Zentren arbeiten, aber das Stirn-Chakra bringt den Aspekt der Verwirklichung eine Stufe weiter.

Sobald es sich öffnet, gelingt plötzlich alles leichter. Das Leben fließt in einer noch erstaunlicheren Weise dahin. Man muss sich nur für den geistigen Strom öffnen. In diesem Zustand kann sich alles für uns ergeben; die Bilder, die wir in die Welt hinein projizieren, nehmen Gestalt an.

Mit ihrem kleinen Buch *Stell dir vor* brachte Shakti Gawain einer ganzen Generation ein neues Verständnis für diese persönliche Befähigung. Die Visualisation ist seither für viele ein Bestandteil ihres täglichen Lebens geworden. Man betrachtet sie inzwischen als ein wirkungsvolles therapeutisches Mittel bei der Behandlung von Krankheiten. Die Vorstellung, dass gesunde Zellen die Krebszellen überfallen und zerstören, kann dazu beitragen, die Krankheit zum Stillstand zu bringen. Die Vorstellung, dass sich die Bronchiolen öffnen, wenn man keucht, kann einen Asthma-Anfall verhindern. Jeder vermag mittels Visualisation jeden Lebensbereich zu verbessern.

Viele Sportler visualisieren genau ihr eigenes Spiel. Eine Studie zeigte, dass diejenigen Basketballspieler, die sich selbst das Spiel gewinnen sahen, ihre Leistung ohne eigentliches Training verbessern konnten. Was könnte man alles bewirken, wenn man nur ein wenig Zeit auf diese Übung verwendete.

Sehen, Hellsehen und innere Schau

Dies ist das Chakra des Sehens. Hier erwacht unser klares inneres Schauen. Angeregt durch unsere Kreativität im Sakral-Chakra, die im Kehlkopf-Chakra verstärkt wird, fügen wir nun die Vision hinzu, um ein klares Bild von unserem Leben zu erhalten. Innere Schau, kreatives Denken, ein gutes Herz, eine reine Absicht und Vertrauen bilden die Grundlage für die Gestaltung unseres Lebens.

Durch das Zusammentreffen von nicht zusammenhängenden Ereignissen stupst uns das Universum vorwärts, wohin wir gehören – und wenn wir weise sind, folgen wir. Trotz unserer Entscheidungsfreiheit sollten wir bedenken, dass wir aus einem bestimmten Grund hier sind und im Allgemeinen nicht ungestraft allzu weit von dem Weg, den wir gehen sollen, abkommen können.

Wenn ich an einer bestimmten Stelle meine Arbeit verrichten soll, dann ist dies mein Platz. Das Universum wird mich irgendwie dort hinführen, und wenn ich einfühlsam genug bin, folge ich den Zeichen. Mitunter habe ich versucht, diese zu übersehen und die Dinge auf meine Art zu regeln. Das Universum hat mich wieder auf die richtige Spur gebracht. Mit ihm zusammenzuarbeiten, macht die Reise einfacher und angenehmer. Was ich erbitte, muss zum Wohle meines höheren Selbst und zum Wohle aller geschehen, dann kann ich alles hervorbringen. Hier kommen meine Visionen ins Spiel; sie dürfen aber nicht nur für mich sein. Ich visualisiere, dass die Liebe sich aller bemächtigt; dass wir unsere Chakras nicht mehr zu verschließen brauchen; ich sehe eine Lösung für die Armut; eine gegenseitige Achtung, so dass bewaffnete Konflikte durch Verhandlungen und Frieden ersetzt werden.

Ich kann eine Fülle von Visionen haben, einige winzig und in Sekunden erfüllbar, andere müssen Bestandteil einer Gruppenvision sein, um Wirklichkeit werden zu können. Wie immer sie auch sein mögen, sie leiten vom ersten Augenblick an große Veränderungen in die Wege. Ein Visionär zu sein, bereichert die Welt. Warum also nicht die Augen schließen und eine großartige Vision für diesen Planeten entstehen lassen?

Das Stirn-Chakra ermöglicht uns eine andere Art des Sehens. Gewöhnlich nehmen wir nur die äußeren Umrisse eines physischen Gegenstandes wahr. Ich sehe eine geschlossene Schachtel und erkenne ihre Form, ihre Farbe und Beschaffenheit. Wenn die Wände nicht durchsichtig sind, kann ich nicht ins Innere schauen. Man sieht die Gestalt seiner Freunde, nicht aber was im physischen Sinne in ihnen vorgeht. Wir sind auf diese Sichtweise beschränkt, da wir glauben, nicht mehr sehen zu können. Warum sollte man nicht mehr wahrnehmen? Nur eine Ansammlung von Molekülen sind in einer Weise angeordnet, dass sie den Blick zu behindern scheinen. Wenn der Geist darin geübt wurde, das, was ihm aufgetragen wurde, zu manifestieren, warum sollte man ihn nicht dazu bringen können, durch den Schleier der Moleküle hindurch zu sehen?

Die Entfaltung des sechsten Chakras ermöglicht es, über das Physische hinaus und mit ein wenig Übung ins Innere zu blicken. Es gibt Heiler, die in dieser Hinsicht besonders begabt sind. Mittels innerer Schau stellen sie die Diagnose und heilen über das Stirn- und Kronen-Chakra und natürlich durch ein offenes Herz, indem sie die Heilungskraft kanalisieren. In ihrem Buch »Lichtheilung« beschreibt Barbara Brennan das innere Schauen sehr eindrucksvoll.

Obwohl sich dieses Chakra im Alter zwischen einundzwanzig und sechsundzwanzig entwickelt, gibt es Menschen, bei denen es sich in ihrem Leben überhaupt nicht entfaltet. Unter Umständen muss man auch mehrmals an diesem Chakra arbeiten, um eine solche Gabe zu vervollkommnen. Viele geistige Gaben entfalten sich erst, wenn man in seinen vierziger und fünfziger Jahren erneut darauf zurückgreift.

Die wohl bekannteste Gabe, die eine Anregung des sechsten Chakras mit sich bringt, ist die Gabe des Hellsehens, der klare Blick, der über die Grenzen von Raum und Zeit hinausgeht. Diese Fähigkeit besitzt ihre praktischen Seiten. Sie ermöglicht es, verlorene Dinge oder Menschen ausfindig zu machen, in eine andere Zeit zu blicken oder einfach nur alles klarer zu sehen. Es verhält sich wie mit allen anderen Gaben. Jeder kann die Hellsichtigkeit bis zu einem bestimmten Grad erlernen, wenn man sich Zeit nimmt und den Willen besitzt, sie zu erarbeiten.

Das Zeitkontinuum

Diese Vorstellung befasst sich mit der Zeit und ihrer Bedeutung. Die Jahreszeiten, Tag und Nacht und der Mondzyklus erinnern uns an den Kreislauf der Natur. Handelt es sich bei dem Begriff Zeit bloß um ein vom Menschen geschaffenes System, das uns helfen soll, unser Leben besser zu organisieren und einander besser zu verstehen, wenn wir im Sinne von Stunden, Tagen, Wochen und Jahren sprechen?

Die Zeit existiert als Kontinuum. Warum sollte es dann nicht möglich sein, alles auf einmal zu sehen? Wenn wir die Scheuklappen der Erziehung, Überlieferung und selbst auferlegten Beschränkungen abnehmen, könnten wir dann von diesem Moment aus in beide Richtungen dieses Kontinuums schauen und die Vergangenheit und Zukunft klar erkennen? Oder werden wir feststellen, dass die gesamte Zeit in diesem einen Augenblick liegt?

Das Stirn-Chakra lässt uns die Wahrheit erkennen, die gewöhnlich durch unsere Perspektive verstellt wird. Es lässt uns jenseits von Zeit und Raum schweifen und die Erkenntnis für unsere höchsten Ideale einsetzen.

Vielleicht bist du dir inzwischen der Vergangenheit, auch der weit entfernten, schon ein wenig mehr bewusst, und ein Erlebnis aus diesem oder einem früheren Leben wird plötzlich lebendig. Du magst dich zu einem bestimmten Ort oder Zeitraum der Geschichte besonders hingezogen fühlen oder Menschen begegnen, die du schon lange, vielleicht sogar seit jeher kennst, was wahrscheinlich auch zutrifft. Solche karmischen Verbindungen sind nicht ungewöhnlich.

Da wir im Allgemeinen im Sinne von Erinnerungen denken, uns also an bestimmte Dinge erinnern, lassen sich solche Erfahrungen leichter annehmen als der Blick in die Zukunft, obwohl diese Gedankenblitze aus der Vergangenheit über die eigentliche

Erinnerung hinausgehen. Aus der Vergangenheit sollen wir nur lernen. Falls sich dir viele solcher Erlebnisse aufdrängen, wäre es ratsam, sie sorgfältig anzugehen und vielleicht an einem Reinkarnations-Workshop teilzunehmen. Sie liefern oft die Gründe für die gegenwärtigen Verhaltensmuster und die persönlichen Beziehungen, besonders wenn sie zerstörerischer Natur sind und sich wiederholen.

Es kann von großem Nutzen sein, zurückzugehen und die Vergangenheit zu heilen, um zumindest etwas von dem Ballast abzuwerfen, den man in dieses Leben mitgebracht hat. Der Leiter einer solchen Rückführungs-Sitzung muss aber sehr geschult sein, um den Klienten und die Situation fest im Griff zu haben und um alles, was emportaucht, auch zu heilen.

Manche sind der Ansicht, dass sie mit ihrem jetzigen Leben gerade genug zu schaffen haben und nicht noch in eine andere Richtung blicken möchten. Für einige trifft das auch zu. Mitunter aber liegen die Antworten auf die Schwierigkeiten des heutigen Lebens und ihre Heilungsmöglichkeiten in der Vergangenheit. Sollte dich eine echte Neugierde, gepaart mit einem leicht erregten Empfinden, befallen, könnte eine solche Rückführung von Nutzen sein.

Und die Zukunft? Sie stellt nur eine Weiterführung der Zeit dar, und wenn wir sie in der richtigen Weise betrachten, können wir auch sie wahrnehmen. Mit diesen Gaben darf nicht gespielt werden. Jeder Ausflug in die Zeit sollte uns selbst nutzen und zum Besten aller Menschen gereichen. Wenn man nicht beruflich die Gabe des Hellsehens einsetzt, ist es besser, sich darauf zu beschränken, seine eigene Zukunft zu planen und zu verwirklichen.

Verschiedene Arten der Erinnerung

Das Gedächtnis wird vom Stirn-Chakra regiert. Wenn man diesen Bereich klärt, kann es geschehen, dass eine Flut längst vergessener Erinnerungen emporquillt. Sollten die Übungen Schmerz hervorrufen, denke daran, dass die Wirklichkeit bereits überlebt wurde und es sich nur um die Erinnerung daran handelt. Sei sanft und einfühlsam mit dir selbst und besprich deine Erfahrungen mit einer Vertrauensperson. Die Erinnerung gehört so selbstverständlich zu unserem Alltag, dass wir erst darüber nachdenken, wenn sie aus irgendeinem Grund nachzulassen beginnt. Sie erfolgt in drei Stufen. Als erstes müssen wir uns konzentrieren, um eine Erinnerungsspur zu legen (die Schwierigkeit, sich erinnern zu können, stellt sich oft als ein Konzentrationsproblem heraus). Zweitens ordnen und lagern wir die Erinnerung; wir rufen die Information ab, wenn sie benötigt wird.

Es gibt ein Kurzzeit- und ein Langzeitgedächtnis. Wir erinnern uns an Fakten, die wir in der Schule lernen mussten. Dies gehört zum Langzeitgedächtnis. Was wir zum Frühstück aßen oder wie die Telefonnummer lautet, die uns jemand gerade gegeben hat, gehört zum Kurzzeitgedächtnis. Ältere Leute verlieren oft die Fähigkeit, sich Dinge merken zu können, erzählen aber immer noch wunderbare Geschichten aus ihrer Kindheit.

Hierbei handelt es sich um das intellektuelle Gedächtnis. Es gibt auch ein physisches Gedächtnis. Das im Körpergewebe ansässige Gedächtnis kann auf eine bestimmte Situation reagieren, obwohl der Verstand sich nicht mehr daran erinnert. Eine Frau, die sexuell missbraucht worden war, empfand beim Geschlechtsverkehr stets eine Taubheit im Beckenbereich. Es gibt die Erinnerung der Gefühle, wenn ich ängstlich bin oder mich in einer bestimmten Lage fürchte, obwohl ich mich intellektuell nicht daran erinnern kann. Die intellektuelle Erinnerung ist unterdrückt worden, aber die Gefühle bleiben. Sich dieser verschiedenen Arten und Stufen der Erinnerung bewusst zu sein, kann uns darin unterstützen, die Geschehnisse der Vergangenheit zu erkennen und sie aufzuarbeiten.

Gebrauch der Intuition

Unser Gefühl im Bauch, das wir im Solarplexus wahrnehmen, wird im Stirn-Chakra zur Intuition verfeinert.

Die Intuition, ein recht nützlicher sechster Sinn, wird oft als feminines Attribut belächelt, als die »weibliche Intuition«. Dies liegt wahrscheinlich daran, dass sie in der Vergangenheit hauptsächlich von Frauen gezeigt wurde, die sich weniger als Männer in ihrer Handlungsweise danach richten, was wissenschaftlich bewiesen ist.

Die Intuition ist in der rechten Gehirnhälfte, der so genannten femininen Seite, mit ihrem weiblichen Aspekt angesiedelt. In einem entwickelten Menschen sind der feminine und maskuline Aspekt so ausgewogen, dass der Mann die weibliche Fähigkeit ebenso gut zum Ausdruck bringen kann.

Vernunft und Logik werden von der linken (maskulinen) Gehirnseite gesteuert. Die moderne Erziehung mit ihrer wissenschaftlichen Methodik führt oft zu einer Unterdrückung der mehr schöpferischen, weiblichen Gaben, zu denen auch die Intuition gehört. Ich bin oft belächelt worden, wenn ich trotz in entgegengesetzter Richtung weisender Tatsachen meinem inneren Gefühl gefolgt bin und jemanden intuitiv und mit anderen geistigen Gaben behandelt habe. Andererseits habe ich mich moderner Forschungsmethoden bedient, um meine intuitive Diagnose zu bestätigen. Eine Integration des Wissenschaftlichen und Spirituellen gereicht uns selbst und anderen zum Besten.

Falls ich einen Anruf mit der Bitte erhielte, jemanden nachts um ein Uhr auf dem King's Cross Bahnhof zu treffen und meine Intuition sagte mir, er käme auf Waterloo-Station um zwei an, würde ich zur Waterloo gehen. So einfach verhält sich es natürlich nicht. Viele Faktoren spielen eine Rolle, nicht zuletzt unsere Stimmung. Wenn ich mich in einem Bereich befinde, auf den ich fein eingestimmt bin und arbeite, folge ich bedingungslos meiner Intuition.

Ich kann meine Intuition zur genauen Diagnose einsetzen und einen Behandlungsweg beginnen, lange bevor meine Vermutung wissenschaftlich nachgewiesen worden ist. Ich vermag mich gleich am Anfang auf die Geschichte, die mir jemand erzählt, einzuschwingen und kann zurückverfolgen, was geschah, noch bevor man mir den Rest erzählt. Andererseits geschieht es, dass ich meine Intuition völlig übergehe, wenn ich etwas unternehmen will oder die offensichtlichsten Tatsachen im Hinblick auf gewisse Menschen übersehe, wenn ich das Beste in ihnen sehen möchte, was mehr auf persönlichem als auf beruflichem Gebiet geschieht. Unsere Intuition ist ein sehr nützliches Werkzeug, das man vervollkommnen kann, aber manchmal vergessen oder versäumen wir, es zu benutzen.

Heilung

In diesem Buch geht es um Heilung, die auf vielen Ebenen erfolgen kann, sei es inneren Frieden zu finden, eine Blutung zu stillen oder einen Bruch zu heilen.

Heiler bedürfen für ihre Arbeit eines offenen Herzens und eines geöffneten Kronen-Chakras sowie der Vision, die dem Stirn-Chakra entspringt. Je höher man das Chakra-System emporsteigt, desto stärker werden die eigenen Heilungskräfte erwachen.

Jemanden ohne sein Einverständnis durch Channelling zu heilen, ist ein Angriff! Nur in äußersten Notfällen, wie am Unfallort, darf auf die Erlaubnis verzichtet werden. Allein weil wir glauben, etwas Liebevolles und Gutes zu tun, bedeutet das nicht, dass jeder es annehmen will. Jeder von uns hat das Recht zu entscheiden, wie er behandelt werden möchte, und abgesehen von ganz speziellen Umständen, darf niemand ihm dieses Recht verweigern.

Eine Person, die eine Heilbehandlung empfängt, vermag natürlich den Energiestrom bis zu einem bestimmten Grad zu blockieren, aber das ist nicht der Punkt. Wenn du dich zum Heiler berufen fühlst, dann unterziehe dich der entsprechenden Ausbildung, die immer den ethischen Aspekt mit einschließen wird.

Man sagt, mit einem reinen Herzen und in guter Absicht kann man keinen Schaden anrichten, was nicht ganz zutrifft. Ich erinnere mich an eine Aushilfskraft, die eine Behandlung bei einem meiner Patienten durchführen sollte und ohne dessen Einverständnis oder vorherige Ankündigung durch Handauflegen zu heilen begann. Das Ergebnis war verheerend. Ereignisse, an denen wir langsam und vorsichtig gearbeitet hatten, brachen hervor, und der noch unerfahrene Praktiker zeigte sich völlig unfähig, mit ihnen umzugehen. Wenn die vorhandenen Probleme vielleicht aufbrechen mussten, um sie anzugehen, war es doch nötig, dass eine geschulte Kraft mit dem Schmerz umzugehen wusste. Man sollte sich also nicht ohne Aufforderung einmischen, zudem fachgerecht ausgebildet und geleitet sein. Sein Kind liebevoll im Arm zu halten oder Liebe in eine Situation einfließen zu lassen, sind zwei sehr verschiedene Dinge. Im Zweifelsfall gilt: Keine Einmischung!

Gedankenbotschaften

Diesen Abschnitt könnte man auch als elementare Telepathie bezeichnen, obwohl die Bezeichnung etwas geheimnisvoll zu verhüllen scheint, dessen wir uns täglich bedienen. Telepathie bedeutet, ohne Verwendung der Sprache oder des Gehörs eine Information von einem Geist zu einem anderen zu übertragen. Diese Fähigkeit wird im Kehlkopf-Chakra entwickelt und im Stirn-Chakra geschärft. Rein äußerlich durchgeführt, bildet einer den Überträger und der andere den Empfänger.

Manchmal möchten wir gerne mit jemandem sprechen, und während wir noch an ihn denken, ruft die Person an. Zwei Menschen, die sich gut kennen, können bedrückende Botschaften voneinander auffangen. Auf einer Reise in die USA unterhielt ich mich mit einem jungen Mann, der mir von seiner Krankheit erzählte, als er sich an einem abgelegenen Ort in Afrika aufhielt. Seine Mutter, die zu der Zeit an einer Konferenz in Skandinavien teilnahm, wusste plötzlich, dass sie nach Hause fahren musste, obwohl sie niemand kontaktiert hatte. Je klarer unser Stirn-Chakra, desto leichter findet eine solche Kommunikation statt. Sie kann, wie alle geistigen Gaben, missbraucht werden und sollte mit Ausnahme von besonderen Fällen nicht ohne Erlaubnis des anderen eingesetzt werden. Am besten versetzt man sich in die Lage des anderen. Ich denke, man würde sich verletzt fühlen. Obwohl ich meine Gedanken gerne mit anderen teile, gehören sie zu meiner Privatsphäre, in die niemand unbefugt eindringen darf.

Inspiration

Wenn ich mit den Leuten an ihren Affirmationen arbeite und sie anrege herauszufinden, was sie wirklich wollen, schwinge ich mich auf sie ein und bitte sie, das eine oder andere Wort oder die Bedeutung geringfügig zu verändern, bis ich spüre, dass sie die richtige Orientierungslinie gefunden haben. Es klickt etwas, und plötzlich öffnen sich alle Chakras, sind ausgewogen und ausgerichtet. Der Augenausdruck verändert sich, und sie sind geistig inspiriert. Sie haben eine Verbindung zu einer höheren Energie geknüpft und dieses Gefühl erfahren, das sie niemals vergessen werden. Der Vorgang lässt sich schwierig beschreiben. Wenn man ihn erst einmal empfunden hat, weiß man, worauf man in Zukunft hinsteuern muss.

Für mich bedeutet es ein aufregendes Gefühl und einen Energieimpuls. Plötzlich erscheint alles kristallklar, und ich weiß, es ist richtig. Es hebt mich sanft vom Boden, und einen Augenblick lang wage ich nicht zu atmen. Dann lasse ich mich hineingleiten und spüre, wie die geistige Energie mich durchströmt. Jeglicher Zweifel in Bezug auf mein Denken oder Handeln verschwindet dann.

An diesem Punkt wird man sich einer inneren Verschiebung bewusst, die eine völlig neue und inspirierende Verbindung zum Göttlichen herstellt, was immer das für den Einzelnen bedeuten mag. Man wird von einer unbekannten Ehrfurcht, einer geradezu bewegenden, aufregenden Freude erfasst, wenn man sich diesem Punkt nähert. Im Stirn-Chakra beginnen wir, Hingabe zu empfinden.

Die Konzentration auf das Göttliche lässt uns manchmal kaum atmen – und wir scheinen es auch nicht nötig zu haben. Es ist das wunderbarste Gefühl unendlicher Liebe, die über alles hinweg- und durch alles hindurchflutet. Sie vermittelt mir ein seltsam aufregendes und leicht unbehagliches Empfinden im Magen, und ich bin überwältigt von der Macht und absoluten Freude. Das ist Hingabe.

Dieses Gefühl unterscheidet sich von meiner tiefen Liebe zu meinem Partner, meinen Kindern und Eltern. Es ist andersartig und von einer nahezu unheimlichen Beschaffenheit. Das ist meine Liebe zu Gott. Besser kann ich sie nicht beschreiben. Ich kann nur hoffen, dass du ebenso empfindest, denn dann wirst du wissen, dass für alle deine Bedürfnisse gesorgt wird und alle deine Schwierigkeiten eine Lösung finden werden. Es gibt kein Hindernis auf deinem Weg. Du hast deinen Pfad freigelegt und unmittelbaren Zugang zu Gott.

Du wirst dir großer Seelen in deinem Umfeld bewusst werden, wunderbarer Wesenheiten, die dich willkommen heißen und dir dabei helfen, allen, denen du begegnest, Liebe zu schenken. Ideen, Energie, Weisheit und Wissen mögen dich überfluten oder du stehst wie angewurzelt da, eingehüllt in Liebe und Frieden. Dieser wunderbare Zustand nimmt für mich unterschiedliche Formen an, aber er bleibt immer derselbe. Eine unsagbare Dankbarkeit erfüllt mich.

Von dieser Ebene aus vermag ich unbegrenzte Liebe und Heilung auszusenden. Nicht nur zu den Kranken und Bedürftigen, sondern in das gesamte Universum. Ich kann eine machtvolle Botschaft der Liebe hinausschicken und bitten, dass sie dort ankommen möge, wo sie am nötigsten gebraucht wird. Wenn alle meine Chakras offen und rein sind, vermag ich mit meinem ganzen Herzen, meiner Seele und meiner ganzen Macht Liebe auszustrahlen. Ich kann dem gesamten Planeten eine starke, bedingungslose Liebe und eine sanfte, aber machtvolle Heilung schicken. Ich kann Botschaften geistiger Liebe von diesem Planeten in das Universum und darüber hinaus senden, so dass alle Lebensformen die Liebe spüren können. Ich kann Liebe in die Vergangenheit oder in die Zukunft senden, um beide zu heilen. Ich kann das Zeitkontinuum mit Liebe erfüllen, die sternengleich in den Äther hinausströmt. Ich kann Liebe und Heilung als Lichtblitze hinausschicken, auf mächtigen Energiebahnen. Ich sende sie mit Macht und Güte, in winzigen Lichtfunken und in Laserstrahlen, die so scharf sind, dass sie jede Dunkelheit durchschneiden. Ich sende Liebe, die die Welt zu heilen vermag. Ich sende diese Hingabe, die alle Möglichkeiten eröffnet und mein Leben, meinen Geist und meine Liebe unendlich bereichert. Und ich danke Gott.

Alles, was wir bisher durchgesprochen haben, ist eine Art von Gebet. Praktische Liebe, Vergebung, das Bemühen, sein eigenes Leben und das seiner Mitmenschen besser zu gestalten, das ist Gebet.

Menschen mit einer geistigen Überzeugung oder einem religiösen Glauben genesen nach einer Krankheit oder Operation oft sehr viel rascher. Das persönliche oder gemeinsame Gebet wirkt nicht nur beruhigend, sondern bereichert auch die Lebensqualität derjenigen, die daran teilhaben.

Weniger förmlich gesprochene Gebete können dem Leben eine neue Dimension hinzufügen. Anstatt um die Dinge zu bitten, stellt man sie sich vor und dankt für das, was man bereits besitzt. Man könnte sich in ein vollkommenes Leben eingebettet sehen und in der Lage sein, es zu fühlen, zu berühren, zu riechen, in ihm zu sein. Siehe dich selbst vor Gesundheit und Energie strotzen, mit Liebe in deinem Leben, einem starken, widerstandsfähigen Körper, mit Freunden, die für dich da sind, dir aber deinen Freiraum geben; siehe dich in einem ruhigen, friedlichen Heim deiner Arbeit nachgehen, die du liebst und die dich finanziell unabhängig macht. Stelle es dir vor, visualisiere es, fühle es und danke dafür. Es tritt alles in dein Leben, obwohl du es jetzt noch nicht genau erkennen kannst. Es wartet an der Grenze von Raum und Zeit.

Mit Farben arbeiten

Wir können dieses Chakra der Vision nicht verlassen, ohne die Farbe zu erwähnen. Diesen Aspekt hatte ich übergangen, bis mich ein Freund und Kollege darauf aufmerksam machte und ich in einer einzigen Sitzung erkannte, welchen therapeutischen und diagnostischen Wert er besitzt.

Der Lüscher-Farbtest bietet eine einfache, aber sehr wirksame Möglichkeit der Selbstdiagnose. Er ersetzt natürlich nicht die klinische Beurteilung und Behandlung. Seine Genauigkeit in Bezug auf Persönlichkeit und Lebenslage sind allerdings verblüffend.

Unser Weg durch die Chakras hat die Farben berührt, die in Zusammenhang mit den jeweiligen Energiezentren stehen, die man teilweise dadurch reinigen kann, dass man etwas von der Farbe des jeweiligen Chakras trägt, an dem man gerade arbeitet. Bei Kommunikationsschwierigkeiten hilft ein blauer Schal. Wenn Bitterkeit oder Ärger die Lebensfreude behindern, könnte etwas Gelbes helfen. Rot wird Macht und Wille unterstützen, wohingegen grün oder rosa den gütigen und liebevollen Aspekt fördert. Heiler sollten Purpur tragen. Das strahlend tiefe Blau öffnet das Stirn-Chakra und unterstützt die Intuition, die Gabe des Heilens und die Hellsichtigkeit. Bei Schwierigkeiten in der Beziehung oder mit der Sexualität hilft die Farbe Orange. Eine Veränderung der Farben in den Räumen kann sich auf das Gemüt, die Beziehungen und den Erfolg auswirken.

Fehlfunktion des Stirn-Chakras

Selbst ein unterentwickeltes oder blockiertes Stirn-Chakra vermag in einigen Aspekten gut zu funktionieren. Man kann einen vernünftigen, gescheiten, lebendigen und hoch analytischen Verstand besitzen, doch die Weisheit, die Selbstbewusstheit und die Fähigkeit, den Intellekt zu überschreiten, fehlen. Die herkömmliche Erziehung stumpft die Intuition und die Kreativität ab und kann ohne die Empfindsamkeit des Stirn-Chakras zu einer intellektuellen Arroganz führen, die alles abwertet und nur das wissenschaftlich Nachweisbare gelten lässt.

Ich kenne einen Mann, dessen intellektuelle Begabung und akademische Brillanz ihresgleichen sucht. Er besitzt ein scharfes Gedächtnis und einen boshaften und in sich grausamen Humor. Solange man ihm nicht in die Quere kommt, scheint er hilfsbereit, freundlich und nett zu sein. Er wird getrieben von seinem Konkurrenzdenken, seiner Geldgier und seinem Mangel an innerer Sicherheit. Seine intellektuelle Arroganz hindert ihn daran, den Standpunkt anderer zu sehen und ihnen die Freiheit einer anderen Überzeugung zuzugestehen und diese zu respektieren. Er fürchtet sich davor, die Kontrolle zu verlieren. Obwohl die Leute ihn zunächst zu achten scheinen, umgeben ihn schließlich nur Schmeichler oder solche, die ihn fürchten.

Diese Mann verkörpert ein blockiertes sechstes Chakra, obwohl dies nicht seine einzige Schwierigkeit ist. Da er in vielen Bereichen gut arbeitet und sich des Schadens, den er anrichtet, nicht bewusst ist, wird er wahrscheinlich niemals einer geistigen Arbeit zustimmen, die sein Leben völlig verändern könnte. Er gehört zu den Menschen, die erfolgreich zu sein scheinen, es in Wirklichkeit aber nicht sind. Sie besitzen nur eine Menge Geld.

Blockaden in diesem Zentrum führen dazu, dass jene Personen unfähig sind, ihre schöpferischen Gedanken umzusetzen. Sie scheinen von Plänen umgeben zu sein, die sich niemals richtig verwirklichen. Entweder bemerken sie es nicht und vergessen fast, was sie tun wollten und übersehen die Frustration, die sie dadurch den anderen bereiten, oder sie übertragen die Unzufriedenheit mit ihrem eigenen Leben, das sie mit halb erfüllten Plänen vollstopfen. Sie neigen dazu, andere für ihre Unzulänglichkeiten verantwortlich zu machen. Trotz ihrer Cleverness erreichen sie niemals ihr wahres Potential, da ihre Vision entweder verkümmert oder negativ ist und sie nur in einem Umfeld gut zurechtkommen, das sie weitgehend kontrollieren können. Sie schaffen es nicht, die erwähnte Art von Freude zu empfinden und machen sich gerne über diejenigen lustig, die diese Freude spüren. Ihr Wunsch, andere niederzumachen, kann mitunter recht grausam sein. Sie trampeln auf den feineren Gefühlen ihrer Mitmenschen herum und neigen dazu, mit allen Mitteln ihre negative Welteinstellung als richtig zu erweisen. Falls die Krankheit eines geliebten Menschen oder sein Verlust ihre Welt bedroht, geht die Hemmung schnell verloren, und sie folgen sehr eifrig ihrer neu entdeckten »Religion«, obwohl sie selbst dann noch Schwierigkeiten haben, sich der notwendigen Arbeit zu unterziehen, die ihr Leben völlig verändern würde. Gewöhnlich geht in diesen Fällen ein Problem im Kronen-Chakra mit einher, weshalb sie wirklich nicht verstehen, worüber wir im geistigen Sinne sprechen.

Schütze dich, wenn du eine solche Person kennst. Diese Menschen sind oft sehr mächtig, sehr gescheit und recht umgänglich und können dich zunächst mit ihren wohl formulierten Ideen verführen. Aber sie werden wahrscheinlich bestreiten, deinem Gedankengang zugestimmt zu haben; sie gehen keine Verpflichtung ein, und du stellst deinen eigenen gesunden Menschenverstand in Frage.

Im physischen Bereich beeinflusst das sechste Chakra das Sehvermögen. Eine Blockade mag sich in einer Entzündung und Überanstrengung der Augen äußern oder in schlechtem Sehvermögen und Blindheit. Es können auch Kopfschmerzen und Migräne auftreten sowie Gedächtnisschwierigkeiten. In diesem Chakra gibt es kaum eine physische Manifestation des Problems, obwohl Alpträume bisweilen Aufschluss geben können.

UNBEANTWORTETE GEBETE

In einem Lied lautet der Refrain: »Und ich danke Gott für unbeantwortete Gebete.« Sicherlich kennen wir das. Als ich aus Afrika zum ersten Mal wieder nach England zurückkehrte, wusste ich mit mir selbst nichts anzufangen, da ich mich in einer entsetzlichen Lage befand. Ich hatte mein Zuhause verloren, meine Lebensweise und vieles, das mir teuer war. Ich bewarb mich um eine gut bezahlte Halbtagsstelle in der Nähe meiner Wohnung. Ich wollte diesen Job tatsächlich, denn er schien meine damaligen Bedürfnisse zu befriedigen. Das zweite Vorstellungsgespräch missglückte, und ich war sehr unglücklich. Nach zwei Monaten veränderte sich mein Leben vollständig, denn ich begann eine neue Laufbahn als Psychiaterin, weg von der Chirurgie, meiner ersten Liebe. Ich denke oft zurück und danke dafür, dass mein sehnlichster Wunsch nicht erfüllt worden war. Es wäre sicherlich nicht zu meinem Besten gewesen!

Übungen

Veilchen und rosa Storchschnabel sind für die Arbeit an diesem Chakra besonders nützliche Öle.

Vier Edelsteine fördern die Öffnung und Reinigung des sechsten Zentrums. Mein Lieblingsstein, den ich täglich trage, ist der Amethyst. Er reinigt, kräftigt, energetisiert und beschützt nicht nur, er fördert auch den geistigen Aspekt, beseitigt Illusionen und stärkt Inspiration, göttliche Liebe und Intuition. Stelle dir diese Fülle vor!

Der Zölestin dient dem Stirn- und dem Kehlkopf-Chakra, da er die Inspiration fördert, das geistige Wachstum beschleunigt, die göttliche Führung besser erkennen lässt und unseren schöpferischen Ausdruck unterstützt.

Der Alexandrit ist selten und sehr kostspielig. Seine sanfte Kraft fördert das Gleichgewicht von Körper, Seele und Geist sowie unser Empfinden für Freude und Liebe, wenn wir uns von irgendeiner seelischen Erschütterung erholen. Im Stirn-Zentrum sorgt er für einen klaren Blick ebenso wie der Herkimer Diamant, ein klarer, leuchtender Kristall.

Wähle das Öl oder den Stein und füge eine tiefblaue Blume oder ein tiefblaues oder purpurfarbenes Stück Stoff in deiner stillen Ecke hinzu. Gönne dir viel ungestörte Zeit. Führe deine Atemübungen aus, entspanne deinen Körper und lasse alles Negative los.

Übung 1

Schließe die Augen und stelle dir eine klare Kristallwand vor. Es gibt kein Bild darin. Sollte etwas darauf erscheinen, bevor du bereit bist, schiebe es sanft beiseite.

Gestalte auf dieser Wand deine Idealwelt. Sie gleicht einer Filmleinwand, so dass du die Bilder nach Wunsch verändern kannst. Beginne mit irgendeinem Bereich deines Lebens; vielleicht mit deinem Heim, deinem Beruf oder einer besonderen Beziehung, und visualisiere ihn in allen Einzelheiten. Du kannst das gesamte Bild so sehen, wie du es möchtest. Lasse es sich vor deinen Augen entfalten und verändere es, bis du glaubst, dass es richtig ist. Kannst du die Farben erkennen, die winzigsten Einzelheiten, den Gesang der Vögel oder eine Musik hören? Scheint die Sonne? Sind Wolken am Himmel? Gibt es einen Garten bei deinem Idealhaus? Spielt ein Haustier dort? Bist du wohlhabend? Ist es ein großes Haus oder ein kleines, recht gemütliches? Ist es hell und luftig oder liegt ein sanftes Licht und eine geheimnisvolle Atmosphäre darüber?

Und dein Idealberuf – wie sieht er aus? Was machst du? Bist du in einem Büro oder arbeitest du draußen, mit anderen Leuten oder allein? Wie bist du bekleidet? Was fühlst du? Beobachte die Szene, während du sie vervollkommnest.

Deine perfekte Beziehung? Bist du verheiratet, lebst mit jemandem zusammen oder erfreust dich deines Alleinseins und bist mit einem besonderen Menschen nur dann zusammen, wenn du es möchtest? Handelt es sich um eine sexuelle Beziehung oder nur um eine enge, sich gegenseitig unterstützende Verbindung? Ist es jemand des anderen oder desselben Geschlechts? Was ist für dich richtig? Siehe und fühle es und erinnere dich daran.

Schicke in diesem Augenblick voller Vertrauen ein Gebet nach oben und bitte um etwas, was dir wirklich nützen und anderen keinen Schaden zufügen wird.

Bedanke dich!

Verweile so lange bei deiner Kristallwand, wie du möchtest. Wenn du bereit bist, präge dir ein, dich an alles zu erinnern oder nochmals darauf zurückzukommen. Erde dich, sei wieder im Raum und notiere deine perfekte Welt in dein Tagebuch.

Sprich eine Affirmation. Sende deinen Dank hinaus.

Du kannst jederzeit auf deine Vision zurückkommen, um sie zu verwirklichen. Fahre fort, sie zu bestätigen und zu erschaffen, was du wirklich in deinem Leben haben willst. Sei nicht überrascht, wenn sich deine Vision gegenüber dem Anfang geändert hat. Was du vor einiger Zeit zu benötigen glaubtest, mag jetzt nicht mehr so interessant sein. Vielleicht hast du gedacht, dein Idealpartner müsste gutaussehend sein und braune Augen haben. Nun stellst du fest, dass Loyalität, Vertrauenswürdigkeit und Sinn für Humor wesentlicher sind oder dein Verlangen nach einem dicken Bankkonto dem Wunsch nach einem guten Einkommen gewichen ist und du mit dem Geld, das du nicht benötigst, eine gute Sache unterstützt.

Vielleicht stellst du auch fest, dass du bereits einen großen Teil deiner Idealwelt besitzt. Sie hat sich bereits im Laufe deiner Reise entwickelt, wenn du täglich deine Affirmationen gesprochen hast. Gehe nochmals zurück und wirf einen Blick auf sie und streiche, was du bereits erreicht hast. Vergiss nicht, dich zu bedanken.

Übung 2

Wenn du deine hellseherischen Fähigkeiten ausprobieren willst, führe diese Übung durch. Es ist mehr ein Spass, aber falls du diese Gabe entwickeln willst, dann lasse dich fachgerecht ausbilden.

Vielleicht suchst du einen Gegenstand. Hier fangen wir an. Lege einen Bergkristall neben dich. Man benutzt oft eine Kristallkugel, um sich besser konzentrieren zu können und einen klaren Kopf zu haben.

Schließe die Augen und nimm die gleiche Kristallwand wie bei der letzten Übung. Rufe dir den verlorenen Gegenstand ins Gedächtnis. Betrachte ihn dir genau und lege ihn auf die Wand. Konzentriere dich auch weiterhin darauf und lasse ein Feld darum entstehen. Finde heraus, ob du erkennst, was sich dort entfaltet. Beobachte es genau. Nimm dir Zeit und lasse es sich entwickeln, ohne daran zu denken oder es geschehen zu lassen. Beobachte. Plötzlich wirst du etwas aus der Szene erkennen – einen anderen Gegenstand oder einen Ort. Kannst du sehen, wo es ist? Werde nicht mutlos, wenn du es beim ersten Mal nicht schaffst. Spiele ein wenig damit; je häufiger du dir einredest, dass es gelingt, desto einfacher wird es werden.

Bringe deine Dankbarkeit zum Ausdruck und erde dich, bevor du in den Raum zurückkehrst.

Übung 3

Nun ist es an der Zeit, dass du dich ein wenig verwöhnst. Suche im Telefonbuch nach der Adresse eines Farbtherapeuten und lasse dir einen Termin geben. Dieses Abenteuer ist aufregend und wird deine Energie ändern, dein Gemüt heben, deine natürliche Farbgebung ergänzen und deinen Teint verbessern, was dich verjüngen wird. Auch Männern tut das gut.

Die Sache muss nicht ein Vermögen kosten und man muss auch nicht seine gesamte Garderobe erneuern. Bitte deine Freunde und die Familie, dir bei der Farbenwahl zu helfen. Fange klein an. Kaufe dir also etwas Winziges. Ein Seidentaschentuch? Einen neuen Schal? Habe einfach Freude daran.

Meditationen

Meditation 1

Wir befinden uns im Bereich von Vision, Weisheit und Befehl. Wir sind einen langen Weg gegangen, und du bist klarer und gesünder als am Anfang. Aber bevor wir heim gehen, gibt es noch einige Arbeit.

Ziehe dich mit deinen Blumen, deinen Ölen, deinen Kristallen oder was dir sonst lieb ist in deine Ecke zurück. Mache es dir so bequem, dass du eine Weile in dieser Position verweilen kannst.

Konzentriere dich auf deinen Atem und entspanne deinen Körper, indem du alles Negative durch dein Basis-Chakra und die Fußsohlen hinausgleiten lässt. Fühle, wie dich Liebe erfüllt. Nur da zu sein, ist schon heilend. Genieße dieses Gefühl. Erkenne, was du erreicht hast, um dich so leicht mit dem Energiefluss zu verbinden und ihn zu spüren. Fühle den Frieden. Fühle die Freude. Fühle die Liebe. Fühle deine Spiritualität.

Nimm dich liebevoll in ein Alter von einundzwanzig Jahren zurück und verzeihe dir selbst, den Menschen und den Ereignissen jener Zeit. Lasse deinen Geist bis zu deinem sechsundzwanzigsten Lebensjahr wandern und lasse die Liebe in dir den gesamten Zeitraum reinigen, heilen und vergeben.

Erhebe dich geistig, um zu erkennen, dass derjenige, der dich damals verletzt hat, seinen eigenen Werdegang durchlebte, und verzeihe ihm. Sende Liebe aus.

Wenn du bereit bist, erhebe dich auf die höchste Ebene, von der aus du nicht nur vergeben, sondern auch deinen Dank für die Lektionen, die dich jene Begebenheiten gelehrt haben, zum Ausdruck bringen kannst. Nimm dir Zeit. Bedanke dich.

Wenn du bereit bist, erde dich. Werde dir deines physischen Körpers bewusst. Bewege deine Finger und Zehen. Dehne dich und kehre in den Raum zurück. Trinke etwas Wasser und schreibe in dein Tagebuch. Nimm dir Zeit, bis du zur nächsten Meditation übergehst.

Meditation 2

Lasse dich in deiner Ecke nieder und entspanne dich. Lasse alles Negative durch die Fußsohlen und dein Wurzel-Chakra abfließen.

Lenke deine Aufmerksamkeit sanft auf den Bereich zwischen den Augenbrauen, auf dein Stirn-Chakra. Fühle diesen Punkt und erschaue ihn in einem wunderbaren, strahlend blauen Licht. Mit einem einzigen liebevollen Gedanken reinige den gesamten Bereich mit Licht. Erblicke das Licht jetzt in einem noch strahlenderen Licht, tief, reich, dunkelblau, vielleicht mit einer purpurfarbenen Tönung.

Aus der Tiefe dieses Lichtpunkts auf deiner Stirn leuchtet direkt aus der Mitte ein weißes Licht. Es erstrahlt klar und stark und reicht über Zeit und Raum hinaus.

Alles, was jetzt an deinem Leben teilhat, kam aus weiter Ferne. Es gab Zeiten, in denen konntest du jene, die sich jetzt in deiner Nähe befinden, nicht sehen. Sie hielten sich in einer anderen Zeit und an einem anderen Ort auf. Sie traten in dein Leben, aber du konntest sie nicht sehen. Sie gingen ihren Weg und du den deinen, bis ihr an einen bestimmten Punkt in Raum und Zeit angekommen wart, an dem nur so wenig Abstand zwischen euch lag, dass ihr euch begegnet seid. Nun gibt es andere, die ebenfalls auf dich zu wandern.

Blicke nun auf das aus deiner Stirn strahlende Licht. Es gleicht einem Scheinwerfer, der über die Grenzen von Zeit und Raum hinausstrahlt. Es leuchtet in eine Zeit und auf einen Ort, die du noch nicht siehst, in denen sich aber Menschen befinden, die sich auf dich zu bewegen und umgekehrt. Sie bringen dir Liebe, Freude, Hoffnung, Schönheit, Arbeit und Gelegenheit. Es sind die Menschen deiner Zukunft, so wie du zu ihrer Zukunft gehörst.

Lasse sie dir entgegenkommen. Sie treten in dein Blickfeld. Vielleicht kannst du nicht ihr Gesicht sehen, wohl aber ihre Gestalt. Erschaue die wunderbaren Gaben, die sie in dein Leben bringen, und du beschenkst sie ebenfalls.

Umarme sie mit einem Strahl der Liebe. Sende Freude und Hoffnung aus. Heiße sie willkommen und wisse, dass, wenn Zeit und Raum zwischen euch verblasst sind, sie dich begrüßen und du sie willkommen heißt.

Es können Seelen sein, die du seit jeher kennst. Vielleicht sind es Seelen, denen du noch niemals begegnet bist. Doch sie werden dir Liebe, Wachstum und Erfahrungen bringen, die du auf deiner spirituellen Reise benötigst. Ihr könnet euch gegenseitig belehren. Hülle alles in Liebe ein.

Verweile einen Augenblick. Fühle die wunderbare Energie zwischen euch. Erfreue dich an der Liebe, die dir entströmt und auch sie hält.

Doch im Augenblick bist du hier, und sie gehören noch in die Ferne. Sende einen letzten Strahl der Liebe und das Versprechen hinaus, dass du ihnen in Liebe begegnen wirst, mit Freuden, mit Offenheit und in Brüderlichkeit.

Nun lasse sie gehen. Lasse sie sich dorthin zurückziehen, wo sie nun sein müssen.

Bedanke dich, nimm den Strahl der Liebe erneut auf und kehre langsam in das Zimmer zurück. Sei dir deines Stirn-Chakras bewusst und erlaube ihm, sich zu schließen. Du kannst es wieder öffnen, wenn du möchtest.

Sei dir deiner physischen Anwesenheit bewusst. Erde dich. Bewege deine Finger und Zehen. Nimm dir Zeit. Trinke etwas Wasser und schreibe Tagebuch.

KAPITEL 10

Kronen-Chakra: Die Krönung unserer Geistigkeit

Schaue das sanfte Licht, das am Osthimmel dahin gleitet.
In Lobpreis vereinen sich Himmel und Erde.
Und aus der vierfach manifestierten Kraft erhebt sich ein
Gesang der Liebe,
Aus dem flammenden Feuer und dem strömenden Wasser,
Vom süßen Duft der Erde und dem säuselnden Wind,
Aus dem tiefen, unergründlichen Wirbel dieses goldenen Lichts,
in dem sich der Sieger badet,
Erhebt sich in tausend Tönen die wortlose Stimme der gesamten
Natur, um zu verkünden:
Freude den Menschen auf Erden.
Ein Pilger ist zurückgekehrt vom anderen Ufer.
Ein bewusstes Wesen wurde geboren.

Vedische Weisheit

Während ich an diesem Buch schrieb, habe ich mir oft über dieses Kapitel, das sich mit dem Kronen-Chakra beschäftigt, Gedanken gemacht, da sich seine Wunder nicht mit Worten beschreiben lassen. Man könnte stundenlang darüber reden und doch bleibt die eigene Erfahrung das Beste.

Es ist so grenzenlos, so schrankenlos, ohne materielle Substanz und umfasst dennoch augenblicklich alles. In diesem Moment könnte ich in Atlantis sein und im nächsten im einundzwanzigsten Jahrhundert. Ich kann dort sein, fühlen, hören, sehen, ohne dass sich auf materieller Ebene etwas verändert. Ich kann aus dem Inneren mit ungeheurer Geschwindigkeit bis ins kleinste Detail erschaffen, wahrnehmen und erfahren. Ich befinde mich in einem endlosen Zyklus, in dem es nur Bewusstsein gibt. Bewusstsein, das alles ermöglicht. Bewusstsein, das mich alles manifestieren lässt. Unsichtbares Bewusstsein, das in allem sichtbar wird.

Kahlil Gibran sagte: »Arbeit ist sichtbar gemachte Liebe.« Vielleicht kann man noch einen Schritt weitergehen. Erschaffung ist sichtbar gemachtes Bewusstsein. Wir haben den Gipfel unserer Reise erreicht, den Augenblick, für den wir gearbeitet haben, denn zuletzt öffnen wir unsere »Krone«. Die Könige des Altertums schützten dieses Chakra sorgfältig mit aufwendigem Kopfschmuck, und auch heutzutage wird von Herrschern noch eine Krone getragen. Letztere Tradition stammt aus jenen Tagen, als die Könige noch als Götter verehrt wurden.

Die hoch aufgerichteten altägyptischen Statuen der Götterkönige, deren Gewänder ihre Chakras verhüllten, gebieten heute noch Ehrfurcht. In den frühen Kunstwerken der meisten Kulturen und in der religiösen Kunst überhaupt findet man im Laufe der Jahrhunderte Hinweise auf die Chakras, zumindest auf das Kronen-Chakra, das gewöhnlich als Heiligenschein dargestellt wird.

Hier liegen Erkenntnis, universelle Wahrheit und Wissen, und von hier können wir alles bisher Erlernte transzendieren. Wir können uns darauf ausrichten, das Unerreichbare zu erreichen, das Unberührbare zu berühren und, wenn zu Beginn auch nur für den Bruchteil einer Sekunde, absoluten Frieden zu finden, in dem alles schwebt und in dem wir voll bewusst sind. Wir sind in Ekstase.

Wenn wir gelernt haben, diesen Zustand länger zu halten und ihn schließlich in unseren Alltag einzubauen, geht ein Wandel in uns vor, und wir strahlen Ruhe und Heiterkeit aus. Etwas Wunderbares geschieht mit uns. Wir haben einen flüchtigen Blick in den Himmel erhascht, haben Glückseligkeit erfahren. Wir sind gewandelt und können niemals mehr dieselben sein; und wenn wir mit der Energie des Kronen-Chakras arbeiten, strahlen wir

Liebe und Frieden auf alle in unserer Umgebung aus. Obwohl dies der Zeit, Hingabe und Geduld bedarf, ist es der Mühe wert. Selbst wenn wir diese Ebene erreicht haben, bleiben wir gewöhnliche Menschen, die gewöhnliche Dinge tun und die Füße auf dem Boden haben.

Dieser letzte Schritt kann uns von jeglicher Depression und Apathie, Angst und Verwirrung befreien und uns Wachheit und ein klares Bewusstsein schenken.

Wissen und Wahrheit

Im Zusammenhang mit dem Kehlkopf-Chakra haben wir über Wahrheit gesprochen, und hier begegnen wir ihr wieder. Die universale Wahrheit existiert als ein unteilbarer Zustand. Die Wahrheit, die war und die sein wird, existiert in einem einzigen Augenblick.

Wir befinden uns alle auf dem Pfad zur universalen Wahrheit, stehen aber an verschiedenen Punkten, nähern uns aus verschiedenen Richtungen und versammeln uns wie Pilger im Mekka der Wahrheit und des Wissens. Unser höchstes Ziel besteht darin, an einen Punkt des Wissens, der Erleuchtung und der Einheit mit Gott zu gelangen.

Neben der Wahrheit gibt es das Wissen. Alles Wissen der Vergangenheit und der Zukunft existiert bereits. Wie der Same die ganze Pflanze und die DNS den Schlüssel für den gesamten Menschen enthält, liegt in diesem Augenblick die gesamte Wahrheit beschlossen. Wir müssen sie nur finden. Wenn wir uns mit einem bestimmten Wissensaspekt beschäftigen, erkennen wir gewöhnlich nur einen Bruchteil der Wahrheit. Wir verdauen sie und beißen ein weiteres Stück ab. Im Laufe unseres Wachstums verfeinern wir unser Wissen und stimmen es ab, indem wir die Grundform verwerfen.

Im Kronen-Chakra sind wir plötzlich von den Beschränkungen des menschlichen Gehirns befreit und können uns mit der Wahrheit verbinden, da wir Kontakt zur göttlichen Quelle aufnehmen. Hier verstehen wir endlich, indem wir uns dem unterwerfen, das größer ist als wir und an dem wir dennoch teilhaben.

Auf dieser Stufe in unserer Entwicklung werden wir aufgefordert, unser Leben dem neu zu widmen, das wir für wichtig erachten – der Liebe, dem Frieden, der Lehre, der Heilung, unserem geistigen Wachstum und dem geistigen Fortschritt anderer. Denke einen Augenblick darüber nach, warum du hier bist und worin deine Aufgabe besteht.

Freie Meditation

In meinem Computer gibt es ein Scan Disk Programm, das ich jedesmal laufen lasse, bevor ich mit meiner Arbeit beginne. Es soll Fehler finden, defekte Dateien und Viren. Es säubert und reinigt die Disketten und ordnet Gleiches zu Gleichem. Dadurch arbeitet mein Computer schneller, sauberer und erspart mir Arbeit und Verdruss.

Die Meditation betrachte ich als ein Mittel, in ähnlicher Weise mit meinem Geist zu verfahren. Sie bringt regelmäßig Dinge an die Oberfläche, die ich noch nicht verarbeitet habe, erleichtert mich von der Last, es mit mir herumzuschleppen und befreit somit von Stress. Das Wunderbare daran ist, dass ich nur das Programm einschalten und mich entspannen muss. Ich brauche nicht zu denken, zu ordnen oder mich zu sorgen. Ich schließe nur die Augen, konzentriere mich für einen Moment auf meinen Atem, begebe mich in den meditativen Zustand, und alles geschieht auf magische Weise.

Nicht nur mein Geist klärt sich und kann sich wirkungsvoller mit den Informationen und Forderungen des Alltags auseinandersetzen, sondern auch mein Körper profitiert davon. Mein Gehirn entspannt sich völlig. Obwohl die Gehirnwellen denen des Schlafzustands gleichen, bin ich hellwach. Mein Blutdruck und meine Herzfrequenz sinken ein wenig, und meine Atmung wird flach und scheint kaum noch erforderlich zu sein, wenn ich Raum und Zeit transzendiert habe. Meine Stimmung hebt sich, und Schmerzen vergehen. Nach der Meditation reagiere ich schneller, mein Gedächtnis arbeitet schärfer, meine Gedankengänge sind klar, und ich kann mich hervorragend konzentrieren.

Bisher haben wir geführte Meditationen ausgeübt, die auch weiterhin vorgenommen werden sollten. Die Chakras müssen immer wieder gereinigt und geklärt werden, besonders wenn man sich aus irgendeinem Grunde erregt oder verletzt fühlt. Trage nicht mehr Gepäck mit dir herum als unbedingt nötig. Unser Ziel besteht darin, aus allem, was geschieht, zu lernen, wie schmerzlich es auch sein mag, und es zu unserem Vorteil zu kehren – es gibt immer einen Sinn.

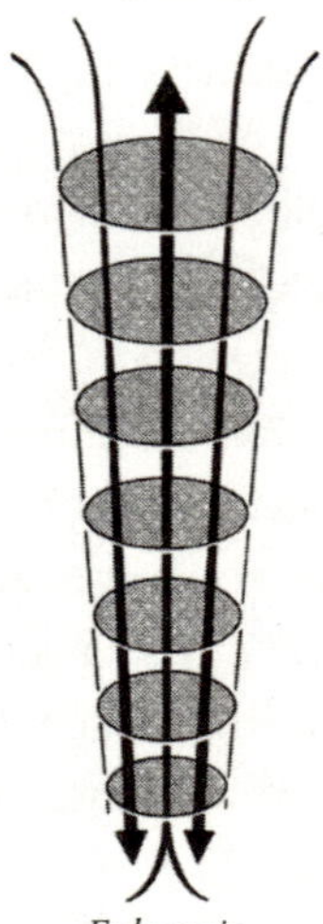

Abbildung 10

Ausrichtung

Wir haben die einzelnen Stufen des Chakra-Systems, ihre Funktionen, Gaben und Unebenheiten zu verstehen gesucht.

Nun betrachten wir das System als Ganzes (Abb. 10). Die sieben klaren, voll entfalteten Chakras bilden eine Reihe von Bändern. Wir sehen und können vielleicht sogar fühlen, wie leicht die Energie durch sie auf- und abwärts fließt. Wir können den Aufstieg der Energie von der Erde und die von oben kommende geistige Energie spüren. Wir fühlen, wie sie alles belebt, uns erfüllt und hinausstrahlt. Mit diesem Bild vor Augen, kannst du versuchen, dein Alltagsbewusstsein zu transzendieren. Schließe die Augen für einen Moment und visualisiere diesen Kern, als gäbe es in deiner Mitte einen Leerraum. Entspanne dich. Fühle diesen freien, klaren Raum, und erfülle ihn mühelos mit der goldenen Energie der Erde und dem weißen, von oben kommenden Licht. Lächle in deinem Inneren, wenn die Energie diesen Raum durchströmt; fühle sie warm glühen, spüre sie wie einen Sommerwind. Sie erfüllt und vervollkommnet dich in völlig neuer Weise. Lasse sie in dein Gewebe strömen. Fühle die Heilung, die Läuterung. Fühle das Licht und beobachte, wie deine Stimmung steigt, da sich eine gewisse Erregung in deinem Solarplexus zeigt. Nun kommt es. Fühle deine geistige Wirklichkeit. Fühle, wie sie dich fast vom Sitz hebt. Du wirst nur von deinem Wurzel-Chakra gehalten, und du musst dich daran festhalten. Du bist im Begriff, etwas zu transzendieren.

Diese Erfahrung entzieht sich jeglicher Beschreibung. Lasse los. Du steigst aus dem Kronen-Chakra hinaus in jene klare Sphäre jenseits des Raumes. Dort herrscht absolutes Nichts. Nur ein Verschmelzen mit deiner Seele. Fühle dich emporsteigen und das Empfinden für deinen Körper verlieren und in den Geist eingehen. Fühle die Ekstase. Fühle das Nichts. Sei nur. Sei einfach. Du brauchst kaum zu atmen. Materiell gesehen, benötigst du jetzt kaum etwas, denn dein Körper schwebt und du bist frei in deinem Geist. Du bist in die Transzendenz eingetreten.

Wenn du bereit bist, kehre zurück. Du gehörst auf die irdische Ebene und musst dich wieder fest mit deinem physischen Selbst verbinden. Kehre durch dein Kronen-Chakra zurück. Spüre dich im Innern deines Körpers. Fühle dein Gewicht auf dem Sitz. Fühle die Kleider auf deinem Körper. Fühle deine Zehen. Bewege sie. Fühle deine Finger. Bewege auch sie. Sei dir nun deines Körpers voll bewusst und öffne langsam die Augen.

Nimm dir ein wenig Zeit, bevor du fortfährst. Vielleicht fühlst du dich ein bisschen abgehoben – dann erde dich. Trinke etwas Wasser und nimm einen Imbiss zu dir, damit dein physischer Körper beschäftigt ist.

Diese Erfahrung muss nicht notiert werden. Sie lässt sich kaum in Worte fassen. Sollte dir der Eintritt in die Transzendenz nicht gelungen sein, beunruhige dich nicht. Versuche es erneut, vielleicht mit einer Anleitung, obwohl die Stille die besten Voraussetzungen bietet. Du wirst es erreichen.

Solltest du dein Ziel erreicht haben, mag sich ein seltsames Empfinden in deinem Herz-Chakra oder in deinem Solarplexus einstellen oder auch an einer anderen Stelle. Vielleicht ist dir zum Lachen oder Weinen zumute. Du magst verwirrt sein und viele Fragen haben. Vielleicht erfassen dich Ehrfurcht und Erstaunen. Räume dir Zeit ein, bevor du jetzt etwas unternimmst. In den Alltag zu springen, wäre jetzt nicht gut. Genieße das Gefühl und beginne erst nach etwa zehn Minuten. Du wirst dich wacher fühlen, voller Liebe und bereit zu arbeiten.

Channelling

Betrachte nochmals Abbildung 10. Die geöffneten, in einer Linie liegenden Chakras bilden eine Röhre oder einen Kanal, der nun klar und offen ist. Du kannst jetzt etwas von oben durch diesen freien Raum strömen lassen. Gib aber acht! Bereite dich gut darauf vor.

Ich bitte stets um eine reine, liebevolle, heilende und sehr hohe Energie. Ich möchte nicht, dass irgendetwas hereinfließt.

Ob ich dies nun für mich selbst erbitte oder für einen anderen Menschen, in jedem Fall soll es so genau wie möglich sein. Meine Gedanken dürfen sich nicht einmischen. Das bedeutet, dass ich mich selbst liebevoll beiseite stellen muss. Ich spüre dann die Essenz meines irdischen Daseins ein wenig neben mir stehen.

Dies klingt seltsam und mag dich ein wenig befremden. Konzentriere dich einfach einen Moment lang darauf, dich von dem Geschehen zu distanzieren, damit dein eigenes Leben und deine Gedanken nicht dazwischen kommen. Je mehr du abseits stehen kannst, desto genauer wird deine Arbeit sein.

Sende die Bitte um die höchst mögliche Weisheit, die reinste Heilung, die genaueste Information empor, tritt beiseite und warte. Wenn du dich anpasst, wird sich der Strom schnell einstellen. Am Anfang mag es allerdings ein wenig länger dauern. Du wirst wissen, wann es geschieht, da du einem Zuschauer gleichst und weißt, dass du nichts damit zu tun hast.

Mir widerfuhr es zum ersten Mal völlig unerwartet. Ich befand mich auf einer Konferenz, ging mit meinen Notizen zum Podium und bat wie immer das Göttliche, meinen Zuhörern das zu sagen, was sie am meisten benötigten und öffnete meinen Mund, um anzufangen. Plötzlich vernahm ich eine sehr wortgewandte Vorlesung, die weder etwas mit mir noch mit meinen Aufzeichnungen zu tun hatte. Im Allgemeinen benutze ich letztere fast nie, bereite mich aber jedesmal gewissenhaft vor. Ich hörte mir selbst zu und fühlte eine Art Betrug, als ich den Applaus vernahm.

Es erinnerte mich an meine Kindheit, als der Heilungsstrom nur so floss. Inzwischen habe ich gelernt, den Vorgang zu kontrollieren, so dass er nicht über mich hereinbricht. Ich kann ihn jetzt auch während meiner Arbeit am Klienten einschalten, was mir bei der Diagnose und Therapie hilft. Ich »höre« die Mitteilung und kann danach handeln, während ich weiter spreche und zuhöre. Es geschieht nur selten, dass es mich ein wenig verwirrt und ich innehalten und »lauschen« muss, bevor ich fortfahre.

Viele Leute, die medial arbeiten, sprechen von Geistführern. Ich selbst empfinde es nicht in dieser Weise. Vielleicht wird es eines Tages der Fall sein, oder vielleicht erfülle ich eine andere Aufgabe. Ich weiß es nicht. Ich bin nur unendlich dankbar, dass es geschieht und mich ein Strom von Mitteilungen durchfließt. Mein Mund spricht sie, während ich daneben stehe. Manchmal erinnere ich mich, was gesagt wurde, manchmal auch nicht. Es spielt eigentlich keine Rolle.

Solltest du das Channelling versuchen wollen, benötigst du etwas zum Aufzeichnen – ein Aufnahmegerät, einen Notizblock oder einen Freund, dem du vertrauen kannst und der alles kommentarlos niederschreibt.

Beginne stets damit, dich zu erden und darum zu bitten, dass dir nur das Beste durchgegeben wird, indem du dich zur Seite nimmst. Öffne dich und lasse es geschehen. Ein Bewusstseinsstrom durchfließt dich vielleicht, der plötzlich aufzuhören scheint. Du verlierst die Verbindung. Das geschieht gewöhnlich, wenn der Verstand einspringt und du dich an dem Geschehen beteiligst. Du wirst es sofort feststellen. Du scheinst mit einem Schlag zur Erde zurückzukehren und weißt nicht, worüber du gesprochen hast. Gehe in deine Mitte und beginne erneut.

Wenn du müde wirst oder der Vorgang beendet ist, dann denke dies nur und kehre zurück. Bedanke dich. Erde dich wieder. Fühle deinen physischen Körper. Trinke Wasser und nimm dir Zeit, bis du wieder in deinen Alltag einkehrst.

Kümmere dich nicht um das, was du sagst, was geschieht, wie

genau die Durchgabe ist oder ob du dich lächerlich machst. Ansonsten mischst du dich in den Vorgang ein und verlierst die Verbindung. Solange du diese Kunst noch nicht beherrschst, gib niemals etwas für andere durch, da du vielleicht ungenaue Informationen weitergibst, die jene dann glauben.

Außerdem soll man es so wiedergeben, wie es ist. Man mag der Versuchung erliegen, der Sache einen Sinn zu verleihen. Dabei geht das für den anderen Menschen Wesentliche oft verloren. Wenn ich die Engelkarten benutze, ziehe ich oft »Gehorsam«, was mich sicherlich daran erinnern soll, die Dinge so zu sagen, wie sie sind und wie der Klient sie hören muss. Ich darf nichts verändern oder beschönigen. Deine Lauterkeit wird dir zu schaffen machen, wenn du von dem abschweifst, was richtig ist.

ERLEUCHTUNG

Es ist ein unendlicher, sich stets erweiternder, niemals vollendeter, unsagbar wunderbarer Zustand, den man berühren und erkunden kann, den aber nur wenige in diesem Leben erobern oder auch in den kommenden Leben noch nicht erreichen werden. Es ist der Zustand, den wir bereits anstreben, noch bevor es uns bewusst wird.

Es klingt so, als seien wir unter Vorspiegelung falscher Tatsachen an diesen Punkt gelangt. Am Ende des Regenbogens gibt es keinen Topf mit Gold. Es gab aber Gold auf dem gesamten Weg. Du bist vollständiger, gesünder, wirklicher, geliebter und liebender. Du bist offener und besitzt neue Fähigkeiten (oder besser gesagt, du hast alte neu entwickelt) und hast vieles hinter dir gelassen, dass dich belastet hat. Du hast alten Kummer, Schmerz und Unmut abgeladen und einen besseren Weg gefunden, um mit mehr Liebe im Herzen zu leben, nämlich menschlicher *und* himmlischer, und du weißt zu viel, um jemals wieder zurückzugehen.

Aber es gibt immer noch mehr zu wissen, mehr zu erkunden, mehr zu entdecken. Und so soll es sein.

Abschließende Meditation

Die Farben sind Weiß, Purpur und Gold. Obwohl alles in dir selbst liegt, was du zu dieser Meditation benötigst, kannst du das Bild mit einem purpurfarbenen und königlichen, unschuldig weißen und goldenen Gegenstand oder Kleidungsstück vervollständigen.

Diamanten, die Meisterheiler, sind in diesem Fall die Edelsteine. Trage sie. Sie läutern den Geist und spiegeln das höchste Bewusstsein wider, während sie Einfalt und Gelassenheit anregen. Gold gleicht alles aus und fördert die Erleuchtung. Solltest du einen Ring oder ein anderes Schmuckstück mit einem in Gold gefassten Diamanten besitzen, so reinige den Schmuck und trage ihn.

Der Zölestin fördert die Bewusstheit für das Göttliche. Der weiße Turmalin unterstützt die Verbindung zum höheren Bewusstsein. Auch der klare Bergkristall ist in diesem Fall angebracht. Er fördert die Meditation, Kommunikation und Heilung. Als Duft sollte man Amber wählen.

Ziehe dich in deine ruhige Ecke zurück. Das Kronen-Chakra liebt die Stille. Obwohl es gut wäre, die abschließende Meditation in derselben Umgebung durchzuführen wie die vorhergehenden, möchtest du vielleicht lieber hinaus in die Natur gehen, fort von deinem Alltag. Ich selbst liebe den Strand, die Moore und Wälder. Es muss ein sicherer Ort sein. Sei trotz des inneren Schutzes nicht leichtsinnig.

Konzentriere dich auf deinen Atem, entspanne deinen Körper und lasse alles Negative los. Sei in dir selbst gesammelt. Lenke nun in tiefer Ehrfurcht deine Aufmerksamkeit in dein Kronen-Chakra hinauf, öffne es mit einem einzigen liebevollen Gedanken und erblicke eine wunderschöne Lichtkrone über deinem Kopf. Sie öffnet sich weit, und du fühlst die Schönheit und Erhabenheit. Fühle die Strahlkraft und das Wunder.

Lasse das Licht in dein Stirn-Chakra fließen; es wird tiefblau oder violett. Fühle dich von verstehender Weisheit erfüllt. Lasse es in deine Kehle hinabfließen, wo es ein wunderbares Himmelblau oder Türkis annimmt. Fühle dich erfüllt von Kreativität, Wahrheit und Lauterkeit. Lasse es zu deinem Herzen fließen; es wird grün. Fühle dich und das Universum von bedingungsloser Liebe überflutet. Lasse es zu deinem Solarplexus strömen, wo es zu einem strahlenden Gelb wird. Fühle deine Macht und deinen Willen und übernimm die Verantwortung für das große Wesen, das du bist. Lasse das Licht weiter in dein Sakral-Chakra fließen, wo es ein leuchtendes Orange annimmt. Fühle deine Kraft, dich mit anderen auf allen Ebenen messen zu können. Lasse das Licht schließlich dein Wurzel-Chakra erfüllen. Es wird rubinrot und hält dich fest, verwurzelt dich mit der Erde, aus der dein physischer Körper kam und zu der er schließlich zurückkehren wird.

Erblicke dich in deiner ganzen Strahlkraft. Erkenne, wer du wirklich bist. Betrachte dieses wunderbare Geschöpf, das dennoch nur einen winzigen Teil im großen Ganzen darstellt, mit einer Mischung aus Stolz und Bescheidenheit.

Atme, atme die Macht und Majestät ein. Sei, wer du bist. Fühle deine Lebendigkeit. Sei einfach.

Lasse die Energien dich durchströmen und umgeben. Sei vollkommen geheilt. Lasse es dir niemals rauben. Das bist du. Erfreue dich daran.

Schließe sehr sorgfältig alle deine Chakras, indem du dich mit einem schützenden Samtmantel umhüllst, und spüre wieder deine physische Anwesenheit. Bewege vorsichtig die Zehen und Finger und kehre in den Raum zurück.

Trinke etwas Wasser und sorge dafür, dass du geerdet bist, bevor du wieder deine alltägliche Arbeit aufnimmst.

Schlussbotschaft

Nun sind wir am Ende unserer gemeinsamen Reise angelangt. Vielleicht auch nicht. Der Weg ist noch nicht zu Ende, und möglicherweise werden wir in der Zukunft wieder nebeneinander einhergehen. Ich bin gerne mit dir gereist.

Ich wünsche dir Liebe und Freude, Lachen und Glück, gute Gefährten auf deinem Weg und eine sichere und wunderbare Heimreise.

ANHANG A: ENDOKRINE UND NEUROLOGISCHE VERBINDUNGEN

Die Grenzfläche zwischen den Chakras und dem physischen Körper liegt auf der Ebene der wichtigen endokrinen Drüsen. Im Folgenden soll ein kurzer Überblick gegeben werden. Falls Interesse an Einzelheiten besteht, schlage ich vor, mit dem Arzt zu sprechen oder in einem sachdienlichen Buch nachzulesen.

Bei einer Fehlfunktion in einem der besprochenen Bereiche, wird die Arbeit an dem entsprechenden Chakra hilfreich sein. Man denke aber sehr sorgfältig darüber nach, ehe man eine ärztlich verordnete Behandlung absetzt. Die Arbeit an den Chakras kann die herkömmliche Medizin vorteilhaft ergänzen, soll sie aber nicht ersetzen.

Fast alle unsere Funktionen sind hormonell begründet: Geschlechtsverkehr, Schlafen, Weinen, Ärger, Sexualität, Partnerwahl, Davonlaufen, wenn man sich fürchtet, oder seinen Nachwuchs beschützen. Das Gleiche gilt für den physischen Bereich: Ausscheidungsprozesse, die Körpertemperatur aufrechterhalten, das Wasser/Salz-Gleichgewicht regulieren oder die Erhöhung der Herzfrequenz bei Körperübungen. Ohne die Kontrolle über den inneren Mechanismus mittels Homöostase gerät der Körper in Schwierigkeiten, die zum Tode führen können.

Wurzel-Chakra

Dazugehörige Organe: Nebennierendrüsen.
Funktionen: Zwei getrennte Teile: Medulla (Mark) und Cortex (Rinde). Die Medulla sondert Adrenalin ab, das sich direkt auf Herz, Blutgefäße, Lungen und Muskeln auswirkt. Die Cortex son-

dert Steroide ab, die für das Gleichgewicht des physischen und emotionalen Energiespiegels und unsere Reaktionen auf Schock und Stress wesentlich sind. Sie produziert außerdem Aldosteron, das Einfluss auf das Wasser- sowie Salz- und Kaliumgleichgewicht nimmt.
Funktionsstörung: Unterfunktion verursacht Addisons-Krankheit und eine verminderte Absonderung von Aldosteron. Überfunktion verursacht Cushing Syndrom, eine erhöhte Absonderung von Aldosteron und eine übermäßige Produktion von Sexualhormonen. Letzteres kann zu Schwierigkeiten in der Entwicklung der Sexualorgane oder in der Entwicklung der Brüste, der Körperform, des Haarwuchses und auch zu Menstruations- und Fortpflanzungsproblemen führen.

Sakral-Chakra

Dazugehörige Organe: Eierstöcke, Hoden und das Lymphsystem.
Funktionen: Eierstöcke und Gonaden sondern Hormone ab, die eng mit der Pubertät, Fruchtbarkeit, Menstruation, Schwangerschaft, Menopause und Libido (Geschlechtstrieb) verknüpft sind.

Beim Lymphsystem handelt es sich nicht um ein endokrines Organ. Da es aber so innig mit diesem Chakra verbunden ist, soll es an dieser Stelle erwähnt werden. Unter anderem transportiert die Lymphflüssigkeit Bakterien und Krebszellen. Die Lymphdrüsen, die im ganzen Körper verstreut sitzen, schwellen bei einer Infektion an und blockieren eine Ausbreitung der Krankheit. Sie bilden einen wesentlichen Teil des körperlichen Abwehrmechanismus.
Fehlfunktionen: Probleme mit den Geschlechtsdrüsen können zu Schwierigkeiten in den oben erwähnten Vorgängen führen und auch die Schließung der Epiphysen (Wachstumslinie der Knochen, die das Knochenwachstum gewöhnlich nach der Pubertät einstellt) beeinträchtigen und zu Osteoporose führen.

Der Zusammenbruch des körperlichen Abwehrmechanismus, wiederholte Infektionskrankheiten, geschwollene Drüsen und Stau von Flüssigkeiten sind die Folgen eines geschwächten Lymphsystems.

Solarplexus-Chakra

Dazugehörige Organe: Bauchspeicheldrüse.
Funktionen: Die Bauchspeicheldrüse sondert zwei Hormone ab, Insulin und Glukagon, die beide für den Kohlehydratstoffwechsel wichtig sind. Sie besitzen entgegengesetzte Wirkungen, und ihr Gleichgewicht spielt eine wesentliche Rolle bei der Aufrechterhaltung des Blutzuckerspiegels. Die Glukose ist die einzige Nahrungssubstanz, die vom Gehirn verwendet wird, weshalb die Auswirkungen von Insulin und Glukagon auf die Gehirnfunktionen wesentlich sind.
Fehlfunktion: Diabetes mellitus ist die mit der Bauchspeicheldrüse in Zusammenhang stehende Hauptkrankheit, obwohl es kleinere geben mag. Starke Blutzuckerschwankungen können sich auffallend auf unseren physischen Energiespiegel auswirken.

Herz-Chakra

Dazugehöriges Organ: Thymusdrüse.
Funktionen: Dieses Organ ist noch nicht völlig verstanden. Es spielt eine wesentliche Rolle bei der Entwicklung des Fötus und der körperlichen Immunreaktion, besonders bei der Produktion der T-Zellen.
Fehlfunktion: Autoimmunkrankheiten, wie etwa AIDS, werden von der Thymusdrüse beeinflusst, ebenso bestimmte Krebsarten. Im Erwachsenen schrumpft diese Drüse, was gewöhnlich in der Pubertät beginnt, offensichtlich als Reaktion auf die zunehmende Sekre-

Sexualhormons. Während jeder Schwangerschaft scheint noch stärker zu zerfallen, und ihr Verfall setzt sich im Laufe des Lebens fort.

Kehlkopf-Chakra

Dazugehörige Organe: Schilddrüse und Nebenschilddrüse.
Funktion: Die Schilddrüse wirkt sich in verschiedener Weise auf den Stoffwechsel aus – Wachstum, Temperaturkontrolle, Energieproduktion, Kohlehydrat- und Fettstoffwechsel. Bei Säuglingen nimmt sie auch Einfluss auf die intellektuelle Entwicklung.

Die vier Nebenschilddrüsen sind wichtig für den Kalziumstoffwechsel, der für die Gesundheit von Knochen und Zähnen sorgt sowie für eine gesunde Funktion der Muskeln, einschließlich des Herzmuskel. Sie sind wichtig für die Vitamin D-Bildung, wirken sich auf die Nieren und den Magen-Darm-Trakt aus.
Fehlfunktion: Eine Überfunktion der Schilddrüse bewirkt Pulserhöhung, Schwitzen, Unverträglichkeit gegenüber Hitze, Schlaflosigkeit, Erregbarkeit, Nervosität, Gewichtsverlust und Menstruationsstörungen. Zu den Symptomen einer Unterfunktion gehören Depressionen, Gewichtszunahme, Vergröberung von Haaren und Haut, Lethargie, extremes Schlafbedürfnis, Unverträglichkeit gegenüber Kälte, schlechtes Gedächtnis, Konzentrationsschwierigkeiten.

Zu den Symptomen einer Überfunktion der Nebenschilddrüsen gehören Kopfschmerzen und geistige Verwirrung, extremer Durst und Harndrang, Nieren- und Gallensteine und Verkalkung der Hornhaut des Auges.

Eine Unterfunktion führt zu degenerativen Veränderungen in Knochen, Zähnen und Fingernägeln sowie zu grauem Star.

Stirn- und Kronen-Chakra

Ich fasse diese beiden Chakras zusammen, da man noch darüber diskutiert, welche Organe zu welchem Zentrum gehören. Beide sind anatomisch betrachtet im Gehirn eng miteinander verbunden. Ich persönlich bin der Ansicht, dass die Hypophyse (Hirnanhangdrüse) und der Hypothalamus mit dem Stirn-Chakra und die Zirbeldrüse mit dem Kronen-Chakra in Zusammenhang stehen.

Dazugehörige Organe: Hypophyse, Hypothalamus, Zirbeldrüse.

Funktionen: Der Hypothalamus ist ein Teil des Gehirns, der Hormone absondert, die ihrerseits den Hormonfluss der Hypophyse reguliert. Letztere reguliert das gesamte endokrine System. Sie besteht aus zwei Lappen, dem vorderen und dem hinteren. Der Vorderlappen sondert ein Hormon ab, das alle anderen Hormone des endokrinen Systems stimuliert. Der Hinterlappen regt die Gebärmutter zur Kontraktion bei der Schwangerschaft an und leitet auch die Milchbildung ein.

Die Zirbeldrüse sondert Melatonin ab, das den Schlaf einleitet und bei Tieren die Migrationsmuster und den Winterschlaf reguliert. Es scheint unsere innere Uhr und unseren biologischen Tagesrhythmus zu kontrollieren. Es scheint eine gewisse Wirkung auf den Geschlechtstrieb und das mütterliche Verhalten und wahrscheinlich auf das Altern auszuüben sowie auf den Jetlag.

Fehlfunktionen: Da die Zirbeldrüse alle endokrinen Drüsen bis zu einem gewissen Grad ordnet, kann eine Funktionsstörung nahezu alle Körpersysteme in verschiedener Weise beeinflussen. Die Sexualkraft wird ebenso wie der Schlaf beeinträchtigt.

Dieser kurze Überblick sollte lediglich die Zusammenhänge zwischen den physischen Organfunktionen und den entsprechenden Chakras aufzeigen.

Jedes Zentrum ist ebenfalls mit einem Nervengeflecht verbunden, einem Ganglion oder Nervenbündel, um einen bestimmten Bereich zu versorgen; im Falle des sechsten und siebten Chakras besteht eine Verbindung mit dem Gehirn selbst. Das sechste Zentrum ist auch noch mit dem Halsschlagadergeflecht verbunden.

Wurzel-Chakra: Steißbeinplexus, der die Anal- und Genitalregion versorgt.
Sakral-Chakra: Sakralplexus, der das Gesäß, die Oberschenkel und unteren Gliedmaßen versorgt; es gibt auch eine Verzweigung zum Schließmuskel.
Solarplexus-Chakra: Magen- und Unterleibsgeflecht, die das Verdauungssystem fördern.
Herz-Chakra: Lungen- und Herz-Plexus, die in gewisser Weise eine gegenseitige Erweiterung darstellen und den Atmungstrakt, das Herz, die Aorta und die Pulmonalvenen versorgen.
Kehlkopf-Chakra: Rachengeflecht, das den Kehlkopfbereich, den Rachen, die Zunge und den Gaumen versorgt. Auch der die Arme beeinflussende Brachialplexus ist daran beteiligt.
Stirn-Chakra: Halsschlagader-Plexus, der den Kopf, Hals und die Ohren mit Fasern versorgt.
Kronen-Chakra: Großhirnrinde, die alles kontrolliert.

ANHANG B: ÄTHERKÖRPER

Seit Jahrhunderten haben viele Kulturen und Religionen auf ein Energiefeld hingewiesen, das über den physischen Körper hinausragt und gewöhnlich als Licht beschrieben wird.

Es gibt antike Schriftrollen, in denen die Aura von Mystikern und Heiligen abgehandelt wird. An uralten Stätten überall auf der Welt hat man Puppen gefunden, auf denen ganz deutlich die Chakras markiert sind.

Die frühe ägyptische, indische und südamerikanische Literatur und Kunst stellen die Aura und in manchen Fällen die Chakras dar. Die Kabbala bezeichnet die Ausstrahlung als Astrallicht, während die frühen christlichen Schriften und die christliche Kunst den Heiligenschein erwähnen, der sich bei manchen frommen Gestalten um den gesamten Körper zieht. In den hinduistischen, theosophischen und buddhistischen Schriften sowie in der indianischen Lehre wird ebenfalls von einem Licht gesprochen, das dem Körper entströmt.

Die Könige des alten Ägypten trugen besondere Gewänder, um die Chakras zu schützen – der falsche Bart, der das Kehlkopf-Zentrum schützte, und der aufwendige Kopfschmuck mit der Schlange, der Kronen- und Stirn-Chakra verhüllte.

In der heutigen Zeit sind die Menschen skeptischer geworden und sind weniger bereit, die Existenz der Aura und der Chakras ohne Beweise zu akzeptieren.

Erst in diesem Jahrhundert ist es uns gelungen, mittels wissenschaftlicher Studien zu versuchen, das Geheimnis der Lebenskraft aufzuklären. Man hat das Energiefeld hinsichtlich seiner Beschaffenheit, Zusammensetzung und seiner Eigenschaften eingehend durchforscht. Seine elektromagnetischen und elektrostatischen Eigenschaften wurden gemessen und mit Hilfe der Kirlian-Fotografie sichtbar gemacht. Dr. Valerie Hunt aus den Vereinigten Staaten hat sich seit über dreißig Jahren auf diesem Gebiet spezialisiert und über die elektromagnetischen Strahlen vieler Gegenstände berichtet. Es gibt inzwischen Anschauungsmaterial, das die farblichen und stofflichen Veränderungen der Aura bei verschiedenen Aktivitäten der jeweiligen Subjekte zeigt. Die Aura kann seither auf wissenschaftliche Weise quantitativ bestimmt werden, was die jahrhundertealte Behauptung der Mystiker und Heiler bestätigt, die angezweifelt und verlacht wurden.